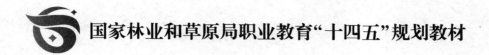

信息技术
（基础模块）

孔丽云　韦守居　潘梅勇　主编

中国林业出版社
China Forestry Publishing House

图书在版编目(CIP)数据

信息技术／孔丽云，韦守居，潘梅勇主编.—北京：中国林业出版社，2023.8(2025.6重印)
国家林业和草原局职业教育"十四五"规划教材
ISBN 978-7-5219-2298-1

Ⅰ.①信… Ⅱ.①孔…②韦…③潘… Ⅲ.①信息技术 Ⅳ.①G202

中国国家版本馆 CIP 数据核字(2023)第 148916 号

策划编辑：田　苗
责任编辑：田　苗　赵　旖旎
责任校对：苏　梅
封面设计：周周设计局

出版发行：中国林业出版社
　　　　　(100009，北京市西城区刘海胡同7号，电话 83223120)
电子邮箱：cfphzbs@163.com
网　址：www.forestry.gov.cn/lycb.html
印　刷：北京中科印刷有限公司
版　次：2023年8月第1版
印　次：2025年6月第5次
开　本：787mm×1092mm　1/16
印　张：17.25
字　数：351千字
定　价：59.00元

数字资源

《信息技术》编写人员

主　　编　孔丽云　韦守居　潘梅勇
副 主 编　李碧燕　王代远　杨萃洁
编写人员　（按姓氏拼音排序）
　　　　　葛　鹏　南昌应用技术师范学院
　　　　　蒋桂文　广西机电职业技术学院
　　　　　孔丽云　广西生态工程职业技术学院
　　　　　黎　琛　广西生态工程职业技术学院
　　　　　李碧燕　广西生态工程职业技术学院
　　　　　李新华　广西生态工程职业技术学院
　　　　　刘　峰　广西生态工程职业技术学院
　　　　　刘玉霜　广西生态工程职业技术学院
　　　　　吕俊虎　广西生态工程职业技术学院
　　　　　罗潘虎　广西生态工程职业技术学院
　　　　　蒙　飚　柳州职业技术学院
　　　　　农　嘉　广西生态工程职业技术学院
　　　　　农金桥　广西生态工程职业技术学院
　　　　　潘梅勇　广西生态工程职业技术学院
　　　　　宋家慧　广西机电职业技术学院
　　　　　唐嘉毅　广西生态工程职业技术学院
　　　　　王代远　广西生态工程职业技术学院
　　　　　韦　宁　广西生态工程职业技术学院
　　　　　韦守居　广西生态工程职业技术学院

吴　灵	广西生态工程职业技术学院
谢有华	广西生态工程职业技术学院
阳皓筠	广西生态工程职业技术学院
杨莘洁	广西生态工程职业技术学院
叶万确	广西生态工程职业技术学院

前言

在信息技术高速发展的今天，数字化和自动化、云计算和大数据、人工智能和机器学习、移动技术和无线通信、社交网络和在线平台、增强现实和虚拟现实等技术的应用推动了社会的发展和变革，改变了人们的生活方式、工作方式和交流方式。信息技术的快速发展对职业教育的信息素养提出了新的要求和挑战。

在信息化时代背景下，为贯彻落实《国家职业教育改革实施方案》，进一步完善职业教育国家教学标准体系，教育部制定出台了指导高等职业教育专科信息技术课程教学开展的纲领性标准《高等职业教育专科信息技术课程标准（2021年版）》。根据课程标准要求，本教材分为基础模块和拓展模块两大部分，基础模块包括信息检索、新一代信息技术、信息素养与社会责任3个单元，以及文档处理、电子表格处理、演示文稿处理3个项目。拓展模块包括信息安全、项目管理、机器人流程自动化、程序设计基础、大数据技术、人工智能、云计算基础知识、现代通信技术、物联网、数字媒体、虚拟现实和区块链12个单元。

基础模块办公软件部分以项目式教学为主，以实际工作案例为载体，采用"任务目标—任务描述—任务要求—任务实施—拓展任务"的结构组织教学内容，并将相关知识点融入任务实施过程中，做到理论、实践一体化。基础模块的3个单元和拓展模块的内容以新一代信息技术理论知识为基础，以应用案例为切入点，细致讲解新一代信息技术概念及应用。

本教材由广西生态工程职业技术学院组织编写，联合柳州职业技术学院、广西机电职业技术学院共同编写。同时，为了达到新课标教材的质量要求，团队前往广西汽车集团有限公司、上汽通用五菱汽车股份有限公司、广州粤嵌通信科技股份有限公司等多家企业开展调研，并得到了他们的大力支持。

具体分工如下。基础模块：单元1由韦守居编写，单元2由韦宁编写，单元3由孔丽云编写；项目1中的任务1.1、1.2由李碧燕编写，任务1.3、1.4由潘梅勇、王代远编写；项目2中的任务2.1、2.2由刘玉霜编写，任务2.3、2.4由吴灵、杨萃洁编写；项目3由谢有华、宋家慧编写。拓展模块：单元4由农金桥、蒋桂文编写，单元5由阳皓筠编写，单元6由葛鹏编写，单元7由罗潘虎编写，单元8由王代远编写，单元9由叶万确、蒙飚编写，单元10由吕俊虎编写，单元11由刘峰编写，单元12由李新华编写，单元13由唐嘉毅编写，单元14由农嘉编写，单元15由黎琛编写。全书由孔丽云统稿。

希望通过本书的学习，能够增强信息意识、提升计算思维、促进数字化创新与发展能力、树立正确的信息社会价值观和责任感，同时帮助读者培养信息技术应用能力为职业发展、终身学习和服务社会奠定基础。

  本教材配套有微课教学视频、PPT课件、电子教案、案例素材、练习题库等数字化教学资源，配套线上课程"信息技术"已在"学习通"平台上线，读者可登录网站进行学习。

  由于时间仓促，尽管经过反复修改，书中难免有疏漏和不足之处，敬请各位专家、读者不吝赐教。

编者
2023 年 7 月

目 录

前言

基础模块

一、理论部分 ... 2

单元 1　信息检索 ... 3

　　1.1　了解信息及信息检索 ... 4
　　1.2　搜索引擎的使用 ... 7
　　1.3　专业数据平台信息检索 ... 12

单元 2　新一代信息技术 ... 19

　　2.1　认识新一代信息技术 ... 20
　　2.2　新一代信息技术的应用 ... 24
　　2.3　新一代信息技术展望 ... 26

单元 3　信息素养与社会责任 ... 29

　　3.1　信息素养概述 ... 30
　　3.2　信息安全 ... 32
　　3.3　信息技术发展史 ... 33
　　3.4　信息伦理与职业行为自律 ... 34

二、实操部分 ... 37

项目 1　文档处理 ... 38

　　任务 1.1　文档制作——个人简介 ... 39
　　任务 1.2　图文混排——制作工作牌 ... 48

任务1.3　Word中表格应用——制作班级课程表 …………………………… 54
　　任务1.4　样式与目录——制作公司介绍文档 …………………………………… 58

项目2　电子表格处理 ……………………………………………………………… 64
　　任务2.1　制作学生信息表 ………………………………………………………… 65
　　任务2.2　公式和函数的应用——学生成绩表的统计 …………………………… 81
　　任务2.3　对员工工资表进行数据管理与分析 …………………………………… 93
　　任务2.4　对员工工资表进行数据图表化 ………………………………………… 103

项目3　演示文稿处理 ……………………………………………………………… 110
　　任务3.1　制作自我介绍演示文稿 ………………………………………………… 111
　　任务3.2　演示文稿的快速制作——中国四大名园 ……………………………… 123

基础模块

一、理论部分

单元 1

信息检索

信息是一种资源，也是资本、机遇和智慧的源泉，信息检索不只是一种技能，更是一种素养。互联网时代，信息形式多样，信息量呈爆炸式增长。如何快速找到有效信息、挖掘资源，抓住机遇从而成就智慧人生，掌握信息检索方法，甄别并利用信息尤为重要。本单元介绍了信息的概念、信息检索方法和常用搜索引擎使用、信息利用等内容，让读者可以从众多信息中获取有效信息，提高工作效率。

学习目标

知识目标：
(1) 了解信息和互联网信息的表现形式；
(2) 了解信息的特征和表现形式；
(3) 了解信息检索的概念、分类、发展历程及检索流程；
(4) 了解常用信息检索工具。

技能目标：
(1) 会使用常用信息检索方法和检索工具；
(2) 能在学习和工作中高效检索、评估、甄别并利用有效信息。

素质目标：
(1) 学会辨别是非，具备是非观；
(2) 提高信息素质，具备终身学习能力；
(3) 养成利用信息解决实际问题的习惯。

1.1 了解信息及信息检索

当今社会信息化程度越来越高，现代科技进步和社会经济发展对信息资源、信息技术和信息产业的依赖越来越明显，只有具备一定信息素养的人才能适应社会的需要，在社会竞争中处于不败之地。信息社会中，只有了解什么是信息以及互联网时代信息的具体表现形式，才能在纷繁复杂的信息中找到、处理、甄别及利用信息，为工作、生活提供依据和便利。

1.1.1 信息概念

信息是指应用文字、数据或信号等形式，通过一定的传递和处理，来表现各种相互联系的客观事物在运动变化中所具有特征性内容的总称。信息是数据的内涵，是数据的语义解释，通俗地说就是对客观事物的反映。从本质上来看，信息是对社会、自然界的事物特征、现象、本质及规律的描述。

1.1.2 信息的特征和表现形式

（1）信息的特征

①可量度　信息可采用某种度量单位进行度量，并进行信息编码。如计算机中使用二进制数对数据进行编码。

②可识别　信息可采取直观识别、比较识别和间接识别等多种方式进行辨识。

③可转换　信息可以从某种形态转换为另一种形态。例如，人类在进行沟通时，可把要表达的信息转换为语言、文字、图像、动作或电磁波以及计算机代码等。

④可存储和传递　信息可以进行存储和传递，可存储在纸张、磁带、光盘或计算机硬盘及手机的存储器上，在必要时，可以通过表情、动作、语音或其他方式传递给目标接收对象。

⑤可处理　信息可以进行加工处理，处理完成后可以得到有用的信息。例如，可以通过查看某人档案信息中记录的身高、学历等，通过人脑的加工处理，判断出此人是否符合我们的要求。计算机同样具有这样的信息处理能力。

⑥可再生　信息经过加工处理，可以以其他形式再生。例如，对于某种自然现象或历史，可以通过文字、语言或图像对其进行还原再生；对于存储在计算机中的某人的头像数据，我们也可以通过打印机打印成图像来再生成信息。

⑦可利用和共享　信息可以被利用，也可以分享给其他人。信息分为有用信息、无用信息和干扰信息，具有一定的时效性，有效期内的有用信息才是有意义的信息。有用信息、无用信息和干扰信息没有绝对界限，不同的接收者有不同的需求，同一个信息，对于不同的接收者可能有不同的价值。

（2）信息的表现形式

信息的存在和表现形式多种多样，信息不是物质，它不能独立存在，信息的存在必须依托某种载体。不同的历史时期，信息的传递和载体不同，表现形式也不同。古代由于没有高效的通信手段，信息只能通过口口相传或者书信、狼烟等传递，其表现形式为语音或文字、烟雾等；近现代主要表现形式有语音、文字、图形图像、音频、视频、动画等。

1.1.3 信息检索概念

信息检索(Information Retrieval)是从一定信息集合中找出所需要信息的过程和技术，是用户进行信息查询和获取的主要方式，是查找信息的方法和手段。信息检索是获取知识的一条捷径，是科学研究中查新、查重和查询研究现状的主要方法以及终身学习的基础。信息意识是信息检索的前提，信息源是信息检索的基础，信息获取能力是信息检索的核心，信息利用是信息检索的关键。

信息检索分为广义信息检索和狭义信息检索。广义信息检索又称信息存储与检索，是指将信息按一定的方式组织和存储起来，并根据用户的需要找出有关信息的过程。信息存储的目的是建立信息库。存储的信息包括原始文档数据、图片、视频和音频等，在存储前对这些原始数据进行收集、分类、转换、标引，变成机器能识别的信息并将其存储在数据库中。检索则是根据用户的需要，在存储的信息中找出需要的信息。

狭义信息检索通常称为信息查找或信息搜索，仅指广义信息检索的后半部分，即指从信息集合中找出用户所需要的有关信息的过程。狭义信息检索主要包含3个过程：确定用户的信息需求、选择信息检索技术和方法、查询并处理查询结果以满足用户的需求。一般用户的信息检索多数指狭义信息检索。

1.1.4 信息检索分类

按照不同的分类依据，信息检索有不同的分类，通常按检索对象、检索手段和存储载体、检索途径3种方式进行划分，如图1-1所示。

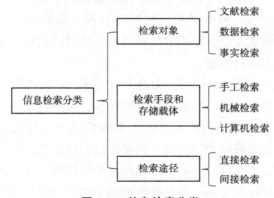

图1-1 信息检索分类

1.1.5 信息检索发展历程

信息检索起源于图书馆的资料查询和文摘索引，从19世纪下半叶开始发展，至20世纪40年代，信息索引和检索已成为图书馆独立的工具和服务项目。随着电子计算机的问世，计算机技术逐步走进信息检索领域，各种脱机和联机信息检索系统相继研制成功并实现商业化，自此，信息检索在教育、军事和商业领域高速发展，得到了广泛的应用。手工检索和计算机检索是信息检索技术发展过程中的两个重要发展阶段。

(1) 手工检索阶段

手工检索是人们在文献检索实践中沿用的传统方法，是人借助简单的机械工具，直接凭借头脑进行判断，对记录在普通载体上的资料进行信息检索的各种方法的统称。这种方法在很大程度上依赖检索者本身对所选的资料进行分析、辨别，决定取舍，所检对象为书写或印刷的文字等，可以直接查阅，不受场合和设备的限制。检索的载体可以是图书、期刊或者附录等印刷物或各种卡片目录。手工检索信息效率较低，人为因素对检索结果影响较大。

(2) 计算机检索阶段

计算机检索方式是随着电子计算机的产生和发展及其在文献部门的应用而发展起来的，是利用计算机的高速、运算准确的特点对存储于计算机上的信息载体进行检索的方法。1946年美国海军兵器中心研制的机读目录首次问世，这是计算机检索历史上的创举，之后又出现美国的MARC磁带机读目录，随后美国和欧洲出现大型联机检索网络，实现网络连接检索，后来又出现了日益完善的光盘检索系统。随着互联网的普及和高速发展，互联网检索成为信息检索的主流，信息检索更加方便快捷且成本低。计算机检索经历了脱机检索、联机检索和互联网检索3个阶段。

①脱机检索阶段　此阶段从20世纪50年代中期到60年代中期。自从第一台电子计算机诞生，人们就设想利用计算机来查找文献。50年代后期，有了"穿孔卡片"和"穿孔纸带"等数据录入和存储设备后，可以存储文摘和检索词以及查询提问等，计算机在文献检索领域得到应用。1954年，美国海军兵器中心采用IBM-701型计算机建立了世界上第一个科技文献检索系统，可以检索文献号。1958年，美国通用电气公司进行了改进，可以检索题名、作者和文献摘要。1964年美国化学文献服务社建立了文献处理自动化系统，实现了信息检索的计算机化。同年，美国国立医学图书馆建立了计算机数据库。这个阶段以脱机检索的方式开展检索服务，特点是采用批处理方式，不能对一个检索提问立即做出应答，等待一批查询任务输入完成，定期批量查询，处理时间较长，不能人机对话，检索效率低，但可以定期服务于科技人员。

②联机检索阶段　此阶段从20世纪60年代中期到70年代初。随着计算机和通信技术的发展，计算机网络初步形成，出现了检索软件包，用户可以通过检索终端设备与中心计算机的检索系统进行人机对话，实现对远距离的数据库进行检索，实现了联机信息检索。此阶段，由于计算机处理能力的提高，数据存储容量扩大，磁盘存储机得到应用，为建立大型文献数据库创造了条件。后来由于光盘技术的发展，低价的光盘存储技术得到应用，而且光盘可以随意更换和更新，光盘检索得到了很大发展和应用，出现了美国的DIALOG系统、ORBIT系统、BRS系统和欧洲的ESA-IRS系统，在国内或组织范围内得到实际应用。联机检索是科技信息工作、计算机和通信技术相结合的产物，标志着20世纪70年代计算机检索的水平。

③互联网检索阶段　此阶段从20世纪70年代至今。由于信息技术和网络通信技术的发展，信息检索系统更加国际化，用户可以借助国际通信网络直接与检索系统联机，实现不受地域限制的国际联机信息检索。这个阶段出现了很多全文或引文数据库和提供检索服务的机构，各种可以检索的智能终端也层出不穷，通过终端连接互联网就可以检索这些机构数据库中的相关专业信息。同时，搜索引擎的出现大大方便了信息的检索，通过搜索引擎，可以从海量的网页中搜索信息，搜索引擎已经成为目前互联网检索的主要方式。

1.1.6　信息检索流程

信息检索一般经过 6 个步骤：分析问题、选择检索系统、抽取检索词、构建检索式、文献检索及调整检索式、检索结果处理。

(1) 分析问题

这个阶段要明确文献检索的目的，分析要解决的实质问题，要解决的问题所涉及的学科范围以及文献信息的语种和时间范围等具体要求。例如，要检索有关"三维打印技术应用"相关信息，首先得确定检索的关键词是三维打印和应用，涉及的学科可能包含光学、机械学、电学、计算机技术、控制技术、材料技术等，文献语种和时间可以是中文和不限时间等。

(2) 选择检索系统

检索系统也叫检索工具，在选择检索工具前要了解各检索工具的系统功能和检索方法，要选择与学科专业相关的工具，尽量选择该学科的权威检索工具，了解检索工具收录文献的时间跨度、地理范围和文献语种、类型等。

(3) 抽取检索词

检索词是计算机检索系统中进行信息匹配的基本单元，会直接影响检索结果。检索词从要检索的课题范围中进行提炼，抽取的检索词要准确、专业和全面，不要将虚词和一些意义宽泛的词作为检索词，注意一词多形和多词一形的使用（如三维打印和 3D 打印，应用和运用），这样检索出来的信息才更准确全面，符合要求。

(4) 构建检索式

检索式是检索策略的逻辑表达式，用来表达用户检索的问题，它由检索词和各种逻辑运算符、通配符、位置算符、嵌套算符等构成一个表达式，限定检索词在查询结果中出现或不出现的条件。符合逻辑表达式条件要求的文献将会被检索出来，检索式构建准确与否将直接影响查询结果的覆盖率和准确率。

(5) 文献检索及调整检索式

构建完检索式后即可提交检索工具检索并得到检索结果，当检索结果不满意时，可以对检索式进行修改调整，增加或减少限定词，直到得到满意的检索结果。

(6) 检索结果处理

检索结果的处理包括文献信息的选择、下载、存储以及阅读和应用。

拓展任务

罗列出你所了解和使用过的检索工具并对比分析它们的优缺点。

1.2　搜索引擎的使用

在信息爆炸的大数据时代，网络和自媒体发达，各类信息众多，真假难辨，需要从大量信息中快速找到并甄别和分析信息真伪，获取有效信息，为学习、工作和生活服务。学会使用常用搜索引擎，可以方便地进行信息检索。

1.2.1 什么是搜索引擎

搜索引擎是指根据一定的策略，运用特定的计算机程序，从互联网上采集信息，在对信息进行组织和处理后，为用户提供检索服务，将检索的相关信息展示给用户的系统。搜索引擎依托于多种技术，如网络爬虫技术、检索排序技术、网页处理技术、大数据处理技术、自然语言处理技术等，为信息检索用户提供快速、高相关性的信息服务。搜索引擎技术的核心模块一般包括爬虫、索引、检索和排序等，同时可添加其他一系列辅助模块，为用户创造更好的网络使用环境。搜索引擎从产生至今已经经历了四代。

1.2.2 搜索引擎分类

根据功能和原理，搜索引擎可分为全文搜索引擎、元搜索引擎、垂直搜索引擎和目录搜索引擎。

（1）全文搜索引擎

全文搜索引擎适用于一般网络用户。这种搜索方式方便、快捷，并容易获得所有相关信息。但搜索到的信息过于庞杂，因此，用户需要逐一浏览并甄别出所需信息。尤其在用户没有明确检索意图情况下，这种搜索方式非常有效。常用的全文搜索引擎有百度、360等。

（2）元搜索引擎

元搜索引擎是一种调用其他独立搜索引擎的引擎，是对多个独立搜索引擎的整合、调用、控制和优化。元搜索引擎适用于广泛、准确地收集信息。不同的全文搜索引擎由于其性能和信息反馈能力有差异，各有利弊。元搜索引擎有利于各基本搜索引擎间的优势互补，有利于对基本搜索方式进行全局控制，引导全文搜索引擎的持续改善。

（3）垂直搜索引擎

垂直搜索引擎适用于有明确搜索意图的情况。例如，用户购买机票、火车票、汽车票或想要浏览网络视频资源时，都可以直接选用行业相关搜索引擎，以便准确、迅速获得相关信息。

（4）目录搜索引擎

目录搜索引擎是网站内部常用的检索方式。这种搜索方式是对网站内信息整合处理并分目录呈现给用户，其缺点在于用户需预先了解本网站的内容，并熟悉其主要模块构成。总而言之，目录搜索方式的适用范围非常有限，且需要较高的人工成本来支持维护。

1.2.3 常用搜索引擎

目前国内的搜索引擎主要有百度、360、搜狗、搜搜，国外主要有谷歌、必应等，下面简单介绍百度、360搜索引擎。

（1）百度搜索引擎

百度搜索是2000年1月由李彦宏和徐勇两人于北京中关村创立，致力于向用户提供"简单、可依赖"的信息获取方式的搜索引擎，目前是全球领先的中文搜索引擎。百度搜索引擎提供网页搜索、MP3搜索、图片搜索、新闻搜索、百度贴吧、百度知道、搜索风云榜、硬盘搜索、百度百科等主要产品和服务，提供多项满足用户更加细分需求的搜索服务，如地图搜索、地区搜索、国学搜索、黄页搜索、文档搜索、邮编搜索、政府网站搜索、教育网站搜索、邮件新闻订阅、WAP 贴吧、手机搜索等服务，同时还在个人服务领域提供了包括百度影视、百度传情、手机娱乐等服务。

百度搜索引擎拥有海量的中文网页，收录网页的数量每天正以千万级的速度增长；同时，在中国各地分布的服务器能直接从最近的服务器上，把所搜索到的信息返回给用户，使用户享受极快的搜索传输速度。百度搜索引擎每天满足来自 100 余个国家和地区的数十亿次搜索需求，是网民获取中文信息的最主要入口。

（2）360 搜索引擎

2012 年 8 月 16 日，奇虎 360 公司推出综合搜索引擎，360 搜索主要包括新闻搜索、网页搜索、微博搜索、视频搜索、MP3 搜索、图片搜索、地图搜索、问答搜索、购物搜索，通过互联网信息的及时获取和主动呈现，为广大用户提供实用和便利的搜索服务。360 搜索实际上是提供一站式的实用工具综合查询入口，同时将信息聚合在一起实现网络工具化、个性化的发展需求；提升网络搜索效率，让用户从繁复的搜索系统里解放出来，让上网搜索更轻松有效。360 搜索页面的导航菜单提供多搜索引擎切换，将多个不同搜索网站界面集成在一个浏览页面中，用户只要输入一次关键字就可以同时完成多次搜索，并实现快速切换查看。在分类栏目中，除 360 视频搜索之外，新闻、MP3、图片、地图及问答均来自百度，单击可自动跳转。

1.2.4 搜索引擎基本查询功能使用

搜索引擎的基本查询功能使用方法是：直接在搜索框中输入关键词，然后进行查询。下面以使用百度搜索引擎搜索一年内发表的包含"大数据"关键词的 Word 文档为例，介绍具体操作步骤。

启动浏览器，并在地址栏中输入"www.baidu.com"，按回车键进入百度首页，然后在中间的搜索框中输入关键词"大数据"，按回车键或者单击"百度一下"按钮，再点击图 1-2 中"搜索工具"现如图 1-3 所示的页面。

图 1-2　百度主搜索框

图 1-3　添加筛选条件

在图1-3中，单击"时间不限"，然后选择"一年内"，单击"所有网页和文件"，选择"Word"，如果要搜索其他类型的文档，可选择其他选项。再单击"站点内检索"，输入要检索的站点地址"baidu.com"，如图1-4所示。

图1-4　输入筛选条件

单击"确定"按钮，即可得到如图1-5所示检索结果，结果只显示一年内在百度网站上发表的有关大数据内容的文章，检索结果将按照百度的排名策略显示在搜索条下方，不同时期的检索结果不同。

图1-5　百度检索结果

单击搜索结果列表即可浏览搜索的结果，用户再根据搜索到的文献内容自行判断并对搜索结果进行取舍。

1.2.5　搜索引擎高级查询功能

使用搜索引擎的高级搜索功能可以在搜索时实现包含全部关键词、包含完整关键词、包含任意关键词和不包括关键词以及时间和文件格式、关键词位置等设置。

下面通过百度高级搜索查询广西柳州和防城港两市的"钢铁产量"相关信息,具体步骤如下。

①打开百度首页,将鼠标移动到页面右上角的"设置"链接上,在弹出的下拉列表框中单击"高级搜索"选项,弹出如图1-6所示"高级搜索"对话框。

图1-6 "高级搜索"对话框

②在"包含全部关键词"文本框中输入"柳州 防城港",要求查询结果页面中同时包含"柳州"和"防城港"两个关键词。

③在"包含完整关键词"文本框中输入"钢铁产量",要求查询结果页面中包含"钢铁产量"完整关键词。

④在"包含任意关键词"文本框中输入"上升下降",要求查询结果页面中包含"上升"或"下降"关键词。

⑤在"不包含关键词"文本框中输入"省",要求查询结果中不能出现"省"这个字,如图1-7所示。设置完成后单击"高级搜索"按钮,得到如图1-8所示的结果列表。

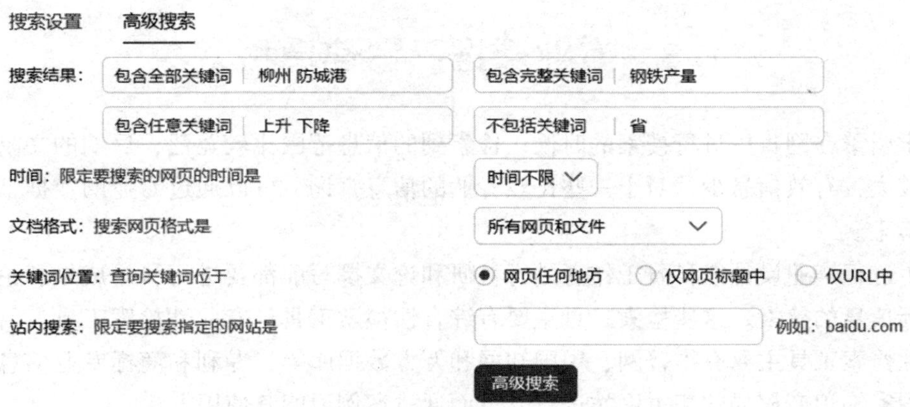

图1-7 "高级搜索"设置

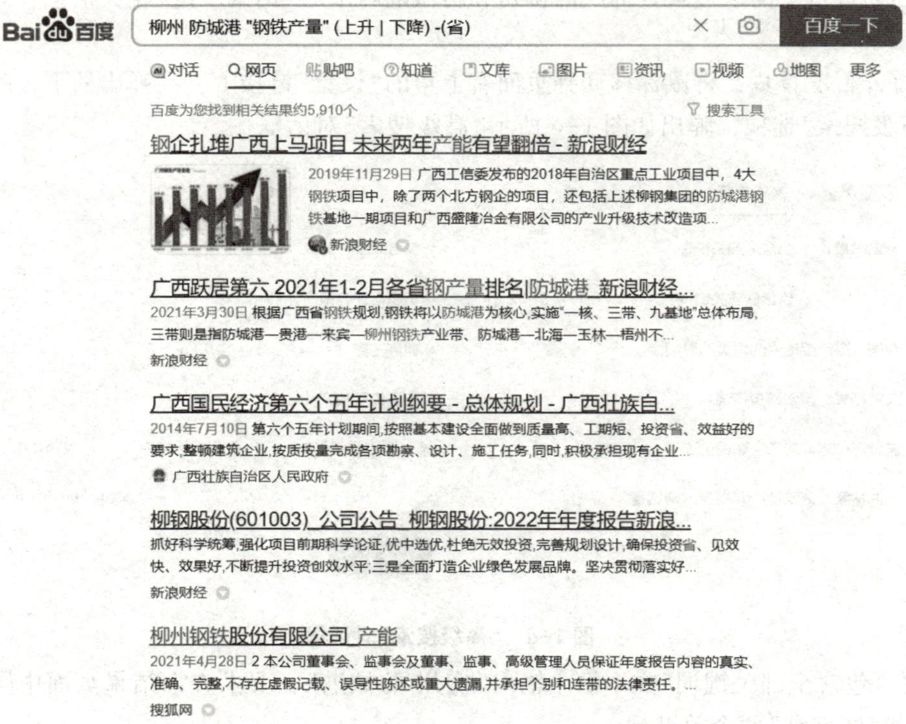

图1-8 "高级搜索"结果

分别用百度、360、搜狗等搜索引擎在网络上搜索有关大数据现状的信息，下载保存，并对搜索结果进行分析。对比这几种搜索引擎搜索出的信息和预期目标的符合度，并从文献（或链接）数量、排名先后、符合度等方面分析这几种搜索引擎的优缺点。

1.3 专业数据平台信息检索

搜索引擎在网页中进行搜索的时候，检索到的信息范围比较宽泛，后期的文献整理工作量比较大，有效信息少，对于一些比较专业的信息查询，可以通过专业的数据平台来进行信息检索。

学生进行毕业设计或科研工作者进行科研和论文撰写前都要进行科研成果和论文、专利或商标信息的检索。这些检索工具主要有综合性检索工具、专业性检索工具。目前中文的综合性检索工具主要有维普网、中国知网和万方数据库等；专利和商标专业信息检索可以通过国家知识产权局的相关网站进行。下面通过案例说明其使用方法。

1.3.1 综合性检索

启动浏览器，在地址栏中输入"www.cqvip.com"，进入如图1-9所示的维普网首页。

图1-9 维普网首页

如果要简单搜索文献信息,则在维普网首页"文献搜索"后的文本框中输入要搜索文件的关键词,再选择"标题/关键字""作者""机构"或"刊名",然后单击"开始搜索",即可进行搜索,得到结果后显示在页面中,用户根据需要单击链接即可打开文献进行下载或在线阅读。

如果要进行高级搜索,则单击"开始搜索"按钮下方的"高级检索"链接,进入如图1-10所示的"高级检索"设置页面。在框1和框2中可以选择关键词的所属类别,如要搜索的关键词是作者名字,则在框3中选择"作者",如果输入多个关键词,则框1和框2中的选项都必须根据关键词的所属类别进行选择,然后根据几个关键词的关系,在框2中选择"与""或"或"非",选好后在文本框中输入关键词即可,输入的关键词类别数量可以通过框4右边的"+"或"-"按钮进行增减。检索模式可以选取框4中的"模糊"或"精确",再输入时间限定和期刊范围以及学科限定,选择完成后单击"检索"按钮即可进行检索并得到检索结果。如需要对检索关键词进行同义词扩展,则单击框5中的"+"号进行关键词扩展。例如,要搜索"近两年内北大核心期刊发表的与大数据研究有关的综述文章",可如图1-11所示进行设置。检索后得到如图1-12所示结果集,检索结果为动态查询结果,不同时间查询结果不尽相同。

图1-10 维普高级检索页

图 1-11　设置高级搜索参数

图 1-12　维普高级搜索结果图

多关键词联合检索中的关键词关系有"与""或""非"。A 与 B 表示检索结果中既有 A 又有 B；A 或 B 表示检索结果中有 A 就没有 B，有 B 就没有 A，也可以两者都有；A 非 B 表示检索结果中只有 A，不能有 B。检索模式有"模糊"和"精确"两种，例如，检索的关键词类别为作者，关键词输入"王丽"，如果采用"模糊"检索，则作者名为"王丽芬"的文章也可以被检索出来，如果检索模式为"精确"，则只有作者名为"王丽"的可以被检索出来，"王丽芬"不会被检索出来。

启动浏览器，在地址栏中输入"cnki.net"然后按回车键即可进入中国知网主页，其检索页面和维普网类似；万方数据库检索方式也类似，只要在浏览器地址栏中输入"www.wanfangdata.com.cn"，按回车键即可进入万方数据库检索，这里均不再赘述。

1.3.2　专利信息检索

专利信息检索是指根据一项或数项特征，从大量的专利文献或专利数据库中挑选符合某一特定要求的文献或信息的过程。简单地说，专利信息检索就是有关专利信息的查找。

专利信息检索是一项复杂的工作，是由多种因素构成的，如数据量、数据特点、检索系统、检索方式、检索入口、检索种类、检索目的、检索范围、检索技巧及检索经验等。

启动浏览器，在地址栏中输入"www.cnipa.gov.cn"，按回车键进入国家知识产权局网站（2023年版）主页，下拉页面到"政务服务"，单击"专利"，如图1-13所示，单击图中"专利检索"链接后进行专利检索系统登录，即可进行专利检索。如果用户还没有注册相关账户，单击链接后进入如图1-14所示的账户注册界面，单击"立即注册"，进入如图1-15所示的注册界面，账户注册完成后登录即可进入如图1-16所示的专利查询页面，在搜索框中输入查询的专利信息即可进行查询，本书不做详细讲解。

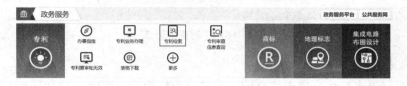

图1-13 专利检索

图1-14 专利搜索页面

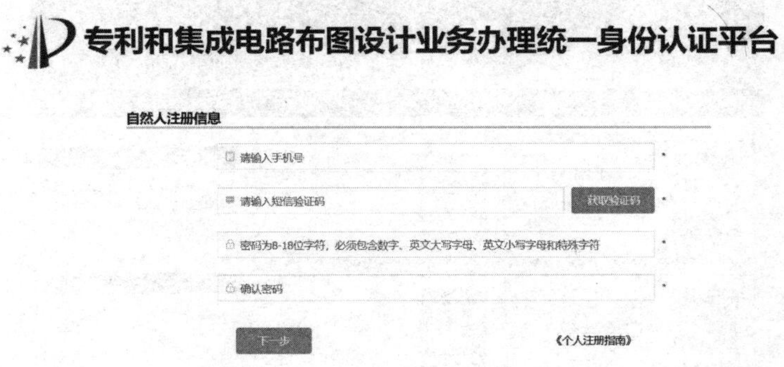

图1-15 用户注册界面

图 1-16　专利查询界面

1.3.3　商标信息检索

在向商标局提出商标注册申请之前，要进行商标检索，以确定拟注册商标是否同他人在同一种商品、服务或者类似商品、服务上已经注册的或者初步审定的商标相同或近似。目前，商标检索工作多由知识产权代理机构的商标代理人或者商标律师负责，因为他们拥有商标检索以及判断商标是否近似的经验。当然，申请人自己也可以进行检索。

商标信息检索的方法与专利信息检索类似，进入国家知识产权局网站后，下拉页面到"政务服务"，单击"商标"选项，如图1-17所示。单击"商标查询"，进入商标查询使用说明页面，单击"我接受"进入如图1-18所示的知识产权局商标网，在此页面即可进行商标的相关查询。单击"商标综合查询"，可以查询到某个商标的注册情况。

图 1-17　商标检索

图 1-18　中国商标网

拓展任务

1. 分别利用百度搜索、维普网、中国知网、万方数据对关键词"人工智能"进行搜索，对比搜索结果，比较各检索工具的特点。
2. 在国家知识产权局网站上以"申请(专利权)人"为"华为"进行搜索，查看搜索结果。
3. 在国家知识产权局网站上对商标名称"华为"进行综合查询，并查看查询结果。

单元习题

一、填空题

1. 电子计算机中对信息进行编码采用的是_____。
2. 甲、乙各有一条信息，二人交流后各自有两条信息，说明信息具有_____。
3. 搜索引擎的实质是_____。
4. _____是记录信息的载体。
5. 按检索手段划分，文献检索工具可以分为_____和机械检索工具。

二、单选题

1. 下列关于信息的说法中，错误的是(   )。
   A. 信息的传播必须有载体   B. 信息必须以某种形式表示出来
   C. 信息广泛存在于现实世界中   D. 信息只能在计算机中存储
2. 下列关于信息的说法中，错误的是(   )。
   A. 物质、能源和信息是人类生存所必需的三大资源
   B. 信息无处不在，无时不有
   C. 信息就是信息，不是物质也不是能量
   D. 声波、光波、电磁波等都是信息
3. 下列关于信息的说法中，正确的是(   )。
   A. 保存在计算机中的信息永远不会丢失
   B. 在网上可以搜索到我们所需要的一切信息
   C. 网上的信息都是可信的，可以直接使用
   D. 获取信息后首先应甄别信息的真伪
4. 以下不是搜索引擎的是(   )。
   A. 百度   B. 搜狗   C. 360   D. 京东
5. 搜索引擎不可以完成下列哪项工作？(   )
   A. 在网络上找到需要的某些信息
   B. 在网络上找到需要的某篇文章
   C. 找到衣柜中的某件衣服
   D. 在网上找到某个名人的简历及其相关事迹

三、多选题

1. 我国建立了哪些专业搜索引擎?（　　）
A. 专利　　　　　　B. 商标　　　　　　C. 在校生人数　　　D. 科技论文

2. 一般搜索引擎高级查询方式能提供（　　）查询策略。
A. 设置包含某个关键词　　　　　　B. 设置不包含某个关键词
C. 设置包含任意关键词　　　　　　D. 根据文章页码

3. 无法从某个学术论文信息检索平台上检索到（　　）。
A. 某个硕士研究生的硕士论文　　　B. 某个老师的上课课程表
C. 某所学校的学生人数　　　　　　D. 某篇新闻稿

4. 一般不可以从国家专利信息检索平台上检索到（　　）。
A. 某个尚未申请的专利　　　　　　B. 某个已经获批的专利
C. 某篇学术论文　　　　　　　　　D. 某个已经注册的商标

5. 不能从国家商标检索平台上检索到（　　）。
A. 某个获批的注册商标　　　　　　B. 某个即将申请的商标
C. 某篇学术论文　　　　　　　　　D. 某项专利

单元2

新一代信息技术

21世纪之初，以信息技术为代表的科技革命掀起了新一轮发展浪潮，取得一轮又一轮的新突破。以大数据、云计算、区块链、人工智能和量子技术等为核心的新一代信息技术正加速向人类社会的各个领域快速融合渗透，主导着新经济发展。我国也着力于加快提升新一代信息技术发展水平，不断增强信息技术创新能力，在无线通信技术、区块链技术、人工智能技术等领域都取得了新的突破。在信息化不断飞速发展的今天，当代大学生要了解和掌握新一代信息技术的基本概念、核心技术和应用场景，不断培养信息技术实践技能与信息素养，利用信息技术去解决实际问题。

学习目标

知识目标：
(1) 掌握新一代信息技术及其主要代表技术的基本概念；
(2) 掌握新一代信息技术各主要代表技术的特点；
(3) 了解新一代信息技术的典型应用。

技能目标：
(1) 具备分析现实生活中新一代信息技术应用实例的能力；
(2) 具备利用新一代信息技术解决专业领域信息化问题的思维方法，并提出相应的解决方案；
(3) 具备持续学习的意识和能力，能够不断跟进和适应新的信息技术发展。

素质目标：
(1) 培养探索能力、分析能力；
(2) 增强自主学习的能力、提出问题的能力、人际交往的能力、创新思维能力和等划未来的能力；
(3) 陶冶爱国主义情操，树立社会责任感，弘扬创新精神，不断激发学习动力。

2.1 认识新一代信息技术

"信息技术"一词最早出现在1958年的一篇商业杂志上。信息技术是在信息科学的原理和方法下实现信息的获取、存储、分析、管理、控制、传输、交换和利用的各种技术的总称。电子技术、计算机技术和通信技术是信息技术的主要构成。它们在数字化时代中发挥着重要作用,并为我们的工作、学习和社会生活提供了无数的可能性。进入21世纪后,新一代信息技术以超乎想象的速度在不断发展,成为经济和社会发展的主导力量和重要推动力。作为当代大学生应当积极通过互联网和书籍了解新一代信息技术所包含的关键技术和发展趋势。

新一代信息技术是当前世界上许多国家发展的核心,也是改变全球竞争格局的重要举措。我国也非常重视新一代信息技术的发展,并出台了相关政策和文件,不断加快推进以大数据、云计算、区块链、人工智能、虚拟仿真和量子科技等为代表的新一代信息技术的创新发展,不断丰富与传统行业的融合发展。

2.1.1 大数据

大数据(Big Data)是指规模体量随时间不断快速增长,具有多样性特征的数据集合。"大数据"最早源自物理粒子实验,因为实验人员在研究过程中会产生海量的数据,并通过技术手段对数据进行收集、存储、传输、分析和处理。随着网络和信息技术的飞速发展,教育、金融、交通、医疗、制造等各个领域产生的数据信息也呈几何倍数的增长,人们越来越重视数据信息的价值。大数据技术通过技术手段对海量复杂的数据进行收集存储、清洗挖掘、分析展示,让数据更具可用性,也更具价值。

大数据具有数据体量大、类型多、速度快、可变性和真实性的特点。随着信息时代的发展,来源于金融、教育、生产、医疗和交通等领域的智能设备所产生的结构化、非结构化和半结构化的数据,随着用户数量和时间的不断累加,形成了海量的数据集。这些数据是多元化的,包含文本、视频、音频、图形图像乃至各种生物数据。系统需要快速收集这些信息,并快速进行数据清洗、数据分析、数据挖掘和数据可视化,提高数据的可用性和价值。可变性说明数据在产生和传输的过程中会出现增加或减少、数据流量变化等许多不可测的情况,对数据的收集、处理和存储都带来了挑战。往往一组数据的来源并不是单一的,可能是通过跨系统连接、匹配和转换过来的。因此,数据的真实性决定了数据的质量。

2.1.2 云计算

云计算(Cloud Computing)的基本概念是将计算和数据存储的能力从本地的个人计算机或服务器转移到位于数据中心的远程服务器上。这些远程服务器组成了一个庞大的网络基础设施,被称为"云"。用户可以通过互联网连接到云,以灵活、按需的方式使用所需的计算资源。"云"不是一个物理实体,而是一个庞大的远程服务器集群网络,它们连接在一起作为一个单一的生态系统运行。这些服务器设计来用于存储和管理数据、运行应用程序提供相应的服务，如视频服务、网络邮件、应用软件或社交媒体。用户无须从本地或个人计算机访问文件和数据，而是从任何支持互联网的设备在线访问它们，这些信息将在用户需要时随时随地使用。

云计算是一种分布式计算技术，通过互联网提供的计算服务资源（包括服务器、存储、数据库、网络、软件、分析和智能化等应用），用户可以根据实际需要便利快捷地进行信息的处理、分析和存储等工作，并能灵活调整策略。中国信息通信研究院对云计算的定义：一种通过网络统一组织和灵活调用各种信息、通信技术与信息资源，实现大规模计算的信息处理方式。

云计算的特点是：虚拟化、动态可扩展、弹性灵活、廉价环保。云计算在早期就是简单的分布式计算处理，解决任务的分发与计算结果的合并。而虚拟化是云计算最为显著的特点，利用软件来模拟硬件功能并创建多台逻辑计算机，实现计算资源的动态分配、灵活调度和规模化经济效益。

2.1.3 区块链技术

区块链技术（Blockchain Technology）是一种分布式账本技术，用于记录和验证数据的交易和信息。它通过将数据以区块的形式链接在一起，并使用密码学方法确保数据的安全性和不可篡改性。该技术最早起源于比特币，是比特币的底层技术，是一种不依赖第三方，通过自身分布式节点进行网络数据的存储、校验、传输和交互的技术。数据区块通过密码学、数据校验技术、分布式技术和信息技术等手段按时间先后顺序一个区块接一个区块根据算法实现链接，具有不可伪造、全程留痕、可以追溯、公开透明、集体维护等特征。

它为各个行业提供了一种全新的具有可靠性和透明性的解决方案，推动着创新和合作的发展。无论是加密货币、金融服务、供应链管理还是电子身份验证，区块链技术都具备广泛的应用前景，将深刻改变传统行业的商业模式和流程。

2.1.4 人工智能

人工智能（Artificial Intelligence）是指通过计算机科学和相关技术，使计算机系统能够模拟和执行人类智能的一门学科。人工智能的研究具有非常高的专业技术性，涉及计算机科学、逻辑学、仿生学、机械学、医学、哲学和心理学等多个专业领域。

人工智能是新一轮技术革命和产业革命的核心，是人类进入智能时代的重要科技，主要分为弱人工智能、强人工智能和超级人工智能3种。人工智能的第一个重要的特点是可以像人类一样去思考和做出行为。在这个基础上形成了第二个特点，即能通过机械学习和深度学习形成意识和思考能力，并做出行为。人工智能是一项重要的战略任务，一经出现就迅速成为世界各国争相开发和部署的技术。随着人工智能技术不断地发展，其已经使我们的日常生活和学习发生了变革性的进步。应用于地图导航、语音翻译、自动驾驶、手术机器人等领域。

2.1.5 虚拟仿真技术

虚拟仿真技术（Virtual Simulation Technology）是一种通过计算机生成的虚拟环境或情

境，以模拟真实世界的各种情景和过程的技术。它使用计算机图形学、物理模型、数据处理和交互技术等手段，将用户置身于一个虚拟的、可交互的环境中，使其感受和体验仿真环境所模拟的现实世界的感觉和效果。虚拟仿真技术为用户提供了一种互动、沉浸式的体验，使他们能够参与虚拟环境中的活动和任务。通过虚拟仿真技术，人们可以获得更多实践经验、培养技能，同时也降低了风险和成本。随着技术的不断进步，虚拟仿真技术在各个领域的应用前景越来越广阔。

广义的虚拟仿真技术有虚拟现实、增强现实、混合现实3种。其最主要的特点是沉浸性和交互性。

虚拟现实（Virtual Reality，VR），是一种通过计算机技术创建并模拟虚拟环境的技术。它利用计算机生成的视觉和声音效果，通过头戴式显示器等设备，使用户完全沉浸于一个虚拟的、模拟的环境中，让用户感觉身临其境。用户可以通过头部追踪设备观察和探索虚拟环境，通过手柄等交互设备与虚拟环境进行互动。

增强现实（Augmented Reality，AR），是一种将虚拟信息与现实世界进行叠加的技术。它通过计算机图形学、传感器、显示设备和算法等技术手段，将虚拟的数字内容与真实环境进行融合，使用户可以通过视觉或听觉感知虚拟信息的存在，与之进行交互。并不是完全将用户置身于虚拟环境中，而是在真实世界中叠加虚拟元素。AR技术可以通过手机、平板电脑、智能眼镜、头戴设备等多种设备，将虚拟图像、声音、文字等信息通过仿真技术与真实的场景相互叠加呈现，因此增强了现实的体验感，使交互方式更自然。

混合现实（Mixed Reality，MR），是一种结合虚拟现实和增强现实的技术。它将真实世界与虚拟内容相结合，创造出一个新的虚实融合的环境，使用户既能够感知真实环境，又能够与虚拟对象进行交互。混合现实技术利用传感器、摄像头、显示器等设备，将虚拟元素与真实环境进行实时的融合和叠加。与增强现实不同，混合现实不仅可以叠加虚拟元素到真实环境中，还能够对真实环境进行感知和理解，实现虚实的互动。

虚拟现实、增强现实和混合现实有一些共同点，但它们也有一些区别。虚拟现实主要通过头戴式显示器使用户完全沉浸在虚拟环境中，增强现实则是将虚拟元素叠加到真实环境中，而混合现实结合了虚拟元素和真实环境的交互。这些技术在用户体验、应用场景和技术实现方面存在差异，但它们共同推动了虚拟仿真技术的发展和应用。

2.1.6 量子科技

量子是现代物理学中一个物理量存在的基本单位。量子科技（Quantum Technology）是指以量子力学原理为基础，利用和控制微观粒子的量子特性进行研究和应用的科技领域。它涉及量子物理、量子信息、量子计算、量子通信和量子仿真等多个学科和技术领域。

19世纪末，人们发现旧有的经典理论并没有办法解释微观系统，于是经由物理学家的努力，在20世纪初创立量子力学，解释了这些现象。量子力学从根本上改变人类对物质结构及其相互作用的理解。除了透过广义相对论描写的引力外，迄今所有基本相互作用均可以在量子力学的框架内描述。因此，量子技术具有不确定性、量子纠缠、量子叠加的特性。

量子纠缠是指两个原子相互连接或纠缠,尽管是分开的,如果更改其中一个属性,则另一个属性会立即更改。

想象你有两个戒指,并把两个戒指分别给你的两个朋友 A 和 B,然后他们分别走到不同的地方。无论他们相隔多远,这两个戒指都保持着一种特殊的联系。当 A 决定观察手中的戒指时,它的颜色会瞬间变成红色或蓝色。但是,B 手中的戒指也会瞬间改变颜色,与 A 的戒指相反。这就是量子纠缠的奇妙之处。尽管 A 和 B 分开并且没有任何明显的方式进行通信,但他们的戒指仍然似乎通过特殊的方式相互联系在一起。

这种纠缠关系是量子世界中的特殊现象。它意味着当一个量子系统被纠缠时,其中的部分属性或状态无法被独立地描述。观察一个量子系统的状态会立即影响与之纠缠的另一个量子系统。

量子叠加是亚原子粒子同时存在于多种状态的理论,这是薛定谔的猫思想实验的关键。量子计算机中,虽然数字计算机将数据存储为"位"(二进制的 1 和 0),但量子计算机使用同时以 1、0 或两者同时存在的量子位。这种叠加状态创造了几乎无限的可能性,能实现计算机快速同步和并行计算。

科学家研究量子颗粒及其行为,通过研究将成果用于微芯片电路的小型化。但是,计算机科学的问题是处理数据需要越来越高效的计算能力,这就促使集成芯片和电路越来越复杂,与此同时,还尽可能地实现小型化。

2.1.7 物联网

物联网(Internet of Things)是一种计算设备、机械、数字机器相互关系的系统,具备通用唯一识别码(UID),并具有自动传输数据的能力,无须人与人或是人与设备交互。

物联网由支持网络连接的智能设备组成,这些设备使用嵌入式系统(如处理器、传感器和网络设备)来收集、发送和处理获取的数据。物联网设备在没有人为干预的情况下,能自动通过设备的传感器收集数据,并通过物联网网关发送到云服务终端或者本地服务终端进行分析和处理。由于物联网能将物体通过智能感知、识别和管理,利用网络与计算机融合应用,被称为继计算机、互联网之后信息技术发展的第三次浪潮。

物联网的主要特点,一是全面感知,可以利用无线射频技术、传感器、网络设备等随时随地与物体进行信息交互;二是可靠传递,可以利用有线网络或无线通信技术实现物体信息的实时传递;三是智能处理,可以利用云计算技术、大数据技术对海量的数据和信息进行分析和处理,并通过网络进行交互,实现对物体智能化的管理和控制。

物联网已经成为 21 世纪最重要的技术之一,物联网技术将物理世界与数字世界进行连接,使人们可以通过网络实现人与物、物与物、人与流程、物与流程的交互融汇,相互协作,不断影响人类的未来。

除了上述的几项核心技术以外,新一代信息技术还有下一代信息网络技术、新兴软件技术和新型信息服务技术、网络安全技术、电子芯片技术等一系列的信息技术。

拓展任务

1. 在搜索引擎中搜索关键词"信息技术",了解信息技术的概念和由来。然后通过关键词搜索"新一代信息技术",了解其主要核心技术和基本概念。

2. 思考:数字化、网络化、智能化是新一代信息技术的突出特征,传统的信息技术与新一代信息技术的差异有哪些?

2.2 新一代信息技术的应用

从世界上第一台计算机"ENIAC"的诞生到互联网的普及,人类不断地将信息技术应用到各个领域。信息技术通过改造和支撑人类的各项社会经济活动,掀起信息产业革命。我们身边的许多变化,都与新一代信息技术有着千丝万缕的联系。广泛应用、高度渗透的信息技术与工业制造、教育医疗、经济文化和军事发展等不断融合,使人类从局部信息化向全面信息化发展。新一代信息技术更是极大地改变了人类发展的进程,孕育出一个又一个变革。

2.2.1 自动驾驶

车辆全自动驾驶体系是新一代信息技术融合应用的典型场景。首先,物联网技术将车辆的摄像头、雷达传感器、激光测距器、油门、刹车、转向器等设备产生的数据信息从传感器快速传输到车载计算机,再由芯片对信息数据进行分析、处理后对车辆设备进行控制。车辆在自动行驶的过程中,会将行驶的各项数据(如车辆能耗、行驶速度、行驶时长、道路周边环境等)通过无线网络上传到云服务平台,利用云计算技术对道路路面信息和车辆行驶的各种信息进行大数据分析,利用分布式计算、云计算、隐私计算和边缘计算等技术,有效地避免道路拥堵以及车辆能源耗尽或设备故障造成意外事故。此外,车载计算机机械学习和深度学习的特点,可以不断提高车辆对障碍物、道路标志的识别精准度和改正操控者错误的行为等,确保行驶安全。

2.2.2 工业信息化

在工业信息化融合发展过程中,利用大数据分析、人工智能和机器学习等技术,对工业生产过程中的大量数据进行实时分析和预测,可以优化生产计划,提高生产效率和质量。利用物联网技术,通过将传感器和设备与互联网连接,构建物联网系统,实现设备之间的互通和信息共享,可以实现智能监控、远程操作和自动化控制。利用云计算平台,将工业数据存储和处理转移到云端,可以实现数据的集中管理和分析。同时,结合边缘计算技术,将计算和处理能力应用到工业现场,可以实现实时的数据处理和决策。利用区块链技术确保工业数据的安全性、可信度和不可篡改性,可以实现供应链追溯、产品溯源、智能合约等应用,提高工业信息交换和合作的效率。利用虚拟现实和增强现实技术,提供更直观、交互式的工业操作界面和培训模拟,可以提升工业生产和操作的效率和安全性。

工业信息化通过与新一代信息技术的融合,可以实现工业生产的智能化、高效化和可持续发展。它能够提升企业的竞争力,推动工业转型升级,促进创新和技术进步。

2.2.3 互联网电子商务

在互联网电子商务领域,通过获取人们的浏览记录、购买记录、页面停留时间等,利用大数据技术快速分析出消费者的行为习惯和消费区间，可以深入了解用户的偏好、需求和购买行为。这使得电子商务平台能够提供个性化的推荐、定制化的服务和精准的营销策略，提高用户体验和销售效果，有利于企业节约生产成本，提高企业效益。通过数据的有效挖掘和分析，还能为决策者在生产、服务和管理上提供可靠的决策支撑和依据。通过机器学习和自然语言处理等技术，电子商务平台可以实现智能搜索、智能客服、智能推荐等功能，提供更加智能化和个性化的服务。

新一代信息技术的融入使得互联网电子商务变得更加智能、便捷和个性化。通过移动互联网、大数据分析、人工智能、虚拟现实等技术的应用，电子商务平台可以提供更好的用户体验，同时提高交易的安全性和可信度。这种融合为互联网电子商务的发展提供了更多的机遇和创新空间。

2.2.4 数字货币

在数字经济中，货币载体已经由传统的实物逐渐转变成数字形式。数字货币为传统金融系统带来了创新和变革。它提供了更快速、安全、低成本的跨境支付和结算方式，减少了传统金融机构的中介环节，降低了交易成本和时间。数字货币通过去中心化的区块链技术实现交易的验证和记录，消除了对传统金融机构的依赖。它重新缔造了信任关系，使得交易参与方能够直接进行点对点的交易，不需要第三方介入。2020年，我国首批数字货币开始在北京、深圳、成都、苏州四地投入使用。数字货币的加密和价值保证就建立在区块链技术的基础上，利用大数据分析和人工智能技术可以对这些数据进行深度分析和挖掘，了解用户行为模式、市场趋势和风险预测，为数字货币的发展和决策提供支持。

2.2.5 元宇宙

虚拟仿真技术可以用于解决对事物的认知问题。在教育领域，虚拟仿真已经越来越多地应用到课程的实训教学中，如解决大型建筑构件制作、机械设备安装、水利电力建设等危险且难以反复操作的实训，节约了实训成本，保障了学员安全。在设计领域，虚拟仿真技术能突破季节、光影、气候的局限性，让人沉浸其中，多维度地感受设计效果。元宇宙为虚拟仿真的不断发展提供了更广阔的未来。元宇宙可以实现智能化的场景管理、自动化的任务处理和个性化的用户体验。人工智能还可以通过分析和理解用户行为和偏好，为用户提供更精准和个性化的服务。

新一代信息技术为元宇宙的发展和应用提供了关键的支持和基础。元宇宙借助虚拟现实、增强现实、区块链、人工智能、大数据分析、云计算和边缘计算等技术，实现了与现实世界的深度融合和交互，为用户提供了全新的数字体验和价值。随着新一代信息技术的不断发展，元宇宙有望在娱乐、教育、商业、社交等领域展现出更广阔的应用前景。

2.2.6 量子计算机

量子计算机能够解决即使是最强大的经典超级计算机也永远无法解决的问题，如元宇宙、人工智能、药物研制、宇宙探索、大型复杂的数学建模计算等。量子的叠加态特性和纠缠特性，与通信技术的结合形成量子通信技术，是未来保障网络信息安全、拓展网络资源的新型技术手段。

尽管目前的量子计算机还远未达到实用化的水平，但已经取得了一些重要的突破和进展。许多科研机构和科技公司正在积极投入量子计算机的研发和应用，预计未来量子计算机将对密码学、材料科学、化学反应模拟等领域产生重大影响，并带来新的变革。

拓展任务

思考：在未来，创造性地利用新一代信息技术可能为企业发展带来怎样的改变，对人类的生产生活带来怎样的影响？

2.3 新一代信息技术展望

随着大数据、物联网、人工智能等信息技术的融合发展，机器人技术日益成熟，成本不断降低，性能不断提高。新一代信息技术对于全球产业变革至关重要，有望成为第三次工业革命的切入点和重要增长点，并将对全球制造业和服务业产生重大影响。

新一代信息技术之间有着非常密切的联系，相互支撑着向更广阔的领域发展。随着新一代网络信息技术不断创新突破，数字化、网络化、智能化的深入发展，信息革命正从技术产业革命向经济社会变革加速演进。新一代信息技术的发展趋势主要还是依托与各领域的深度融合，不断在应用过程中迭代升级，推动社会和经济数字化转型。

在未来，大数据的处理和分析能力将进一步提升。发展出更高效的数据存储和处理技术、更智能的数据分析算法、更可视化和可操作的数据洞察工具，以帮助人们从海量数据中发现有价值的信息和发展趋势。结合区块链在智能合约、共识算法、加密算法、分布式系统的技术上需要更进一步的提升，才能让区块链服务平台和金融科技、供应链产业、政务管理等领域的融合应用更具备安全性和权威性。

人工智能发展的趋势还是以提升算法的准确性和效率为核心，注重多模态信息融合和人机协同，关注隐私保护和伦理问题，推动智能终端的个性化和智能化。这些趋势将推动人工智能技术在各个领域的广泛应用和进一步发展。

虚拟仿真技术未来将在区块链、云计算、人工智能和数字孪生等新技术实现融合，在元宇宙概念中实现新的突破，创造现实世界映射和交互的虚拟世界，形成新型的数字虚拟社会。而这个发展的核心还在于不断创造更灵敏、更优秀的传感设备，更逼真、更宏大的图像、声音和动画，让人们感知交互更自然，沉浸式体验更深入。

量子科技的发展趋势包括提升量子计算机的性能和可扩展性、拓展量子通信的距离和速度、推进量子仿真和优化的应用、发展更精确和更灵敏的量子传感技术以及研究新的量子材料和器件。这些趋势将推动量子科技在多个领域的应用和发展。

物联网技术的发展趋势包括更广泛的连接、低功耗和长寿命、数据安全和隐私保护、边缘计算和边缘智能、人工智能和机器学习的融合以及智能化的城市和生活。这些趋势将推动物联网技术的创新和应用，改变人们的生活方式和工作方式。

拓展任务

思考：新一代信息技术在数字中国建设中起到重要的推动和支撑作用，各行各业如何充分发挥新一代信息技术的优势，推动行业数字化转型，实现高质量发展。

单元习题

一、填空题

1. 信息技术是在信息科学的原理和方法下实现信息的获取、存储、分析、管理、控制、传输、_____和_____的各种技术的总称。
2. 广义的虚拟仿真技术有虚拟现实、增强现实、_____3种技术。
3. 去中心化、开放性、独立性、安全性和匿名性是_____的主要特点。
4. 量子技术具有不确定性、_____、量子纠缠的特性。
5. 自动驾驶是依赖传感器、摄像头和雷达等设备，利用_____技术上传至车载计算机。

二、单选题

1. 下列选项中，（　　）没有采用新一代信息技术。
   A. 智能机器人　　B. 无人驾驶技术　　C. 光盘刻录机　　D. 电子货币
2. 2020年，我国首批数字货币开始在北京、（　　）、成都、苏州四地开始投入使用。
   A. 重庆　　B. 上海　　C. 西安　　D. 深圳
3. 虚拟仿真技术最主要的特点是沉浸性和（　　）。
   A. 交互性　　B. 真实性　　C. 广泛性　　D. 时效性
4. 人工智能技术目前尚不能运用在（　　）领域。
   A. 自动驾驶　　B. 远程控制　　C. 执法　　D. 医疗
5. （　　）最早起源于比特币，是比特币的底层技术，是一种不依赖第三方，通过自身分布式节点进行网络数据的存储、校验、传输和交互的技术。
   A. 量子技术　　B. 区块链技术　　C. 物联网技术　　D. 云计算技术

三、多选题

1. 大数据技术的特点有（　　）。
   A. 数据体量大　　B. 速度快
   C. 数据类型多样、真实性　　D. 可变性
2. 在工业化与信息化的"两化融合"中，传统制造业与（　　）等新一代信息技术协同创新发展。
   A. 大数据技术　　B. 物联网技术　　C. 新型材料　　D. 人工智能技术
3. 虚拟仿真技术和增强现实技术的简称分别是（　　）。
   A. HR　　B. VR　　C. AR　　D. LR
4. 我国"十四五"规划中，数字经济重点产业有（　　）。

A. 云计算　　　　B. 区块链　　　　C. 人工智能　　　　D. 工业互联网

5. 下列选项中属于人工智能应用的有(　　)。
A. 利用百度翻译自动翻译整个网页　　　B. 在手机上进行围棋人机对战
C. 利用人脸识别进行支付　　　　　　　D. 和同学通过网络进行棋牌游戏

单元3 信息素养与社会责任

现代信息技术具有强大的社会功能,已经成为21世纪推动社会生产力发展和经济增长的重要因素。信息技术在改变社会的产业结构和生产方式的同时,也对人们的思想观念、思维方式和生活方式产生着重大而深远的影响。在大数据、人工智能、云计算等新一代信息技术的影响下,对人们的信息素养及所承担的社会责任提出了新的要求。本单元主要介绍了信息素养的基本概念及要素、信息安全、信息技术发展史、信息伦理与职业行为自律的要求,从而明晰不同行业职业发展的共性策略、途径和方法。

学习目标

知识目标:
(1) 了解信息素养的基本概念及要素;
(2) 了解信息技术给社会变革带来的影响;
(3) 了解信息技术发展史及知名企业的兴衰过程;
(4) 了解信息安全及自主可控要求;
(5) 了解相关法律法规与职业行为自律的要求。

技能目标:
能有效辨别虚假信息。

素质目标:
(1) 遵守信息社会的相关道德伦理,恪守信息社会行为规范;
(2) 树立正确的职业理念。

3.1 信息素养概述

信息素养是公民在数字环境下利用一定的信息技术手段和方法,快速有效地发现并获取信息、评价信息、整合信息、交流信息的综合技能,是提高公民解决问题能力、知识创新能力和学习能力的必备素养。个人在日常生活和工作中,能否在信息空间中快速定位、访问和使用信息,并利用相关工具解决生活、工作、学习中遇到的问题,已经成为个人能否适应时代变革的关键。

3.1.1 信息素养的含义

当前,人类社会已经进入以互联网技术、人工智能、云计算、区块链、物联网等典型信息技术飞速发展的智能时代,这个时代的典型特征就是经济全球化、信息网络化、社会知识化、教育终身化。在这样的时代背景下,信息呈现出传递性、共享性、处理性和时效性等基本特征,信息量、信息传播速度、信息处理速度以及应用信息程度都以几何级数增长。因此,信息素养是智能时代公民应掌握的核心能力。

信息素养是个体恰当利用信息技术来获取、整合、管理和评价信息,理解、建构和创造新知识,发现、分析和解决问题的意识、能力、思维及修养。

3.1.2 信息素养要素

随着时代的变迁,评价人们信息素养高低的指标也在逐渐变化。那么,衡量人能否适应当今智能社会发展的信息素养关键指标包含哪些呢?一般包含信息使用能力、信息查找与获取能力、信息理解与吸收能力、信息存储与管理能力、信息评价能力、信息呈现与分享能力、信息加工与整合能力、信息需求表达能力、信息交流能力、信息生产与制作能力、信息安全与监控能力、人机交互协作能力、信息创新、信息思维以及利用信息技术实现终身学习能力等指标。除此之外,还应具备信息意识与态度、遵守信息道德与法律等。

对上述指标进行归纳,信息素养应包含信息意识、信息知识、信息能力和信息伦理4个要素。

(1)信息意识

信息意识是指客观存在的信息和信息活动在人们头脑中的能动反映,表现为人们对所关心的事或物的信息敏感力、观察力和分析判断能力及对信息的创新能力。信息意识是人们产生信息需求,形成信息动机,进而自觉寻求信息、利用信息、形成信息兴趣的动力和源泉。例如,当我们在工作中遇到一些技术难题的时候,是根据自我需求采用先进的信息手段或寻求他人帮助,以获取有用信息从而有效解决问题,还是选择直接放弃,都是个人有无信息意识的表现。

如何培养个人的信息意识?我们要具有利用信息技术解决自身学习生活中出现的问题意识。面对海量信息,不仅培养个人对信息敏锐的感受力、判断能力和洞察力,还要对信息的真伪性、实用性、及时性进行辨别,认识发现并挖掘信息技术及信息在学习、工作和生活中的作用与价值,根据信息价值合理分配自己的注意力,积极利用信息和信息技术对工作和学习进行优化与创新，实现个人可持续发展。同时，能够意识到信息技术在工作和学习中应用的限制性条件，勇于面对、积极克服利用信息技术遇到的困难，积极学习新的信息技术，以提升自身信息认知水平。

(2) 信息知识

作为大学生，我们应该学习信息科学与技术基本的理论知识，了解当前信息技术的发展进程、应用现状及发展趋势，学会应用学科领域中与信息化相关的设备、系统、软件，时刻警醒信息安全这条防线，并熟悉寻求信息专家（如图书馆工作人员、信息化技术支持人员等）指导的渠道。

(3) 信息能力

信息能力指理解、获取、利用信息及利用信息技术的能力，它是信息素养最核心的组成部分。理解信息能力是对信息进行分析、评价和决策的能力，具体来说就是分析信息内容和信息来源，鉴别信息质量，评价信息价值、决策信息取舍以及分析信息成本的能力。获取信息能力是通过各种途径和方法搜集、查找、提取、记录和存储信息的能力。利用信息能力是有目的地将信息用于解决实际问题或用于学习和科学研究，通过已知信息挖掘信息的潜在价值和意义并综合运用以创造新知识的能力。利用信息技术能力是利用计算机网络以及多媒体等工具搜集信息、处理信息、传递信息、发布信息和表达信息的能力。

作为一名大学生，应该学会使用"5W2H"方法分析问题，然后根据所掌握信息检索的方法，熟练选择适合的信息查询工具，应用正确的检索策略，从而获取所需信息，并甄别检索结果的全面性、准确性，做到去伪存真。然后结合自身需求，有效组织、加工和整合信息，以解决在学习、工作和生活中的问题。平常要学会利用如QQ空间、博客、钉钉文档等信息平台和工具，将所获取的信息和数据进行分类、组织和保存，建立个人资源库，在不同场合或环境中交流与分享正确的信息，以有效传达个人需要传递给他人的信息。

> **知识拓展：**
>
> 5W2H
>
> What——是什么？目的是什么？做什么工作？
>
> Why——为什么要做？可不可以不做？有没有替代方案？
>
> Who——谁？由谁来做？
>
> When——何时？什么时间做？什么时机最适宜？
>
> Where——何处？在哪里做？
>
> How——怎么做？如何提高效率？如何实施？方法是什么？
>
> How Much——多少？做到什么程度？数量如何？质量水平如何？费用产出如何？

(4) 信息伦理

信息伦理，是指涉及信息开发、信息传播、信息管理和利用等方面的伦理要求、伦理准则、伦理规约，以及在此基础上形成的新型伦理关系。信息伦理又称信息道德，它是调整人与人之间以及人与社会之间信息关系的行为规范的总和。

> **拓展任务**

思考：智能化、网络化、数据化时代，信息素养反映了人们对信息的获取、筛选、整理与分析的能力。你认为当代大学生掌握的信息素养具体包括哪些技能？

3.2 信息安全

信息安全就是全面保护信息数据免受各种恶意破坏或者未经授权的访问、收集以及记录等行为的统称。信息安全不等同于计算机安全，它们之间存在着一定的关联性，同时也存在着一定的差异性。信息安全的范围更广，小至个人信息安全保护，大至国家机密的安全保护等。

伴随着社会发展，人格要素的商业化和利益多元化促使个人信息作为商业价值被逐渐开发，而信息技术的迅速普及又为个人信息的收集和处理提供了便利条件，个人信息被不合理使用、收集、篡改、删除、复制、盗用、散布的可能性大大增加。我国目前个人信息安全存在的隐患主要有如下情况：

（1）个人信息采集不规范

现阶段，快捷的生活方式中存在着诸多信息安全隐患。人们在线上线下填写的个人信息有可能被不法分子非法采集然后售卖。犯罪分子可以通过诈骗电话或非法链接窃取个人财物、人肉搜索、实施网络暴力对个人身心造成严重伤害等，类似这些个人信息安全遭到威胁或者侵害的情况时有发生，严重影响了公民生命、财产安全，严重侵犯了公民的隐私权。

（2）公民缺乏信息保护意识

公民在个人信息层面的保护意识相对薄弱给信息被盗创造了条件。例如，在网站填写资料时，并未意识到个人身份证号等关键信息有被侵犯的可能，存在被违规使用的风险。

（3）获取个人电子信息成本较低

信息技术的进步与发展，也使不法分子获取个人电子信息技术成本降低，加之网络技术中往往存在着技术漏洞，这就给不法分子提供了可乘之机。除此之外，目前我国针对大数据背景下存在的个人电子信息安全隐患的法规尚不完善，大部分网站和平台往往在进行个人信息注册后方可登录进行浏览和使用，这便增加了个人电子信息安全隐患出现的概率。

当发现个人信息泄露以后，可以向公安部门、互联网管理部门、工商部门、消费者协会、行业管理部门和其他相关机构进行投诉举报。消费者还可依据《中华人民共和国民法典》《中华人民共和国消费者权益保护法》等，通过法律手段维护自己的合法权益，如要求侵权人赔礼道歉、消除影响、恢复名誉、赔偿损失等。

中国作为一个崛起中的大国，国家安全至关重要。中央高度重视信息安全自主可控的发展，重大会议以及演讲中多次强调网络安全问题。近年来我国不断完善立法，坚定不移地按照"国家主导、体系筹划、自主可控、跨越发展"的方针，在维护国家网络空间安全方面解决关键技术和设备上受制于人的问题，保障网络信息安全机制。

可控性是指对信息和信息系统实施安全监控管理，防止非法利用信息和信息系统，是实现信息安全的 5 个安全目标之一。而自主可控技术就是依靠自身研发设计，全面掌握产品核心技术，实现信息系统从硬件到软件的自主研发、生产、升级、维护的全程可控。简单地说就是核心技术、关键零部件、各类软件全部国产化，自己开发、自己制造，不受制于人。

自主可控是我们国家信息化建设的关键环节，是保护信息安全的重要目标之一，在信息安全方面意义重大。

拓展任务

通过信息检索，搜索近几年个人信息泄露典型案例及我国近年互联网信息安全主要事件，并结合国家自主可控战略布局，谈谈个人看法。

3.3 信息技术发展史

科技是第一生产力。信息技术的发展引起社会各个方面、各个领域的深刻变革，信息资源成为继物质、能源之后推动经济发展的新资源，知识创新形成的知识产品成为新的经济增长方式。无论是对个人还是对国家而言，信息技术都是新一轮竞争的重要手段。作为大学生，应了解信息技术发展史，正视在信息科学和技术方面的差距，加大自主创新力度，推动信息技术在各个领域的应用，进一步提高个人适应新型社会的职场信息素养，为提高我国的国际竞争力做出应有贡献。

从古至今，人类共经历了 5 次信息技术的重大发展历程。每次信息技术的变革都伴随着信息的载体和传播方式的变化。

(1) 第一次信息技术革命

第一次信息技术革命以语言的产生和使用为特征。人类最初通过表情、手势等肢体动作来传递信息，语言是一种比表情、手势更加便捷的信息载体，它使人们之间的交流变得更加直接明了，能交流的内容更加丰富，逐渐成为人类进行思想交流和信息传播不可缺少的工具。可以说语言的产生揭开了人类文明的序幕。

(2) 第二次信息技术革命

第二次信息技术革命以文字的出现和使用为特征。语言具有局限性，转瞬即逝，难以保存，而文字的出现让信息交流突破了口口相传的模式，信息的保存和传播超越了时间和地域的限制，扩大了信息在时空中传播的范围，从而促进了信息的积累和人类社会的发展。

(3) 第三次信息技术革命

第三次信息技术革命以印刷术的发明和使用为特征。北宋时期毕昇发明了活字印刷术，提高了图书的印刷效率。图书的易携性使得信息的存储和交流变得更为方便，信息的传播范围也因此更加广泛，知识的积累和传承也变得更加可靠。

(4) 第四次信息技术革命

第四次信息技术革命以电报、电话、电视等电信技术的发明与普及应用为特征。电磁波和无线电技术开启了人类用新载体传递信息的时代，从电报、电话、无线广播到电视、电影等，信息传递的新载体不断出现，信息的传输效率和范围极大提高，进一步突破了时间与空间的限制。

(5) 第五次信息技术革命

第五次信息技术革命以计算机和互联网的使用为特征。计算机计算精度高，通用性强，处理速度快，存储容量大，这些特点都大大扩展和延伸了人类的信息能力；互联网使信息的交流与传播在时间上大大缩短，拉近了人与人的距离，使世界成为一个真正的"地球村"。自此，人类进入了信息时代。可以说，互联网是人类 20 世纪最伟大的发明之一，正推动着人类文明迈向一个新的高度。

信息技术主导的科技革命和产业变革的趋势将更加明显。今后很长一段时间内，新一代信息技术是经济发展的主力引擎，也是大国博弈的制高点。新一代信息技术及其主导的数字化转型是我国在新时代开创发展新格局的抓手，是畅通双循环生产要素的加速器。

拓展任务

曾经的"手机航母"诺基亚是如何走向没落的？IBM 公司是如何走向衰落的？查阅相关资料，谈谈这些知名企业的兴衰变化过程？

3.4 信息伦理与职业行为自律

现代信息社会，随着微博、微信等自媒体工具的产生，人们频繁地在虚拟的数字化空间中交往、传递或者分享个人观点及知识信息体系。传统伦理中直面道德的舆论评判有时候无法直接约束人在数字化空间的行为，这便对信息行为主体提出了一种信息伦理要求。

3.4.1 信息伦理

社交媒体环境下，信息传播经常会出现如造谣传谣、虚假新闻、情绪引导失当、搭车营销、网络暴力和过度炒作等伦理失范现象。主要原因是随着新的媒介形态、新的信息技术的介入以及大量未受过专业训练和伦理教育的自媒体从业人员的加入，传统媒体伦理约束为主的伦理体系和约束体制已经难以适应社交媒体环境的变化。信息伦理是一种崭新的伦理道德体系，它是人们在信息社会中所应遵守的伦理道德，用于协调人与人之间的关系，规范数字空间中人的行为，从而达到促进信息社会发展的目的。

人们在实施信息行为过程中，必须要遵守相关的社会法律法规、伦理道德体系，用正确的信息意识对信息行为进行道德规范，特别是按照信息政策意识指导用户在法律、政策、伦理道德体系的规范下利用信息，在存取、使用信息资源时能够遵守法律法规、信息资源提供的规定以及约定俗成的一些规则等。为有效应对信息技术带来的伦理挑战，大学生需要深入研究思考并树立正确的道德观、价值观和法治观，以更高程度的道德自律、宽容与尊重，守护以诚实守信为价值基础的现代社会公德。

3.4.2 职业道德与行为自律

职业道德修养就是从业人员在道德意识和道德行为方面的自我锻炼，以及自我改造中所形成的职业道德品质及达到的职业道德境界。职业道德修养是一种自律行为。

在日常生活中，我们应当追求美好的生活，秉持乐观的生活态度、健康的心理状态，静心抵制诱惑，不浏览和传播虚假和涉黄涉毒等有害信息，坚守健康的生活情趣。在生活与工作中都应该诚实守信，不弄虚作假，不实施商业欺诈行为。

作为社会一分子，我们在从事职业活动中，必须遵从最低的道德底线和最高的行业规范，尊重知识，崇尚创新，认同信息劳动的价值。信息利用及生产过程中，尊重和保护知识产权，遵守学术规范，杜绝学术不端，注意保护个人和他人隐私信息，做到遵章、守纪和保守秘密，维护核心的商业利益。掌握信息安全技能，防范计算机病毒和黑客等攻击，对重要信息数据进行定期备份。

拓展任务

1. 网络运营者应当对其收集的用户信息严格保密，并建立健全用户信息保护制度。我国个人信息保护相关法规有哪些？

2. 在信息时代，个人信息可以算作一种资源，若被不法分子所利用，会造成正当权益受到侵犯，如果发现信息安全泄露应该怎样举报？

单元习题

一、填空题

1. 信息素养是个体恰当利用_____来获取、整合、管理和评价信息，理解、建构和创造新知识，发现、分析和解决问题的意识、能力、思维及修养。

2. _____指理解、获取、利用信息及利用信息技术的能力，它是信息素养最核心的组成部分。

3. _____是全面保护信息数据免受各种恶意破坏或者未经授权的访问、收集以及记录信息等行为的统称。

4. _____就是依靠自身研发设计，全面掌握产品核心技术，实现信息系统从硬件到软件的自主研发、生产、升级、维护的全程可控。简单地说就是核心技术、关键零部件、各类软件全部国产化，自己开发、自己制造，不受制于人。

5. 近年来我国不断完善立法，坚定不移地按照_____、_____、_____、_____的方针，在维护国家网络空间安全方面解决关键技术和设备上受制于人的问题，保障网络信息安全机制。

二、单选题

1. 信息的基本特征是传递性、共享性、处理性和(　　)。

A. 时效性　　　　B. 实效性　　　　C. 特殊性　　　　D. 广泛性

2. 社会发展至今，人类赖以生存和发展的基础资源有( )。
A. 信息、知识、经济　　　　　　　　B. 物质、能源、信息
C. 通信、材料、信息　　　　　　　　D. 工业、农业、轻工业

3. ( )是指在信息的生产、存储、获取、传播和利用等信息活动各个环节中，用来规范相关主体之间相联系的法律关系和道德规范的总称。
A. 信息知识　　　B. 信息能力　　　C. 信息意识　　　D. 信息伦理

4. 第四次技术革命以( )等电信技术的发明与普及应用为特征。
A. 电报、电话、电脑　　　　　　　　B. 电报、电话、电视、广播
C. 电报、电影、电视　　　　　　　　D. 电磁波、电话、电视

5. 下列属于第五次信息技术革命变革产物的是( )。
A. 文字的出现　　　　　　　　　　　B. 计算机及互联网技术的广泛应用
C. 无线电广播的出现　　　　　　　　D. 印刷术的诞生

三、多选题

1. 信息素养应包含哪些主要要素？( )
A. 信息意识　　　B. 信息知识　　　C. 信息能力　　　D. 信息伦理

2. 下列哪些行为是信息素养差的表现？( )
A. 小红引用他人文章时从不注明出处
B. 小张在未经他人允许情况下，盗用他人的身份信息进行网贷
C. 小王偶尔会通过一些不合法的渠道获取数据
D. 小李在网络中传播未经证实的网络信息

3. 下列哪些行为是违法的？( )
A. 制造、传播计算机病毒或实施黑客行为
B. 网络盗窃行为
C. 网络欺诈行为
D. 网络色情污染

4. 以下哪些行为是违反信息伦理的？( )
A. 在网上发布和自己有矛盾的人的个人隐私
B. 在中国知网数据库中批量下载学术论文
C. 通过微信、QQ等渠道散布未经求证的消息或言论
D. 在微博上发表自己的读后感

5. 以下哪些属于人工智能技术的应用？( )
A. AI大模型
B. 语音输入法-语音识别技术
C. 搜索引擎中的"机器人"或"蜘蛛"程序
D. Office助手

二、实操部分

项目 1 文档处理

📖 项目概述

文档处理是信息化办公的重要组成部分,广泛应用于人们日常生活、学习和工作的方方面面。本模块以 Word 为例,学习文档的基本编辑、图片的插入和编辑、表格的插入和编辑、样式与模板的创建和使用、多人协同编辑文档等内容。

✓ 学习目标

知识目标:

(1) 掌握字体、段落、页面等的基本设置方法;
(2) 掌握图片的插入和编辑方法;
(3) 掌握表格的插入和编辑方法;
(4) 掌握文档的目录、样式、模板、多人协同编辑文档等的操作方法。

技能目标:

(1) 能够运用所学知识,解决生活中与文档基本操作相关问题;
(2) 能够灵活应用图形、图片、艺术字进行 Word 文档排版;
(3) 能够熟练运用 Word 表格;
(4) 能够编辑与操作长文档。

素质目标:

(1) 培养积极的学习态度;
(2) 培养细致的工作作风;
(3) 养成高效的工作习惯。

任务 1.1　文档制作——个人简介

任务目标

（1）掌握文档的基本操作，如打开、复制、保存等；熟悉自动保存文档、联机文档、保护文档操作；

（2）能够完成字体、段落、页面设置等的设置；

（3）能够运用所学知识，解决文档基本操作的相关问题。

任务描述

作为即将毕业的大学生，在求职过程中往往都需要制作个人简历，而个人简介又是个人简历中不可或缺的一部分。个人简介除了内容要详略得当外，文档的格式也是非常重要的，通过文档格式往往能够看出一个人的性格和工作态度。因此，本任务通过对文字、段落、页面等的设置制作个人简介，最终制作效果如图项目 1-1 所示。

图项目 1-1　个人简介参考效果

任务要求

1. 文档的创建与保存

①启动 Word2016，新建一个空白文档。

②保存文档，并命名为"个人简历"。

2. 文本的输入与编辑

①把素材文件中的文字复制到"个人简历"文档中。

②在"教育背景""校园经历"等标题文字的左边和右边分别输入 3 个特殊符号五角星"★"。

3. 设置文本格式

①全选文字，字体设为微软雅黑。

②将标题"个人简历"设为小二号，将二级标题"教育背景""校园经历"等内容设为四号、加粗，正文内容设为五号。

③将"主修课程"文字字体颜色设为红色、加粗。

④对"一种升降式扫地机器人"和"高压绝缘套管绝缘诊断技术研究与设计"加着重号、加粗。

4. 设置段落格式

①将标题"个人简历"和正文第一段文字设置居中对齐。

②设置各正文段落行间距为固定值 22 磅。

③设置"通信分析……""现代电气……""本人性格……"3 个段落首行缩进 2 个字符。

④设置各二级标题如"教育背景"段前间距为 0.5 行。

⑤在"校园经历""获奖情况"两部分内容前设圆点"●"项目符号。

5. 页面设置

设置上下页边距均为 1.8 厘米，左右页边距为 2.2 厘米，并应用于整篇文档。

6. 设置文档保护和保存文件

①设置文档打开和修改密码为"111111"。

②把"个人简历"文档保存为 PDF 格式。

任务实施

1. 创建与保存文档

单击"开始"→"Word"，启动 Word 并新建一个空白文档，按"Ctrl+S"快捷键保存文档。在弹出的对话框中，选择保存位置为 E 盘，保存文件名为"个人简历"。

> **相关知识：**
>
> （1）启动 Word
>
> 启动 Word 有 3 种方法：
>
> ①单击"开始"→"Word"→"空白文档"，系统会自动创建一个新文档。

②双击桌面上 Word 的快捷方式，系统会自动创建一个新文档。

③双击某个 Word 文档，即可启动 Word。

④工作界面主要由标题栏、功能区、编辑区、状态栏等区域组成，如图项目 1-2 所示。

（2）保存文档

保存文档 3 种方法：

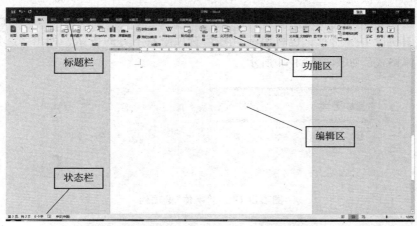

图项目 1-2　Word 界面

①单击"文件"→"保存"或者"另存为"。

②在快速访问工具栏中单击"保存"按钮。

③按"Ctrl+S"快捷键。

（3）退出 Word

退出 Word 4 种方法：

①单击 Word 主控窗口右上角的"关闭"按钮。

②右击 Word 主控窗口的窗口控制按钮，选择"关闭"命令。

③单击"文件"菜单，选择"关闭"命令。

④按组合键"Alt+F4"快捷键。

2. 文本的输入与编辑

①打开"素材.txt"文件，把素材文件中的文字复制到"个人简历"文档中。

②单击"插入"选项卡中的"符号"倒三角，选择"其他符号"，弹出"符号"对话框，从中选择五角星并单击即可插入"★"。

相关知识：

（1）文字输入方式

文本的输入有 3 种方式：一是通过键盘输入文本；二是通过复制、粘贴输入文本；三是通过插入对象的方式输入文本。

> （2）特殊符号的其他输入方式
> 单击搜狗输入法的软键盘，选择特殊符号，即可在特殊符号中找到"★"。

3. 设置文本格式

①按"Ctrl+A"快捷键全选文字，在字体选项组中设置字体为微软雅黑。

②选择一级标题"个人简历"，单击"开始"选项卡"字体"选项组中的相关按钮设置字体格式，如图项目 1-3 所示；也可单击"字体"选项组右下方的按钮，弹出"字体"对话框，即可设置字体格式，如图项目 1-4 所示。

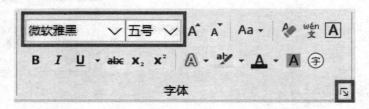

图项目 1-3 "字体"选项组

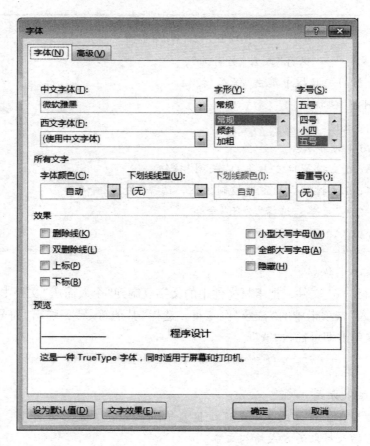

图项目 1-4 "字体"对话框

③用同样的方法，将二级标题"教育背景""校园经历"等内容设为四号、加粗，正文设为五号。

④选择"主修课程"文字，在"开始"选项卡"字体"选项组中将内容设为红色、加粗。

⑤选择"一种升降式扫地机器人"文字，单击"开始"选项卡"字体"选项组右下角的按钮，在弹出的对话框中设置着重号、加粗。把光标放在刚才设置好的文字中，单击格式刷，对"一种升降式扫地机器人"和"高压绝缘套管绝缘诊断技术研究与设计"加着重号、加粗。

> **相关知识：**
> （1）选择文字的其他方式
> 将光标定位在所要选择的文本的前面，按住鼠标左键拖动鼠标即可选择文字。
> （2）设置字体格式
> 单击"开始"选项卡"字体"选项组中的相关按钮设置字体格式，如图项目1-3所示，也可单击"字体"选项组右下方的按钮，弹出"字体"对话框，即可设置相应的字体格式，如图项目1-4所示。
> （3）格式刷应用
> ①选中带有格式的文本，单击格式刷，然后刷下文本即可复制格式。
> ②复制格式的快捷键为"Ctrl+Shift+C"，粘贴格式为"Ctrl+Shift+V"。
> ③若想多次使用，可以直接双击格式刷；若想退出则按"ESC"键。

4. 设置段落格式

①选择"个人简历"标题和正文第一段文字，单击"开始"选项卡"段落"中的"居中对齐"按钮。

②按住"Ctrl"键选择不连续的段落，单击"开始"选项卡"段落"选项组右下角的按钮，在弹出的"段落"对话中设置段落行间距为固定值22磅。

③选择"通过分析……""现代电气……""本人性格……"3个段落，单击"开始"选项卡"段落"选项组右下角的按钮，在弹出的"段落"对话中设置首行缩进2个字符。

④把光标定位在"教育背景"等各二级标题，单击"开始"选项卡"段落"选项组右下角的按钮，在弹出的"段落"对话中设置段前间距为0.5行。

⑤选择"校园经历""获奖情况"两部分正文内容，单击"开始"选项卡"段落"选项组中的"项目符号"按钮，选择圆点"●"项目符号。

> **相关知识：**
> （1）"段落"选项组
> 在"开始"选项卡中的"段落"选项组中，可以对段落进行项目符号、编号、对齐方式、行距、底纹、边框等设置，如图项目1-5所示。

图项目1-5 "段落"选项组

(2)"段落"格式设置

单击"开始"选项卡中"段落"选项组右下角的按钮,或者单击鼠标右键,选择"段落"命令,弹出"段落"对话框,即可对段落的对齐方式、特殊格式、缩进、间距及行距等进行设置,如图项目1-6所示。

图项目1-6 "段落"对话框

5. 页面设置

单击"布局"选项卡"页面设置"选项组右下角的按钮,在弹出的"页面设置"对话框中设置上下页边距为 1.8 厘米,左右页边距为 2.2 厘米,并应用于整篇文档。

相关知识:

在"页面设置"选项组中页边距、纸张方向、纸张大小等命令或者单击"页面设置"选项组中右下角的按钮,弹出"页面设置"对话框中即可对页边距、纸张方向、纸张大小等进行设置,如图项目 1-7 所示。

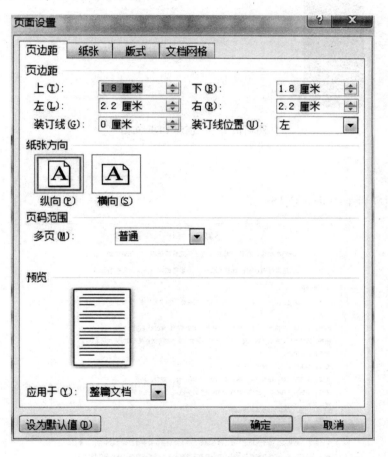

图项目 1-7 "页面设置"对话框

6. 设置文档保护密码并将文件保存为 PDF 格式

①单击"文件"菜单,选择"信息"→"保护文档",从下拉菜单中选择"用密码进行加密"命令,设置密码为"111111",选择"限制编辑"命令,即可防止他人对文档进行编辑。

②单击"文件"菜单,选择"导出"→"创建 PDF/XPS 文档"→"创建 PDF/XPS",即可按照步骤创建 PDF 格式文档,如图项目 1-8 所示。

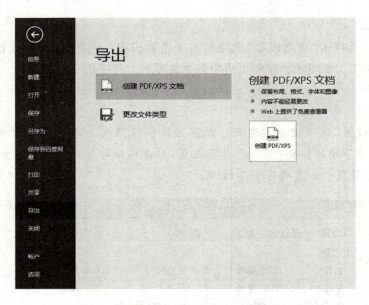

图项目 1-8　创建 PDF 文档

拓展任务

制作如图项目 1-9 所示文档。

图项目 1-9　拓展任务

操作要求：

①打开"卜算子素材.docx"文档，将文件另存为"卜算子.docx"。

②将标题"卜算子·咏梅"设为黑体、二号、居中对齐，段后间距设为1行。

③将正文各段落设置为宋体、五号，行距为1.3倍。

④将"注释"等二级标题设为宋体、四号、加粗，并自定义项目符号"⚘"，设置项目符号颜色为红色。

⑤将诗词四句话居中对齐，分成等宽的两栏，栏宽为默认值，栏间距设为3字符，并设置分割线。

⑥将"注释"中的词加粗，如"卜算子""驿外""断桥"等词。

⑦将"译文""赏析"的正文各段设置首行缩进2个字符。

⑧将文档中所有的"梅"字颜色设置为红色。

⑨将页面颜色设置为浅红色。

⑩页边距左右为2.5厘米，上下为2.8厘米。

相关知识：

（1）定义新的项目符号

单击"段落"选项组中"项目符号"倒三角，选择"定义新项目符号"，在弹出的对话框中。

单击"符号"按钮，在"字符代码"中输入92即可找到相应的项目符号。

（2）分栏

Word 中的分栏就是把文字分成几列。单击"布局"选项卡→"页面设置"选项组→"栏"，可直接从下拉菜单中选择分栏，也可单击"更多分栏"命令，弹出分栏对话框，设置栏数、栏宽、栏间距、分隔线等，如图项目1-10所示。

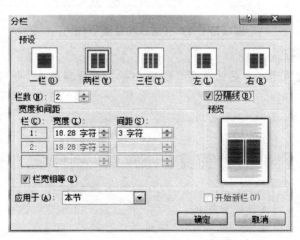

图项目1-10 "分栏"对话框

(3)查找和替换

单击"开始"选项卡→"编辑"选项组→"替换"命令,弹出"查找和替换"对话框,如图项目1-11所示。

替换后的字符串如需设置字体、段落等格式,可把光标定位在"替换为"输入框中,单击"更多"按钮,在展开的对话框中选择"格式",再按相应要求在"替换字体""替换段落"对话框中完成相关字体、段落等格式设置。

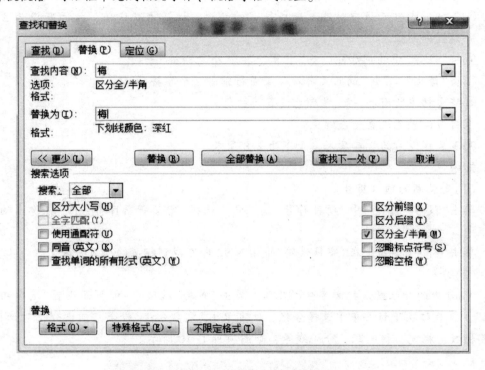

图项目1-11 "查找和替换"对话框

(4)设置页面颜色

单击"设计"选项卡→"页面背景"选项组→"页面颜色",即可设置页面的背景颜色。

任务1.2 图文混排——制作工作牌

任务目标

(1)掌握图片、图形、艺术字、文本框等对象的插入、编辑和美化等操作。
(2)能够灵活应用图形、图片、艺术字进行Word文档排版。

任务描述

摄影协会马上要举办一年一度的作品展，需要制作作品展的工作牌，要求简洁美观，符合规范。效果如图项目1-12、图项目1-13所示。

图项目 1-12　工作牌正面效果　　　　　图项目 1-13　工作牌背面效果

任务要求

1. 页面设置

①启动 Word2016，新建一个空白文档，并保存命名为"工作牌正面"。

②设置页面大小为自定义 8.5 厘米×10.7 厘米，页边距上下设置为 0.5 厘米，左右为 0 厘米。

2. 插入形状

①插入"云形"，大小设置为高 3.4 厘米×宽 10.3 厘米，填充为橙色，无轮廓，设置形状效果为"向下偏移"阴影。

②插入"直角三角形"，大小设置为高 2 厘米×宽 2 厘米，填充为橙色，无轮廓。

③复制橙色三角形，改变填充颜色为蓝色和绿色，旋转角度，按照效果图位置进行摆放。

④插入一个矩形，大小设置为高 3.5 厘米×宽 2.5 厘米（一寸照大小），填充为橙色，无轮廓，对齐为水平居中对齐。

3. 插入文本框

①插入→简单文本框，输入文字"工作牌"，无填充颜色、无轮廓，文字设为黑体、一号、白色，自动换行为"浮于文字上方"，左右居中。

②插入→竖排文本框，输入文字"照片"，无填充颜色、无轮廓，文字设为黑体、二号、白色，字符间距设为加宽、4 磅。

③插入→简单文本框，输入文字"姓名："，无填充颜色、无轮廓，文字设为宋体、四

号、加粗，按照效果图调整文本框位置。复制文本框，分别修改文字为"部门""职位"，选择3个文本框，设置对齐方式为左对齐，纵向分布。

④插入3条直线，线条粗细为1磅，黑色，宽度为3.5厘米，按效果图排列位置。

4. 插入图片

①把"工作牌正面"另存为"工作牌背景"，按照效果图，删除不需要的图形，保留"云形"和三角形，选择"云形"按效果图排列好位置。

②插入"云形标注"，填充颜色为浅橙色，无轮廓，置于底层，大小为高4厘米×宽9.5厘米，按效果图排列位置。

③插入"二维码"图片，大小为高2.3厘米×宽2.3厘米，对齐方式为左右居中，自动换行为"浮于文字上方"。

④插入艺术字，选择第一行第三列，输入文字"摄影协会"，字体设为黑体、小二号、加粗，文本填充颜色为橙色，文本轮廓为无轮廓，文本效果为"映像"中的"全映像8pt偏移量"，对齐方式为水平居中对齐。

任务实施

1. 页面设置

①双击桌面 Word 2016 快捷方式，单击右边"空白文档"命令，新建一个空白文档，单击"文件"菜单中的"保存"，保存文件名为"工作牌正面"；

②单击"布局"选项卡"页面设置"选项组右下角的按钮，打开"页面设置"对话框，设置页面大小为自定义 8.5 厘米×10.7 厘米，设置页边距上下为 0.5 厘米，左右为 0 厘米，应用于"整篇文档"，单击"确定"按钮。

2. 插入形状

（1）插入"云形"

①单击"插入"选项卡"插图"选项组中的"形状"，选择"云形"，在编辑区按住鼠标左键拖动鼠标即可绘制形状。

②选中图形，单击选项卡中的"绘图工具"选项卡，如图项目1-14所示。

图项目1-14 "绘图工具"选项卡

③设置形状填充为橙色，形状轮廓设置为"无"，形状效果为阴影"向下偏移"，在"大小"选项组中设置高3.4厘米×宽10.3厘米。

④选择"云形"，按住鼠标左键移动形状至页面上方，按效果图摆放位置。

（2）插入"直角三角形"

使用如上方法，插入"直角三角形"，形状填充为橙色，形状轮廓为无轮廓，大小设置为高2厘米×宽2厘米。

(3)复制形状

①复制橙色三角形,形状填充为蓝色,在"绘图工具"选项卡"排列"选项组中,单击"旋转"中的"其他旋转选项",在弹出的"布局"对话中,设置旋转340°。然后向下移动三角形,按效果图摆放。

②使用同样的方法在页面右下角布置一个绿色三角形,按照效果图位置进行摆放。

(4)插入矩形

①插入一个矩形,形状填充为橙色,形状轮廓为无轮廓,大小设置为高度3.5厘米×宽度2.5厘米(一寸照片大小)。

②在"绘图工具"选项卡"排列"选项组中,单击"对齐"中的"水平居中"对齐方式。

3. 插入文本框

(1)插入文本框,输入文字"工作牌"

①单击"插入"选项卡→"文本"选项组→"文本框"→"简单文本框",在文本框中输入文字"工作牌"。

②在"绘图工具"选项卡→"形状样式"中,设置形状填充为无填充颜色,形状轮廓为"无轮廓"。

③在"绘图工具"选项卡"排列"选项组中,单击"环绕文字"中的"浮于文字上方",单击"对齐"中的"水平居中"对齐方式。

④在"开始"选项卡"字体"选项组中将文字设置为黑体、一号、白色。

(2)插入竖排文本框,输入文字"照片"

①插入一个竖排文本框,输入文字"照片",形状填充为无填充颜色、形状轮廓为无轮廓,放在橙色矩形上方。

②在"开始"选项卡"字体"选项组中将文字设置为黑体、二号、白色,单击"字体"选项组右下角按钮,在弹出的"字体"对话框中单击"高级",字符间距设为加宽、4磅。

(3)插入文本框,输入"姓名"等

①插入简单文本框,输入文字"姓名:",无填充颜色、无轮廓,字体设为宋体、四号、加粗,按照效果图调整文本框位置。

②复制文本框,修改文字为"部门""职位",按住"Shift"键单击选择3个文本框,在"绘图工具"选项卡"排列"选项组中,单击"对齐"选择左对齐,再次选择纵向分布。

③单击"插入"选项卡→"插图"选项组→"形状",选择"直线",在编辑区,按住"Shift"键绘制直线,单击"绘图工具"选项卡"形状样式"中的形状轮廓,选择"粗细"为1磅,轮廓颜色为黑色。

④在"大小"选项组中设置宽度为3.5厘米。

相关知识:

(1)插入文本框

单击"插入"选项卡→"文本"选项组→"文本框",即可插入内置文本框、绘制横排和竖排文本框。

(2)选择文本框

单击该文本框即可选择单个文本框,如果选择多个文本框,需按住"Shift"键,同时单击需要选择的文本框,即可选择多个文本框。

(3)设置文本框

选择文本框后,在"绘图工具"选项卡中可设置文本框的填充颜色、轮廓大小、对齐等,与图形绘图工具一样。

4. 插入图片和艺术字

(1)另存文件,删除图形

单击"文件"菜单→"另存为",把"工作牌正面"另存为"工作牌背景",按照效果图,删除矩形和文字,保留云形和三角形,选择云形按效果图设置好位置。

(2)插入"云形标注"

①单击"插入"选项卡→"插图"选项组→"形状",插入"云形标注"。

②单击"绘图工具"选项卡"形状样式"中的形状,填充为浅橙色,形状轮廓为无轮廓。

③在"大小"选项组中设置大小为高4厘米×宽9.5厘米。

④在形状上单击鼠标右键,选择"置于底层",移动形状位置,按效果图摆放。

(3)插入"二维码"图片

①单击"插入"选项卡"插图"选项组中的"图片",插入"二维码"图片。

②在"绘图工具"选项卡"大小"选项组中设置图片大小为高2.3厘米×宽2.3厘米。

③单击"排列"选项组中的"对齐",选择水平居中,单击"环绕文字"中的"浮于文字上方"。

(4)插入艺术字"摄影协会"

①单击"插入"选项卡"文本"选项组中的艺术字,选择第一行第三列,输入文字"摄影协议"。

②在"开始"选项卡→"字体"选项组中设置文字为黑体、二号、加粗。

③单击"绘图工具"选项卡→"艺术字样式"选项组,文本填充为橙色,文本轮廓为无轮廓,文本效果为"映像"中的"全映像8pt偏移量"。

④单击"绘图工具"选项卡→"排列"选项组→"对齐"→"水平对齐"。

相关知识:

(1)插入图片

①单击"插入"选项卡"插图"选项组中的图片,在弹出的"插入图片"对话框中选择图片。

②单击选择图片,在"图片工具"选项卡中即可设置图片对齐方式、自动换行方式、图片大小等。

(2)插入艺术字

①单击"插入"选项卡"文本"选项组中的艺术字,如图项目1-15所示,在下拉菜单中即可选择插入艺术字的类型。

②单击选择艺术字,在"绘图工具"中设置艺术字样式、对齐方式等。

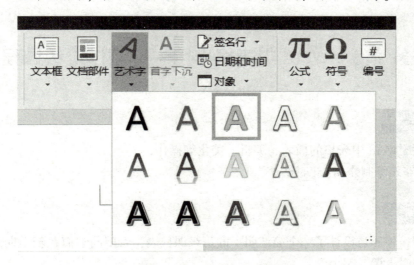

图项目1-15　艺术字类型

拓展任务

制作如图项目1-16所示的工作牌。

图项目1-16　拓展任务参考效果

操作要求：

①打开素材"工作牌邮件合并.docx"文档，按要求进行邮件合并，通过邮件合并填写姓名、部门、职务。

②完成邮件合并，保存生成的 Word 文档。

任务 1.3　Word 中表格应用——制作班级课程表

任务目标

（1）掌握 Word 中表格的插入、编辑、美化等操作；
（2）能够熟练制作 Word 表格。

任务描述

开学了，辅导员设计了一个简洁明了的班级课程表，希望同学们在新学期能够遵守学校规定，按时上课，努力学习。

请应用 Word 表格制作班级课程表，任务完成参考效果如图项目 1-17 所示。

图项目 1-17　班级课程表

任务要求

1. 页面设置

①启动 Word2016，新建一个空白文档，并保存命名为"班级课程表"。
②设置页边距上下为 2 厘米，左右为 2.5 厘米，纸张方向为横向。
③输入标题"班级课程表"，字体设为黑体、小二号，居中对齐。

2. 插入和编辑表格

①插入一个 9 列 14 行的表格。

②选择表格，设置单元对齐方式为水平居中对齐。
③设置第一行的高度为1.2厘米，其他行的高度为1厘米。
④按照参考效果合并单元格。
⑤设置外边框为"外粗里细"橙色双线，内边框为黑色实线，"午休"单元格为上下橙色双实线。
⑥第一行第2~9单元格底纹设置为橙色。
⑦绘制第一行第1个单元格斜线。
⑧按照参考效果输入相关文字，并给表头标题加粗。

任务实施

1. 页面设置

①双击桌面"Word"图标，启动Word，单击"文件"→"保存"命令，在弹出"保存"对话框中输入文件名"班级课程表"，单击"确定"按钮。

②单击"布局"选项卡→"页面设置"选项组中右下角的按钮，在弹出的"页面设置"对话中设置页边距为上下2厘米，左右2.5厘米，纸张方向为"横向"，应用于"整篇文档"，单击"确定"按钮。

③在正文第一段中输入文字"班级课程表"，在"开始"选项卡"字体"选项组中设置字体为"黑体"，大小为"小二号"，在"段落"选项组中设置文本对齐为"居中对齐"。

2. 插入和编辑表格

①单击"插入"选项卡→"表格"选项组→"表格"按钮，在弹出的子菜单中选择"插入表格"，在弹出的"插入表格"对话框中输入行数14，列数9，单击"确定"按钮，即可插入一个14行9列的表格。

②把光标定位在表格中任意单元格中，单击表格左上方的"田字格"按钮，即可选择整个表格，单击"表格工具"→"布局"选项卡→"对齐方式"选项组→"水平居中"对齐方式。

③把光标定位在第一行第一个单元格，按住鼠标左键拖动鼠标选择表格第一行，再单击"表格工具"→"布局"选项卡→"单元格大小"选项组，设置高度为1.2厘米，再选择剩下的13行，设置高度为1厘米。

④选择第七行所有单元格，单击"表格工具"→"布局"选项卡→"合并"选项组→"合并单元格"按钮，即可合并单元格。

⑤选择表格，单击"表格工具"→"设计"选项卡→"边框"选项组→"边框"，在弹出的子菜单中选择"边框和底纹"。在弹出的"边框和底纹"对话框中选择"自定义"，在"样式"中选择"外粗里细双线"，颜色设置为标准色"橙色"，单击两次"预览"中的外边框；再次选择实线，设置颜色为"黑色"，单击两次"预览"中的内边框，单击"确定"按钮。

⑥选择第一行2~9单元格，单击"表格工具"→"设计"选项卡→"表格样式"选项组→"底纹"按钮，在弹出的子菜单中选择标准色"橙色"。

⑦将光标定位在第一个单元，单击"表格工具"→"设计"选项卡→"边框"选项组→"边

框"按钮,在弹出的子菜单中选择"斜下边框"。

⑧按效果图输入相关文字,并将表头标题文字加粗。

相关知识:

(1)插入表格

单击"插入"选项卡→"表格"选项组→"表格"按钮,弹出下拉列表,拖动鼠标,选择插入表格的行数和列数,即可插入表格。

也可选择下拉列表中的"插入表格",输入行数和列数,单击"确定"按钮。

(2)选择表格、行、列和单元格

①选择表格的3种方法:

第一种,把光标定位在表格中,单击表格左上角的按钮即可选中整个表格。

第二种,把光标定位在表格的第一个单元格,按住鼠标左键拖动鼠标到最后一个单元格,也可以选择表格。

第三种,把光标定位在表格中,单击"表格工具/布局"选项卡→"表"选项组→"选择"按钮,选择下拉列表中的"选择表格"即可。

②选择行 将鼠标箭头放在该行左侧的边框时,指针会变成一个向右倾斜的白色箭头,单击鼠标即可选择一行,按住鼠标左键往下拖动鼠标可选择多行。

③选择列 将鼠标箭头放在该列上方的边框时,指针变成一个向下的黑色箭头,单击鼠标即可选择一列,按住鼠标左键往右拖动鼠标可选择多列。

④选择单元格 把鼠标放在单元格左侧靠近边框位置,指针会变成一个向右倾斜的黑色箭头,单击鼠标,即可选择该单元格,按住鼠标左键拖动鼠标即可选择多个单元格。

(3)合并和拆分单元格

①选择要合并的单元格,单击"表格工具/布局"选项卡→"合并"选项组→"合并单元格",即可合并单元格。

②把光标定位在需拆分的单元格处,单击"表格工具/布局"选项卡→"合并"选项组→"拆分单元格",弹出"拆分单元格"对话框,在对话框中输入拆分的行数和列数,单击"确定"按钮,即可拆分单元格。

(4)设置表格边框和底纹

①单击"表格工具/设计"选项卡→"边框"选项组→"边框"按钮,在下拉列表中选择"边框和底纹"命令,弹出"边框和底纹"对话框,如图项目1-18所示。

②在对话框中选择"边框"选项即可设置边框样式、颜色、粗细等属性。

③在对话框中选择"底纹"选项即可设置底纹颜色、图案等。

(5)绘制表格

绘制表格前,需在"表格工具/设计"选项卡的"边框"选项组中设置边框的样式、粗细、颜色等,设置完成才开始绘制表格。

单击"表格工具/布局"选项卡→"绘图"选项组→"绘制表格"按钮,即可绘制斜线表头或者拆分单元格,绘制完成需要单击"绘制表格"按钮终止绘制。

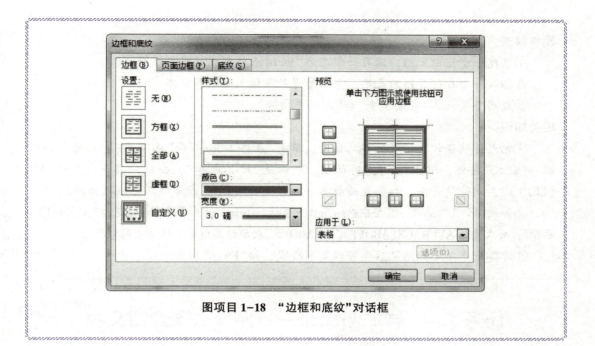

图项目 1-18 "边框和底纹"对话框

拓展任务

完成 Word 表格数据的简单计算及排序,参考效果如图项目 1-19 所示。

Word 表格中数据的计算

姓名＼课程	大学英语	信息技术	大学语文	成绩总分
黄莉	89	95	80	264
李芳	78	89	90	257
张美	88	75	86	249
韦凯	90	96	76	262
课程平均分	86.25	88.75	83	

Word 表格中数据的排序

姓名＼课程	大学英语	信息技术	大学语文	成绩总分
韦凯	90	96	76	262
黄莉	89	95	80	264
李芳	78	89	90	257
张美	88	75	86	249
课程平均分	86.25	88.75	83	

图项目 1-19 Word 表格数据的计算及排序

操作要求：

①新建一个空白文档，保存并命名为"Word 表格数据的计算及排序"。
②插入一个 6 行 5 列的表格，并按参考效果输入文字和数字。
③应用公式计算"成绩总分"和"课程平均分"。

相关知识：

①把光标放在计算结果的单元格处，单击"表格工具/布局"选项卡→"数据"选项组→"公式"按钮，弹出"公式"对话框，默认是"计算求和"，公式的写法是"=SUM(LEFT)"，以等号开头，后面是函数名，括号里的"LEFT"表示计算左边数据的总和。

②如果需要其他函数，需要在粘贴函数中选择，例如，计算平均分，应选择"AVERAGE函数"，公式是"=AVERAGE(ABOVE)"，"ABOVE"表示计算该单元格上方的数据。

③计算一个单元的结果后，可以复制公式，按"F9"键刷新即可。

任务 1.4　样式与目录——制作公司介绍文档

任务目标

（1）掌握样式的新建与修改；
（2）掌握目录的生成与编辑；
（3）掌握页眉与页脚的设置。

任务描述

小张作为一名公司实习员工，经理让她整理公司介绍，以便之后与其他的公司进行交流，本任务完成效果如图项目 1-20 所示。

图项目 1-20　文档排版参考效果

任务要求

1. 新建样式

①打开素材"广西振兴建筑公司介绍.docx"文档。

②创建名为"章标题"的段落样式,该样式基于"正文",格式为:"黑体、三号、居中、段前间距 1 行、段后间距 0.5 行、大纲级别 1 级"。并将该样式应用于文档各章标题以及文档中的"引言""参考文献"和"致谢"等标题。

③创建名为"节标题"的段落样式,该样式基于"正文",格式为:黑体、四号、左对齐、段前段后间距均为 0.5 行、大纲级别 2 级。并将该样式应用于文档中的 14 个小标题:"1.1…""1.2…"……"4.4…"和"4.5…"。

2. 插入封面和分节符

①为文档插入封面,封面样式为"丝状",并按样本所示输入封面文字。

②分别在文档中的"第 1 章 资金的含义及内容""参考文献"和"致谢"标题前插入分节符。

3. 插入页眉和页脚

①设置正文章节的页眉为"企业资金管理与对策",页码为底部居中,编号格式为:1,2,3,…,起始页码从 1 开始。

②设置参考文献章节的页眉为"参考文献",页码为底部居中,编号格式为罗马数字:Ⅰ,Ⅱ,Ⅲ,…。

③设置致谢章节的页眉为"致谢",页码为底部居中,编号格式为罗马数字:Ⅰ,Ⅱ,Ⅲ,…。

4. 插入目录

①在第 1 页"引言"前插入一张空白页,并在该空白页首行插入自动目录。

②设置"目录"标题为黑色、黑体、二号、居中对齐。

③设置目录中各级条目的格式设为宋体、小四号。

任务实施

1. 新建样式

①打开素材文件夹,双击打开"广西振兴建筑公司简介.docx"文档素材。

②新建样式:将光标定位在"引言"所在段落上,单击"开始"选项卡→"样式"选项组→右下角的按钮,在弹出的"样式"窗格(图项目 1-21)中,单击窗格左下角的"新建样式"按钮,弹出"根据格式化创建新样式"对话框,如图项目 1-22 所示,在对话框中输入名称"章标题",设置字体为黑体,字体大小为三号,对齐方式为居中对齐,单击对话框左下角的"格式"按钮,选择"段落",在弹出的"段落"对话框中设置段前 1 行,段后 0.5 行,大纲级别为 1 级,单击"确定"按钮,完成新建样式。

③以同样的方法新建"节标题"样式,格式为:"黑体、四号、左对齐、段前段后间距均为 0.5 行、大纲级别为 2 级"。

④应用样式，将光标定位在"引言"所在段落，单击"开始"选项卡→"样式"选项组中找到刚才新建样式"章标题"，即可应用样式。文档中各章标题以及文档中的"引言""参考文献"和"致谢"等标题都设置为"章标题"。

⑤使用上一步骤方法将"节标题"样式应用于文档中的 12 个节标题：1.1、1.2、…、4.2 和 4.3。

图项目 1-21　样式窗格

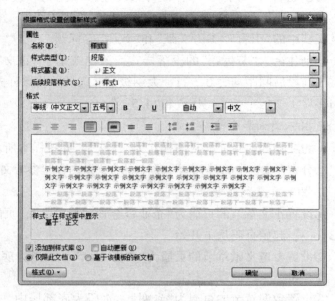

图项目 1-22　根据格式设置创建新样式对话框

2. 插入封面和分节符

①插入封面　单击"插入"选项卡→"页面"选项组→"封面"按钮，在出现的封面模板列表中选择"丝状"封面，即可在文档首页插入封面，按效果图输入文字。

②插入分节　将光标定位在"第 1 章　资金的含义及内容"标题前，单击"布局"选项卡→"页面设置"选项组→"分隔符"按钮，在下拉菜单中选择"分节符"，选择"下一页"即可分节。使用同样方法，在"参考文献""致谢"标题前分节，总共分成三节。

3. 插入页眉和页脚

①将光标定位在"第 1 章　资金的含义及内容"标题中，单击"插入"选项卡→"页眉和页脚"选项组→"页眉"按钮，在下拉列表中选择内置的"空白"页眉，将光标定位在第一节页面中输入文字"企业资金管理与对策"。

将光标定位在页脚，单击"页眉和页脚工具"选项卡→"页眉和页脚"选项组→"页码"，在下拉列表中选择"普通数字 2"选项，页码格式从"1"开始。

②将光标定位在"参考文献"章节中，单击"页眉和页脚工具"选项卡→"导航"选项组→"链接到上一节"按钮，输入文字"参考文献"。将光标定位在页脚，单击"链接到上一节"按钮，单击"页眉和页脚"选项卡→"页码"命令，选择"设置页码格式"，在弹出的"页码格式"对话框中设置编号格式为罗马数字：Ⅰ、Ⅱ、Ⅲ、……

③使用同样方法将"致谢"章节的页眉设置为"致谢",页码为底部居中,编号格式为罗马数字：Ⅰ,Ⅱ,Ⅲ,……

4. 插入目录

①将光标定位在"序言"标题前,单击"布局"选项卡→"页面设置"选项组→"分隔符"按钮,在下拉菜单中选择"分节符"中的选择"下一页"即可在前面插入一节,单击"引用"选项卡→"目录"选项组→"目录"按钮,在下拉列表中选择"自动目录1",如图项目1-23所示。

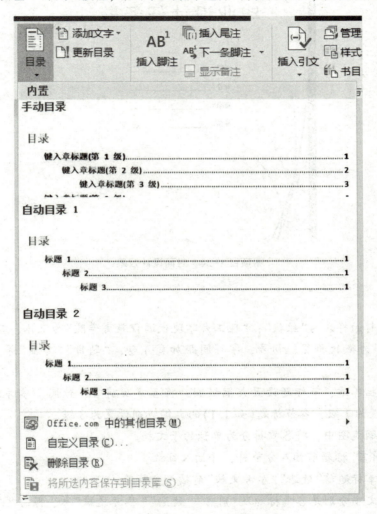

图项目1-23　目录下拉列表

②选择"目录"两个字,在"开始"选项卡中设置字体颜色为黑色,字体为黑体,大小为二号,对齐方式为居中对齐。

③选择目录正文,设置字体为宋体,大小为四号。

拓展任务

完成毕业设计任务书,封面参考效果如图项目1-24所示。

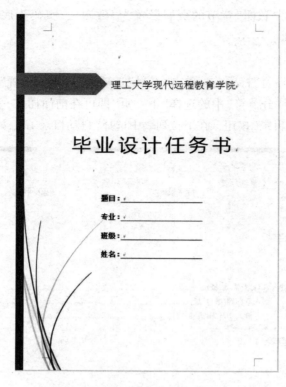

图项目1-24　封面设计效果

操作要求：

1. 内置封面样式为"丝状"；"理工大学现代远程教育学院"为宋体、二号；"毕业设计任务书"为微软雅黑、初号，字符间距加宽4磅；"题目""专业"等为宋体、三号、加粗。

2. 为文档各章、节标题设置大纲级别，将各章及前言、致谢、参考文献标题的大纲级别设置为1级，各节标题(如1.1)的大纲级别设置为3级。

3. 在大纲视图中，将各章拆分为单独的子文档。

4. 在"前言"标题前插入分节符，并插入目录。

5. 在各章标题前"致谢""参考文献"前插入分节符。

6. 页眉文字分别是各章标题及"前言""致谢""参考文献"等，除了"封面"和"目录"没有页码，在各节页脚插入页码。

7. 把毕业设计任务书转为在线文档。

相关知识：

（1）插入封面

将光标放在文档最前面，单击"插入"选项卡→"页面"选项组→"封面"，在下拉列表中选择内置封面。

（2）设置大纲级别

单击"视图"选项卡→"大纲视图"按钮，即可进入大纲视图，将光标定位在需要设置大纲级别的标题，在大纲级别列表中选择相应级别即可设置大纲级别，如图项目 1-25 所示。

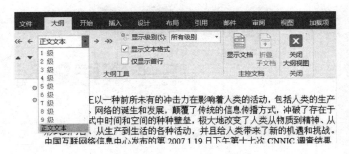

图项目 1-25　设置大纲级别

（3）拆分文档

在大纲视图中，选择要拆分的标题前面的加号，单击"大纲"选项卡→"主控文档"→"显示文档"按钮，接着单击"创建"按钮，即可创建子文档。

单击"文件"选项卡→"另存为"命令，即可把创建的子文档保存为一个单独的文档。

（4）转为在线文档

打开"腾讯文档"软件或者百度搜索"腾讯文档"，进入腾讯文档在线编辑界面，如图项目 1-26 所示。

单击"导入"按钮，选择已有的 Word 文档，接着根据提示单击"立即打开"，设置权限后即可分享给其他人进行在线编辑。

图项目 1-26　腾讯文档界面

项目 2 电子表格处理

项目概述

电子表格处理是信息化办公的重要组成部分,在数据分析和处理中发挥着重要的作用,广泛应用于财务、管理、统计、金融等领域。本项目包含工作簿和工作表操作、公式和函数的使用、图表分析展示数据、数据处理等内容。

学习目标

知识目标:
(1) 掌握 Excel 文档的基本编辑方法;
(2) 掌握数据的快速输入和格式设置方法;
(3) 熟悉公式和常用函数的使用;
(4) 掌握图表创建、数据的管理和分析等操作。

技能目标:
(1) 能够利用 Excel 编辑、分析和处理数据;
(2) 能够熟练处理日常的电子表格数据。

素质目标:
(1) 培养实事求是的学习态度以及严谨的工作作风;
(2) 养成良好的自主学习习惯。

任务 2.1　制作学生信息表

任务目标

（1）掌握 Excel 工作簿新建与保存的方法。
（2）能够在工作表中按照要求快速地输入数据，熟悉填充柄的应用。
（3）掌握数据验证的设置。
（4）掌握条件格式的应用。
（5）能够对数据表进行美化和打印设置。

任务描述

李老师是智能应用 1 班的辅导员，为了对本班的学生信息有较详细的了解及便于工作的管理，计划用 Excel 制作了一份学生信息表，如图项目 2-1 所示。

生态学院

智能应用1班学生信息表

学号	姓名	性别	出生日期	籍贯	民族	政治面貌	联系电话
0202201	刘明	男	2003/4/5	广西	壮族	团员	13500009166
0202202	陈清	男	2003/10/2	云南	苗族	党员	13600001268
0202203	李珍	女	2003/12/4	四川	彝族	团员	13600008262
0202204	张俊	男	2004/5/6	湖南	汉族	团员	13300002526
0202205	王燕	女	2004/9/12	湖北	汉族	群众	13600003536
0202206	周梅	女	2003/11/8	江苏	汉族	团员	13300004876
0202207	何建	男	2004/2/8	江西	汉族	团员	13200008599
0202208	郑云	男	2003/12/9	广东	汉族	群众	13300006678
0202209	何威	男	2004/1/8	山东	汉族	党员	13600007869
0202210	唐丽	女	2003/5/6	贵州	布依族	团员	13500007136

2022年3月6日

图项目 2-1　学生信息表

任务要求

1. 新建与保存工作簿

①启动 Excel2016，新建一个空白工作簿。

②保存工作簿至自己的作业文件夹中，并命名为"学生信息表"。

2. 输入数据

①在 Sheet1 工作表中单击 A1 单元格，输入标题名称"智能应用 1 班学生信息表"。

②分别在 A2：H2 单元格区域输入"学号""姓名""性别""出生日期""籍贯""民族""政治面貌""联系电话"等列标题。

③输入学号列数据，学号为 0202201~0202210。

④输入联系方式。

⑤参照样表输入"姓名""籍贯""民族""政治面貌"列的内容。

⑥应用数据验证设置，设置从指定的下拉列表中选择输入性别。

⑦输入出生日期。

3. 将数据复制到另一工作表

①在"Sheet1"工作表的右边插入一个新工作表"Sheet2"，将"Sheet1"工作表标签重命名为"数据的输入"，将"Sheet2"工作表标签重命名为"美化"。

②将"数据的输入"工作表中的全部数据复制到"美化"工作表中。

4. 美化工作表

①在"美化"工作表中将"智能应用 1 班学生信息表"表格标题居中，设字体为微软雅黑、字号 22 磅；标题填充灰色底纹；设置该行行高为 30 磅。

②给表格添加边框线，外框用蓝色双线条、内框用黄色单线条。

③将列标题和学号列区域应用单元格样式"蓝色，着色 1"。

④表格数据垂直居中、水平居中显示。

⑤突出显示政治面貌为"党员"的单元格。

⑥适当调整表格的行高和列宽。

5. 工作表的打印设置和打印预览

①设置打印区域"A1：H12"。

②设置打印标题。

③设置纸张大小（A4）、纸张方向（横向）、页边距（上、下 2 厘米，左、右 2.5 厘米）、表格水平居中，设置页眉（输入"生态学院"），页脚（输入"2022 年 3 月 6 日"）。

④打印预览。

6. 对工作簿和工作表进行保护设置

①对"学生信息表"工作簿进行保护设置，设置打开文档的密码为"123456"。

②对"美化"工作表进行保护设置，设置工作表保护密码为"654321"。

任务实施

1. 新建与保存工作簿

（1）启动 Excel 2016，新建一个空白工作簿

单击"开始"→"Excel 2016"→"空白工作簿"，系统会自动创建"工作簿1"。

（2）保存工作簿并命名为"学生信息表"

执行"文件"选项卡中的"保存"命令，进入"另存为"界面，单击"浏览"按钮，打开"另存为"对话框，选择保存的路径（自己的作业文件夹），在"文件名"后的文本框中输入文件名称"学生信息表"，单击"保存"按钮。

相关知识：

（1）启动 Excel 2016

启动 Excel 2016 主要有 3 种方法：

①单击"开始"→"Excel 2016"→"空白工作簿"，系统会自动创建一个"工作簿1"。

②双击桌面上的 Excel 2016 快捷方式图标，系统会自动创建一个新工作簿。

③双击某个 Excel 文档，即可启动 Excel 2016。

启动 Excel 2016 后，进入工作界面，此界面主要由标题栏、功能区、编辑区、状态栏等组成，如图项目 2-2 所示。

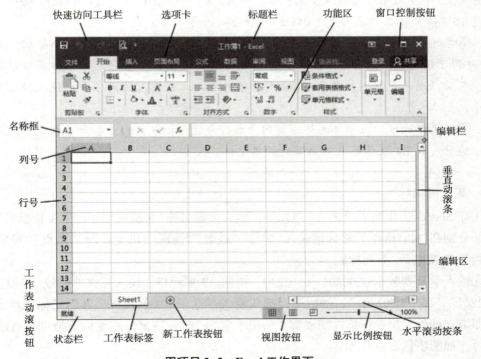

图项目 2-2　Excel 工作界面

(2)保存工作簿

保存工作簿主要有3种方法：

①单击"文件"→"保存"或者"另存为"。

②在快速访问工具栏中单击"保存"按钮。

③按"Ctrl+S"快捷键。

(3)退出 Excel 2016

退出 Excel 2016 主要有4种方法：

①单击 Excel 2016 主控窗口右上角的"关闭"按钮。

②右击 Excel 2016 主控窗口的窗口控制按钮，选择"关闭"命令。

③单击"文件"菜单，选择"关闭"命令。

④按组合键"Alt+F4"。

(4) Excel 的几个基本概念

①工作簿　工作簿是指在 Excel 中用来保存并处理工作表数据的文件，其扩展名是".xlsx"。工作簿由若干工作表组成，Excel 2016 默认是1个工作表，用"Sheet1"表示。一个工作簿最多有255个工作表，用户可根据需要添加或删除工作表。

②工作表　工作簿中的每一张表都称为工作表，工作表由若干行、列组成，行号用数字表示，即1，2，…，256，…，1 048 576，一个工作表中最多有1 048 576行；列号用26个英文字母及其组合来表示，即 A，B，…，AA，…，IV…XFD，每一行最多有16 384列。工作表共有1 048 576×16 384个单元格。

③单元格　工作表中的每个格称为单元格，单元格是工作表的最小单位，也是 Excel 用于保存数据的最小单位。工作表中由黑色的粗边框包围的单元格是当前单元格，又称活动单元格，相当于 Word 中的插入点，正在输入的内容会出现在当前单元格中。

④单元格地址　每个单元格通过列号和行号进行标识，列号和行号构成单元格的唯一地址。如 B4 表示第 B 列第4行的单元格。

2. 输入数据

①在 Sheet1 工作表中单击 A1 单元格，输入标题名称"智能应用1班学生信息表"。

②分别在 A2:H2 单元格区域输入"学号""姓名""性别""出生日期""籍贯""民族""政治面貌""联系电话"等列标题。

③输入学号列数据0202201~0202210：单击 A3 单元格，输入英文单引号"'"加上编号"0202201"，即"'0202201"，按回车键确认输入。选中 A3 单元格，移动光标至单元格右下角即填充柄处，当光标指针变成实心的黑十字"+"时，按鼠标左键向下拖曳至 A12 单元格即可，如图项目2-3所示。

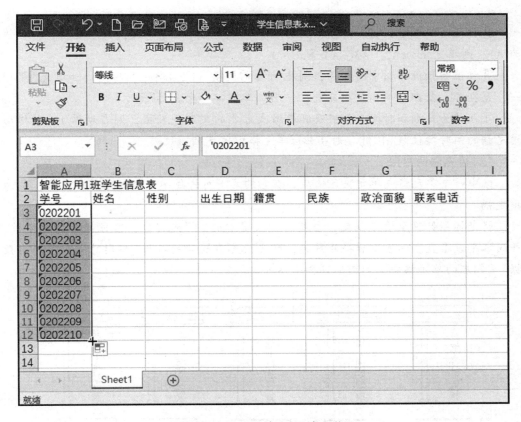

图项目 2-3　用"填充柄"填充学号

相关知识：

（1）Excel 能够接受的数据类型可以分为文本（或称字符、文字）、数字（值）、日期和时间、公式与函数等

①文本类型数据可以是字母、汉字、数字、空格和其他字符，也可以是它们的组合。

②在默认状态下，所有文本型数据在单元格中均左对齐，数字型数据输入时右对齐。

③在当前单元格中，一般文字如字母、汉字等直接输入即可。

④如果数字作为文本输入（如身份证号码、电话号码、以 0 开头的数字等），应先输入一个英文单引号" ' "再输入相应的字符；或通过单元格格式设置，设置该区域为文本格式，即可直接输入数字。

（2）Excel 中可以自动填充一些有规律的数据，如填充相同数据，填充数据的等比数列、等差数列和日期时间序列等，还可以输入自定义序列

①初值为数字型或文字型数据时，拖动填充柄在相应单元格中填充相同数据（即复制填充）。若拖动填充柄的同时按住"Ctrl"键，可使数字型数据自动增加 1。

②初值为文字型数据和数字型数据混合体，填充时文字不变，数字递增。如初值为 A1，则填充值为 A2、A3、A4 等。

③初值为预设序列中的数据，则拖动填充柄按系统预设序列填充。如填充"星期一，星期二，星期三……星期日"，"一月，二月……十二月"等。

④初值为日期和时间型数据及具有增减可能的文字型数据，则自动增 1。若拖动填充柄的同时按住"Ctrl"键，则在相应单元格中填充相同数据。

（3）填充柄的用法

选中一个单元格或单元格区域后，在它的右下角将显示一个黑色的小方块，称为填充柄。

将光标指针移至填充柄处，当指针变成实心的"+"光标时，按住鼠标左键不放，并向水平或垂直方向拖曳后松开鼠标，即会填充有规律的数据（相同的文本或序列数据）至相应的单元格中，如图项目 2-4 所示。

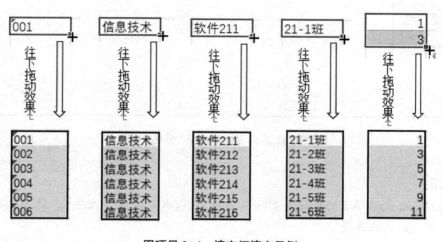

图项目 2-4　填充柄填充示例

④输入联系方式：用类似输入学号的方法输入电话号码（数字作为文本，以英文单引号"'"开头）。

⑤参照样表直接输入"姓名""籍贯""民族""政治面貌"列的内容。

⑥应用"数据验证"，设置从指定的下拉列表中选择输入性别。

选定"性别"列单元格区域 C3:C12，切换到"数据"选项卡，左键单击"数据工具"功能组中的"数据验证"下拉列表，在下拉列表中选择"数据验证"命令。

在弹出的"数据验证"对话框中，选择"设置"选项卡，在允许下拉列表中选择"序列"选项，在来源文本框中输入性别"男，女"，如图项目 2-5 所示，单击"确定"按钮。注意性别名称之间要用英文逗号分隔。

图项目 2-5 "数据验证"设置对话框

在"数据验证"对话框中,选择"输入信息"选项卡,在标题文本框中输入"性别",在输入信息文本框中输入"从指定的下拉列表中选择性别",如图项目 2-6 所示,单击"确定"按钮。

图项目 2-6 "数据验证"对话框

图项目 2-7 选择性输入效果图

在"性别"列区域 C3:C12 中选择输入对应的性别，如图项目 2-7 所示。

⑦输入出生日期：按照"2023-03-14"或"2023/3/14"格式直接输入日期型数据。输入日期后，若要改变日期的显示格式，可进行如下设置：选择单元格区域 D3:D12，选择"开始"选项卡，单击"数字"功能组右下角的按钮，打开"设置单元格格式"对话框，在"数字"选项的"分类"列表框中选择"日期"选项，在"类型"列表框中选择符合要求的类型，如图项目 2-8 所示，单击"确定"按钮。

图项目 2-8 设置日期格式

相关知识：

（1）日期的输入

①日期的输入可以使用"/"或"-"对输入的年、月、日进行间隔，如输入"2023-6-12"和"2023/6/12"均表示2023年6月12日。日期在工作表中的显示格式如果没有进行设置，则会使用系统默认的日期格式，可以根据需要通过单击菜单"格式"→"单元格"→"数字"命令进行格式设置。

②如果输入了两个数字，如输入"8/9"或"8-9"，则系统默认的是月和日，即8月9日。

③如果要输入当天的日期可按"Ctrl+;"组合键。

（2）时间的输入

①输入时间时，时、分、秒之间用"："隔开，也可以在时间后加上"A"或"AM"、"P"或"PM"等表示上午、下午。注意，表示秒的数值和字母之间应有空格，例如，输入"11:32:45A"。

②如果要输入当前时间可按"Ctrl+Shift+;"组合键。

（3）分数的输入

应在分数前冠以0，再加一个空格，如输入"0 2/5"表示分数2/5。如直接输入"2/5"则会显示为日期2月5日。

3. 将数据复制到另一个工作表

①左键单击"Sheet1"工作表标签右侧的插入新工作表"⊕"命令，即新建一个工作表"Sheet2"，双击"Sheet1"将该工作表重命名为"数据输入"，双击"Sheet2"将该工作表重命名为"美化"。

②选中"数据输入"工作表中的单元格区域A1:H12，将该区域的全部内容复制粘贴到"美化"工作表中。

相关知识：

（1）插入新工作表有3种方法

①左键单击"Sheet1"工作表标签右侧的插入新工作表"⊕"命令，即新建工作表"Sheet2"。

②单击插入位置右边的工作表标签，切换到"开始"选项卡，单击"单元格"选项组中的"插入"下拉列表，选择"插入工作表"选项。

③右键单击插入位置右边的工作表标签，弹出快捷菜单，在快捷菜单中选择"插入"命令，弹出"插入"对话框，在对话框中选定"工作表"后单击"确定"按钮。

（2）删除工作表

右键单击要删除的工作表，选择快捷菜单中的"删除"命令。

(3)移动或复制工作表

拖动选定的工作表标签到目标位置即为移动，若在拖动工作表的同时按住"Ctrl"键到目标位置即可复制。也可以选择快捷菜单中的"移动或复制工作表"命令进行工作表的移动或复制。

(4)隐藏和取消隐藏工作表

右键单击需要隐藏的工作表标签，在打开的快捷菜单中选择"隐藏"命令即可隐藏工作表。

如果要取消隐藏工作表，单击"开始"→"单元格"→"格式"→"取消和隐藏工作表"，选择已隐藏的工作表即可取消隐藏。

(5)拆分窗口和冻结窗格

拆分窗口是指将工作表窗口拆分为多个窗口，在每个窗口中均可显示工作表中的内容。选中需要拆分窗口的单元格，单击"视图"→"窗口"→"拆分"命令，可以拆分窗口，再单击"拆分"命令，即可取消拆分窗口。

冻结窗格是指将工作窗口中的某些行或列固定在可视区域内，使其不随滚动条的移动而移动。选中需要冻结的单元格，单击"视图"→"窗口"→"冻结窗格"命令，即可在可视范围内保留上方和左边区域，再单击"取消冻结窗格"命令，即可对冻结的窗格进行取消。

4. 美化工作表

表格的数据录入完毕后，需要进行表格的美化。工作表的美化主要是对单元格进行格式化设置，包括设置字体、字号、边框和底纹、文字对齐方式、行高、列宽、条件格式和套用表格格式等。通过美化，可使工作表数据排列整齐，重点突出，外观美观。

①在"美化"工作表中，将"智能应用1班学生信息表"表格标题居中，设字体为微软雅黑、字号22磅；标题填充灰色底纹；设置该行行高为30磅。

选中A1:H1单元格区域，切换到"开始"选项卡，左键单击"对齐方式"功能组中的"合并后居中"，在弹出的下拉列表中选择"合并后居中"选项，如图项目2-9所示。

在"字体"选项组中的字体下拉列表中选择"微软雅黑"选项，在字号下拉列表中选择"22"。

选中A1:H1单元格区域，左键单击"字体"功能组中填充颜色按钮，在弹出的下拉列表中选择"浅灰色"。

选中行号"1"，右键单击，在快捷菜单中选择"行高"命令，在弹出的"行高"对话框中输入"30"。

②给表格添加边框线：选中A2:H12工作表区域，切换到"开始"选项卡，左键单击"字体"功能组右下角的按钮，弹出"设置单元格格式"对话框，选定"边框"选项，内外边框的设置如图项目2-10所示。

图项目 2-9　单元格"合并后居中"选项

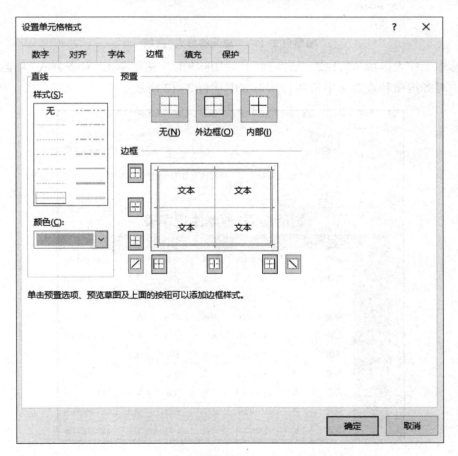

图项目 2-10　边框设置

③选中 A2:H2 和 A3:A12 单元格区域,左键单击"开始"→"样式"→"单元格样式"命令,在弹出的下拉列表中选择"蓝色,着色 1",如图项目 2-11 所示。

图项目 2-11 "单元格样式"选项

④选中工作表区域 A2:L12,切换到"开始"选项卡,左键单击"对齐方式"功能组中的水平居中对齐按钮和垂直居中按钮,效果如图项目 2-12 所示。

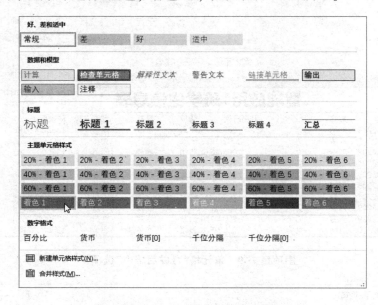

图项目 2-12 居中格式设置效果

⑤突出显示政治面貌为"党员"的单元格：选中单元格区域G3:G12，切换到"开始"选项卡，左键单击"样式"功能组中的"条件格式"按钮。在弹出的下拉列表中选择"突出显示单元格规则"→"文本包含"选项，如图项目2-13所示，弹出"文本中包含"对话框。在"为包含以下文本的单元格设置格式"文本框中输入"党员"，在设置为下拉列表中选择需要格式或选择自定义格式选项进行设置，单击"确定"按钮，如图项目2-14所示。

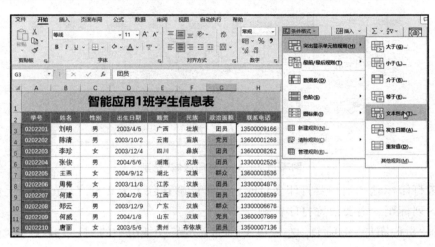

图项目2-13 "条件格式"选项

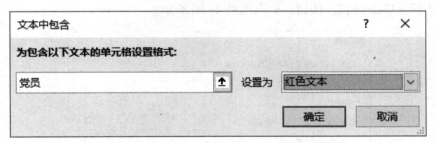

图项目2-14 "文本中包含"对话框

相关知识：
（1）条件格式的作用是突出显示所关注的单元格或单元格区域；强调异常值；使用数据条、颜色刻度、色阶和图标集来直观地显示数据。
（2）可以使用条件格式直观地注释数据以供分析和演示。若要在数据中轻松地查找例外和发现重要趋势，可以实施和管理多个条件格式规则，这些规则以色阶、数据条和图标集的形式将可视性极强的格式应用到符合这些规则的数据。

⑥调整表格的行高和列宽：将光标移至需要调整的相连行号之间，当光标变成上下双向箭头时，按住鼠标左键拖动即可调整行高；同法将光标移至需要调整的相连列号之间，当光标变成左右双向箭头时，按住鼠标左键拖动即可调整列宽。

5. 打印设置和打印预览

①设置打印区域　由于一张工作表有很多行和列，如只需打印部分单元格区域，则在打印前必须设置要打印的工作表区域。

选中要打印的单元格区域 A1:H12，切换到"页面布局"选项卡，左键单击页面设置选项组中的"打印区域"按钮，在弹出的下拉列表中选择"设置打印区域"选项，如图项目 2-15 所示。

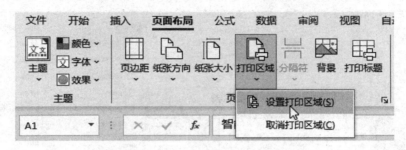

图项目 2-15　"打印区域"选项

②设置打印标题　当需要打印多页时，为了能够在除了第 2 页之后的页面上仍然打印每列数据的列标题，需要设置打印标题。

切换到"页面布局"选项卡，左键单击"页面设置"功能组中的"打印标题"选项。

弹出"页面设置"对话框，左键单击顶端标题行文本框，然后单击工作表的行标识 2，即选中第 2 行，单击"确定"按钮，如图项目 2-16 所示。

图项目 2-16　设置打印标题

③设置页面　切换到"页面布局"选项卡，左键单击"页面设置"功能组右下角的按钮，弹出"页面设置"对话框，分别单击选项中"页面""页边距""页眉页脚"选项卡，进行相应设置，如图项目 2-17 所示。

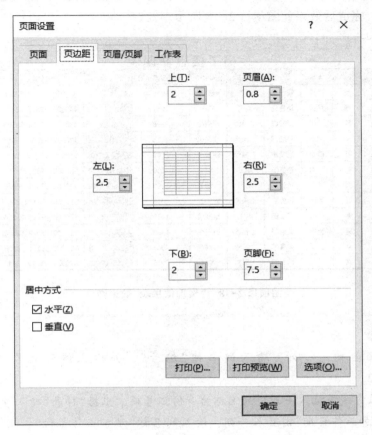

图项目 2-17　"页面设置"对话框

④打印预览　在打印前要预览打印的效果，如果发现打印效果不好，设置不合理，可以继续修改，避免浪费纸张。

单击"页面设置"对话框中的"打印预览"查看设置效果，也可以左键单击"快速访问工具栏"上的打印预览按钮，进行预览，或按快捷键"Ctrl+F2"进行预览。

6. 对工作簿和工作表进行保护设置

（1）对"学生信息表"工作簿进行保护设置

选择"文件"选项卡，单击"信息"命令，在打开的"信息"窗口中对工作簿进行访问和保护密码的设置，设置密码为"123456"。

（2）对"美化"工作表进行保护设置

单击"美化"工作表，选择"审阅"→"保护"→"保护工作表"命令，在打开的"保护工作表"对话框中输入相应的保护密码，设置密码为"654321"。

拓展任务

1. 打开素材"员工信息表(练习)"工作簿,根据"员工信息表(样本)"完善表格信息并进行格式设置,完成后效果如图项目 2-18 所示。

	A	B	C	D	E	F	G	H	I	J	K
1	员工信息管理表										
2	编号	姓名	性别	籍贯	部门	职称	学历	参加工作年份	参加工作日期	身份证号码	联系电话
3	001	张兰	女	广西	研发部	高工	研究生	1995	1995-07-01	450000197212162826	13500005612
4	002	辛旺	男	广东	销售部	助工	本科	1997	1997-07-01	440000197511262875	13600006214
5	003	杨洋	男	湖南	研发部	工程师	研究生	1998	1998-07-01	430000197508123655	13700003142
6	004	陆路	女	湖北	技服部	工程师	研究生	2014	2014-07-01	420000199207123665	13700008956
7	005	孟凯	男	四川	研发部	工程师	研究生	2002	2002-07-01	510000197805062876	13800001685
8	006	马涛	男	云南	销售部	助工	本科	2000	2000-07-01	530000197603073557	13900008956
9	007	刘华	女	江苏	技服部	助工	本科	1999	1999-07-01	320000197511126568	13600004875
10	008	张峰	男	浙江	销售部	工程师	研究生	2018	2018-07-01	330000199310132557	13800005782
11	009	马俊	男	云南	研发部	高工	研究生	1996	1996-07-01	530000197110123536	13700009231
12	010	李强	男	北京	人事部	工程师	研究生	1990	1990-07-01	110000196612162556	13600002612
13	011	周燕	女	上海	人事部	工程师	本科	2005	2005-07-01	310000198111216788	13900001562
14	012	金玉	女	山东	技服部	工程师	本科	2018	2018-07-01	370000199504062447	13800002315

图项目 2-18 "员工信息表"效果图

操作要求:

①在姓名前插入一列,输入列名称"编号",并输入该列编号依次为 001、002,…,012。

②在联系方式前插入一列,列名称为身份证号码,根据"样表"输入身份证号码。

③在"参加工作日期"前插入一列,输入列名称"参加工作年份",用"快速填充"命令快速完成参加工作年份列的数据输入。

④表格标题按表格实际宽度合并居中,设置合适的字体、字号。

⑤表格数据垂直居中、水平居中显示。

⑥给表格添加边框线,适当调整表格的行高和列宽。

⑦利用条件格式中的数据条突出显示员工参加工作日期的情况。

⑧对表格的列标题进行冻结。

⑨工作表的打印设置:纸张为 A4,横向打印,页边距(上、下、左、右各 1.5 厘米),设置页面水平居中,设置页眉(员工信息表)、页脚(输入日期、制表人、插入页码)。

⑩查看打印预览效果。

2. 制作"员工考勤表",效果如图项目 2-19 所示,详见素材文件夹中"员工考勤表(样本).xlsx"文件。

图项目 2-19 "员工考勤表"效果图

操作要求：

①新建一个工作簿：命名为"员工考勤表.xlsx"，将工作表"Sheet1"重命名为"考勤表"。

②对"考勤表"进行表格边框的设置：将表格线设置为蓝色，外框使用粗线，内框使用细线。

③输入标题：将标题按表格实际宽度合并居中，设置字体为黑体、字号18磅、加粗、红色，行高为30磅。

④合并相应的单元格，输入样表中相应的文字内容。

⑤输入序列：星期一至星期日。

⑥输入数字：1~31。

⑦设置考勤单元格区域考勤序列：√，○，◆，☆，■，♀，※，◎，#，▲。

⑧设置考勤单元格区域条件格式，即考勤符号用不同字体、颜色显示。

任务 2.2　公式和函数的应用——学生成绩表的统计

任务目标

（1）掌握 Excel 公式的编辑方法。

（2）掌握用常用函数求和、求平均值、求最大值、求最小值的方法，以及计数函数的使用方法。

(3) 掌握 IF 函数、COUNTIF 函数、RANK.EQ 函数、VLOOKUP 函数的使用方法。

(4) 掌握单元格的相对引用和绝对引用及其应用方法。

任务描述

王老师是智能应用1班信息技术课程的任课教师,学期结束时要对该班级本课程的成绩进行统计分析,请应用 Excel 公式和函数方便快捷地完成此项工作,完成效果如图项目2-20所示。

	A	B	C	D	E	F	G	H	I
1	智能应用1班信息技术成绩表								
2	学号	姓名	性别	平时成绩	实践成绩	期考成绩	期评	评优	排名
3	0202201	刘明	男	91	86	90	89.0	合格	4
4	0202202	陈清	男	86	88	91	89.1	合格	3
5	0202203	李珍	女	82	75	89	83.4	合格	6
6	0202204	张俊	男	80	78	75	76.9	合格	8
7	0202205	王燕	女	92	91	94	92.7	优秀	2
8	0202206	周梅	女	88	90	87	88.1	合格	5
9	0202207	何建	男	65	56	55	57.3	合格	10
10	0202208	郑云	男	80	76	81	79.3	合格	7
11	0202209	何威	男	95	93	94	93.9	优秀	1
12	0202210	唐丽	女	75	60	68	67.0	合格	9
13	各项成绩平均分			83.4	79.3	82.4			
14	各项成绩最高分			95	93	94			
15	各项成绩最低分			65	56	55			
16	考试人数			10	10	10			
17	各项成绩不及格人数			0	1	1			
18									
19									
20					学生期评成绩分段统计				
21					分数段	人数	比例		
22					90分及以上	2	20.0%		
23					80-89分	4	40.0%		
24					70-79分	2	20.0%		
25					60-69分	1	10.0%		
26					0-59分	1	10.0%		
27					总计	10	100.0%		
28					最高分	93.9			
29					最低分	57.3			

图项目2-20 学生成绩表

任务要求

1. 计算出每位同学的期评成绩

按照平时成绩占20%、实践成绩占30%、期考成绩占50%的比例计算出期评成绩。

2. 求出各项成绩的平均分、最高分和最低分

①应用平均值函数 AVERAGE 计算各项成绩平均分。

②应用最大值函数 MAX 求出各项成绩的最高分。

③应用最小值函数 MIN 求出各项成绩的最低分。

3. 统计参加考试的人数和各项成绩不及格人数

①应用统计函数 COUNT 统计人数。

②应用条件统计函数 COUNTIF 统计各项成绩不及格人数。

4. 应用 IF 函数对期评成绩进行评优

评优条件：期评成绩大于或等于90分的评为"优秀"，否则为"合格"。

5. 应用 RANK.EQ 函数按期评成绩进行排名

6. 对期评成绩进行分段统计

①应用函数 COUNTIF 统计各分数段的人数。

②应用求和函数 SUM 求出总计。

③应用公式求出各分数段人数所占比例。

④应用函数求出期评成绩的最高分和最低分。

7. 应用 VLOOKUP 函数制作学生成绩单

①单击"⊕"新建一个工作表，并命名为"成绩单制作"。

②将"成绩表"中的单元格区域 A2:I12 定义名称为"成绩明细"。

③利用 VLOOKUP 函数返回学生成绩单信息。

④应用填充柄拖动填充，完成每位同学成绩单的制作。

任务实施

1. 计算出每位同学的期评成绩

按照平时成绩占20%，实践成绩占30%，期考成绩占50%的比例计算出期评成绩。

打开素材"学生成绩表（练习）.xlsx"工作簿，在成绩表中选中 G3 单元格，输入公式"=D3*0.2+E3*0.3+F3*0.5"，按回车键确认。应用填充柄完成其他同学期评成绩的计算。

相关知识：

（1）Excel 公式的组成

在 Excel 中，对工作表中的数据进行计算的算式称为公式。公式以"="开头，后面接表达式。表达式由运算符连接常数、单元格引用和函数组成。公式中的运算符要用英文状态下的符号。

（2）Excel 公式中常用的运算符

在公式中常用的运算符包含4类：算术运算符、比较运算符、文本运算符和引用运算符。

①算术运算符　包括+（加号）、-（减号）、*（乘号）、/（除号）、%（百分号）、^（乘方）。用以完成基本的数学运算，返回值为数值。

②比较运算符　包括=(等号)、>(大于)、<(小于)、>=(大于等于)、<=(小于等于)、<>(不等于)。用以实现两个值的比较,结果是逻辑值 TRUE 或 FALSE。例如,在单元格中输入"=3>4",结果为 FALSE;在单元格中输入"=3<>4",结果为 TRUE。

③文本运算符　"&"用来连接一个或多个文本数据以产生组合的文本。例如,在单元格中输入"="生态"&"学院""(注意文本输入时须加英文双引号)后按回车键,将产生"生态学院"的结果。

④引用运算符　有区域运算符":"(冒号)和联合运算符","(逗号)两种。区域运算符是对指定区域运算符之间,包括两个引用在内的所在单元格进行引用。如"=SUM(B2:B5)"是对 B2、B3、B4、B5 这 4 个单元格进行求和运算。联合运算符将多个引用合并为一个引用。如"=SUM(B2:C3,D4,E6,G8)"是对 B2、C2、B3、C3、D4、E6、G8 共 7 个单元格进行求和运算。

2. 计算各项成绩的平均分、最高分、最低分

①选定单元格 D13,输入函数"=AVERAGE(D3:D12)",按回车键确认。应用填充柄完成其他项的平均分。

②选定单元格 D14,在编辑栏中输入"=MAX(D3:D12)",按回车键确认。应用填充柄完成其他项的最高分。

③选定单元格 D15,在编辑栏中输入"=MIN(D3:D12)",按回车键确认。应用填充柄完成其他项的最低分。

3. 统计各项成绩人数和各项成绩不及格人数

①选定单元格 D16,在编辑栏中输入"=COUNT(D3:D12)",按回车键确认。应用填充柄完成其他项的人数。

②选定单元格 D17,在编辑栏中输入"=COUNTIF(D3:D12,"<60")",按回车键确认。应用填充柄完成其他各项的不及格人数。

4. 应用 IF 函数对期评成绩进行评优

方法一:选定单元格 H3,在编辑栏中直接输入"=IF(G3>=90,"优秀","合格")",按回车键确认。

方法二:单击"编辑栏"左侧的插入函数按钮 fx,在弹出的"插入函数"对话框中选择函数"IF",单击"确定"按钮。

对"函数参数"对话框中各参数进行设置,在"Logical_test"框中输入条件"G3>=90",在"Value_if_true"框中输入"优秀",在"Value_if_false"框中输入"合格",如图项目2-21 所示,单击"确定"按钮。应用填充柄完成其他学生的评优。

5. 应用 RNAK.EQ 函数按期评成绩进行排名

①选定单元格 I3,单击"编辑栏"左侧的插入函数按钮 fx,在弹出的"插入函数"对话框中选择函数"RANK.EQ",单击"确定"按钮,弹出"函数参数"对话框。

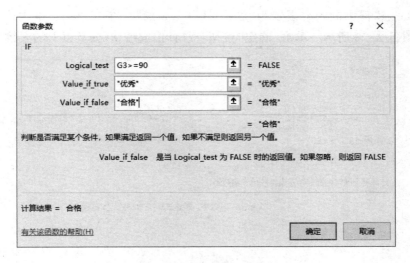

图项目 2-21　"函数参数"对话框(1)

②在"函数参数"对话框中分别输入各参数，当光标位于"Number"参数框时，单击单元格 G3 选中学号为 0202201 的学生的期评成绩，将光标移至"Ref"参数框，选中工作表区域 G3:G12，并按功能键"F4"将其引用方式修改为绝对引用，最后将光标移至"Order"参数框，输入"0"，如图项目 2-22 所示。单击"确定"按钮，计算出学号为 0202201 的学生排名。

③利用填充柄填充其他学生的排名。

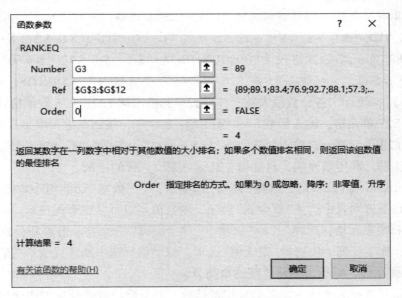

图项目 2-22　"函数参数"对话框(2)

6. 对期评成绩进行分段总计

①选定单元格 E22，单击"编辑栏"左侧的插入函数按钮 fx，打开"插入函数"对话框，在"选择函数"列表框中选择"COUNTIF"，单击"确定"按钮，打开"函数参数"对话框，将

对话框中"Range"框中的内容设置为"＄G＄3：＄G＄12"，在"Criteria"框中输入条件">=90"，如图项目2-23所示。单击"确定"按钮，统计出成绩90分及以上的人数。

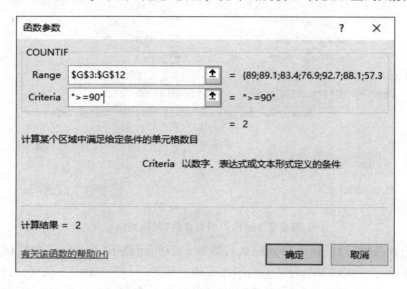

图项目2-23 "函数参数"对话框(3)

利用填充柄将E22单元格公式复制至E23单元格，并将公式中的">=90"改为">=80"，在公式后面添加"-COUNTIF(＄G＄3：＄G＄12,">=90")"，按回车键，统计出期评成绩在80~90分的人数。

将E23单元格公式分别复制至E24、E25、E26单元格，并将E24单元格中的公式修改为"=COUNTIF(＄G＄3：＄G＄12,">=70")-COUNTIF(＄G＄3：＄G＄12,">=80")"，将E25单元格公式修改为"=COUNTIF(＄G＄3：＄G＄12,">=60")-COUNTIF(＄G＄3：＄G＄12,">=70")"，将E26单元格公式修改为"=COUNTIF(＄G＄3：＄G＄12,"<60")"，统计出各分数段人数，并设置单元格区域E22：E26数值格式为整数。

②单击E27单元格，输入函数"=SUM(E23：E27)"，按回车键，求出人数总计。

③单击F22单元格，再输入公式"=E22/＄E＄27"，按回车键，统计出成绩90分以上人数所占的比例。利用填充柄，自动填充其他分数段人数的比例。

选中单元格区域F22:F27，选择"开始"选项卡，在"数字"功能组中单击"数字格式"下拉按钮，在下拉列表中选择"百分比"选项，则数值均以百分比形式显示。

④选定E28单元格，选择"开始"选项卡，在"编辑"功能组单击求和公式按钮Σ下方的下拉按钮，在下拉列表中选择"最大值"选项，拖动鼠标选中期评成绩所在的单元格区域G3:G12，按回车键，计算出期评成绩的最高分。

用同样的方法在E29中求出期评成绩最低分。各分数段统计效果如图项目2-20所示。

7. 应用VLOOKUP函数制作学生成绩单

①单击"⊕"新建一个工作表，并命名为"成绩单制作"。在"成绩单制作"工作表中，单击单元格A1，输入表格标题"成绩单"，将"成绩表"列标题内容复制到"成绩单制作"工作表A2:I2中，将标题"成绩单"按实际宽度合并居中，列标题添加底纹效果。

②将"成绩表"中的单元格区域 A2:I12 定义名称为"成绩明细"。在"成绩表"中，选定单元格区域 A2:I12，单击"公式"→"定义的名称"→"定义名称"下拉列表→"定义名称"命令，在"新建名称"对话框中进行设置，如图项目 2-24 所示。

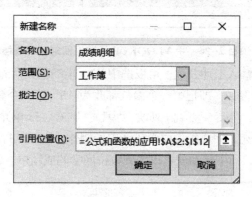

图项目 2-24 "新建名称"对话框

③利用 VLOOKUP 函数返回学生成绩单信息。在"成绩单制作"工作表的 A3 单元格输入第一位学生的学号"0202201"，在 B3 单元格中插入函数"=VLOOKUP(A3,成绩明细,2,0)"，或左键单击编辑栏上的按钮 fx，弹出"插入函数"对话框，在查找与引用函数列表中选定 VLOOKUP 函数，弹出"函数参数"对话框，如图项目 2-25 所示进行设置，单击"确定"按钮。则 B3 单元格返回"刘明"。

图项目 2-25 "函数参数"对话框(4)

同法，在 C3 单元格输入函数"=VLOOKUP(A3,成绩明细,3,0)"，在 D3 单元格输入函数"=VLOOKUP(A3,成绩明细,4,0)"，在 E3 单元格输入函数"=VLOOKUP(A3,成绩明细,5,0)"，依次类推。

最后在 I3 单元格输入函数"=VLOOKUP(A3,成绩表,9,0)"，则 C3~I3 单元格的值都正确返回，效果如图项目 2-26 所示。

I3 =VLOOKUP(A3,成绩明细,9,0)

	A	B	C	D	E	F	G	H	I
1					成绩单				
2	学号	姓名	性别	平时成绩	实践	期考	期评	评优	排名
3	0202201	刘明	男	91	86	90	89	合格	4
4									

图项目 2-26　用 VLOOKUP 函数返回刘明的成绩单

技巧：为了避免重复输入上述公式，可以选中 B3，拖动填充柄向右填充至 I3，然后依次修改单元格 C3~I3 中的函数参数，即把第一个参数都改为 A3，第三个参数改为对应的列号(如 C 列改为“3”，D 列改为“4”，等等，直到 I 列改为“9”)，则 C3~I3 单元格的值都正确返回。

④应用填充柄拖动填充，完成每位同学成绩单的制作。选中 A1:I4 单元格区域，鼠标指向所选区域右下角的填充柄，向下拖动就可以得到每位同学的成绩单，效果如图项目 2-27 所示。

	A	B	C	D	E	F	G	H	I
1					成绩单				
2	学号	姓名	性别	平时成绩	实践	期考	期评	评优	排名
3	0202201	刘明	男	91	86	90	89	合格	4
4									
5					成绩单				
6	学号	姓名	性别	平时成绩	实践	期考	期评	评优	排名
7	0202202	陈清	男	86	88	91	89.1	合格	3
8									
9					成绩单				
10	学号	姓名	性别	平时成绩	实践	期考	期评	评优	排名
11	0202203	李珍	女	82	75	89	83.4	合格	6
12									
13					成绩单				
14	学号	姓名	性别	平时成绩	实践	期考	期评	评优	排名
15	0202204	张俊	男	80	78	75	76.9	合格	8
16									
17					成绩单				
18	学号	姓名	性别	平时成绩	实践	期考	期评	评优	排名
19	0202205	王燕	女	92	91	94	92.7	优秀	2
20									

图项目 2-27　各位同学的成绩单

相关知识：

(1) Excel 函数的应用

Excel 中提供了大量的函数，按功能划分主要有财务函数、统计函数、数学与三角函数、数据库函数、逻辑函数、查找与引用函数、用户自定义函数等。下面主要介绍部分常用函数的功能，见表项目 2-1。

表项目 2-1　常用函数介绍

函数名称	格式	功能
求和函数	SUM(参数 1,参数 2,…)	求出参数表中所有参数之和
求平均值函数	AVERACE(参数 1,参数 2,…)	求出参数表中所有参数的平均值
求最大值函数	MAX(参数 1,参数 2,…)	求出参数表中所有参数的最大值
求最小值函数	MIN(参数 1,参数 2,…)	求出参数表中所有参数的最小值

(续)

函数名称	格式	功能
逻辑函数	IF(条件,结果1,结果2)	执行条件真假判断,条件为真值时返回结果1,条件为假值时返回结果2
计数函数	COUNT(参数1,参数2,…)	求出参数表中有数值的单元格个数
条件计数函数	COUNTIF(统计范围,条件)	求出区域中满足条件的单元格的个数
排序函数	RANK(数值,范围,排序方式)	返回某数值在数字列表中的大小排位
查找引用函数	VLOOKUP(要查找的值,查找区域,数值所在列,匹配方式)	按列查找,最终返回该列所需查询列序所对应的值。匹配方式是一个逻辑值,如果为TRUE或1,函数将查找近似匹配值;如果为FALSE或0,则进行精确匹配
条件求和函数	SUMIF(条件判断区域,条件,求和区域)	根据指定条件对若干单元格求和。其中,条件可以用数字、表达式、单元格引用或文本形式定义
多条件求和函数	SUMIFS(求和区域,条件判断区域1,条件1,条件判断区域2,条件2,…)	根据多个指定条件对若干单元格求和
条件求平均值函数	AVERAGEIF(条件判断区域,条件,求平均值区域)	根据指定条件对若干单元格计算算术平均值
多条件计数函数	COUNTIFS(条件求值区域1,条件1,条件求值区域2,条件2,…)	统计一组给定条件所指定的单元格数
字符串函数	MID(文本串,起始位置,截取长度)	从文本的指定位置返回指定长度的子串
求余函数	MOD(被除数,除数)	返回两数相除的余数
日期函数	TODAY( )	返回系统当前的日期
日期函数	DATE(年,月,日)	返回日期代码中代表日期的数字
日期函数	YEAR(日期值)	返回日期值中的年份
文本函数	TEXT(数值,"格式")	将数值转化为指定格式

(2)Excel公式和函数运算错误信息

在Excel表格中输入公式或函数后,其运算结果有时会显示为错误的值,要纠正这些错误值,必须先了解出现错误的原因。常见的错误值见表项目2-2。

表项目2-2 公式和函数运算的错误信息

错误信息	原因	解决方法
####	说明该单元格列宽不够,无法完全显示单元格中的内容	调整单元格列宽

（续）

错误信息	原因	解决方法
#VALUE	使用的参数或操作数值类型错误，以及公式自动更正功能无法更正公式	确认公式或函数所需的运算符和参数是否正确，并查看公式引用的单元格中是否为有效数值
#NULL	指定两个不相交的区域的交集	引用不相交的两个区域，使用联合运算符（逗号","）将其分隔开
#N/A	公式或函数中没有可用数值	修改数值为可用数值
#NAME?	使用了不能识别的文本	改正拼写错误
#DIV/0!	公式中出现除数为0或除数中引用了空白单元格	修改公式中除数零值或引用数值不为零的单元格作为除数
#NUM!	公式或函数中某个数值有问题	修改有问题的数值
#REF!	单元格引用无效，如删除了其他公式所引用的单元格，或将已移动的单元格粘贴到其他公式所引用的单元格中	更改公式，或在删除和粘贴单元格后恢复工作表中的单元格

(3) 单元格的引用

① 相对引用　是指公式在复制时，公式中单元格的行号、列号会根据目标单元格所在的行号、列号的变化自动进行调整。

② 绝对引用　是指在公式复制时，不论目标单元格在什么位置，公式中单元格的行号和列号均保持不变。绝对引用的表示方法是在列号和行号前面都加上"$"，如$D$2。

③ 混合引用　在公式复制时，公式中单元格的行号或列号中只有一个要进行自动调整而另一个不变，这种引用方法称为混合引用。混合引用的表示方法是在列号和行号其中之一前面加上符号"$"，如D$2、$D6。

④ 将光标移至要转换引用方式的单元格地址，然后反复按"F4"键，可以在单元格地址引用的几种表示方法之间进行转换。

⑤ 如果要引用其他工作表的单元格，则应在引用地址之前加上单元格所在的工作表名称，即"工作表名!单元格地址"。

拓展任务

1. 打开素材"员工工资表（练习）.xlsx"工作簿，按照如图项目2-28和图项目2-29所示，完成下列计算。

员工工资表

编号	姓名	性别	部门	职称	基本工资	岗位津贴	奖金	扣款	应发工资
001	张兰	女	研发部	高工	5200	2200	3000	350	¥10,050.00
002	辛旺	男	销售部	助工	3200	1600	1000	200	¥5,600.00
003	杨洋	男	研发部	工程师	4200	1825	2000	210	¥7,815.00
004	陆路	女	技服部	工程师	4200	1650	2000	250	¥7,600.00
005	孟凯	男	研发部	工程师	4200	1670	2000	200	¥7,670.00
006	马涛	男	销售部	助工	3200	1550	1000	180	¥5,570.00
007	刘华	女	技服部	助工	3200	1540	1000	170	¥5,570.00
008	张峰	男	销售部	工程师	4200	1855	2000	220	¥7,835.00
009	马俊	男	研发部	高工	5200	1650	3000	360	¥10,090.00
010	李强	男	人事部	工程师	4200	1770	2000	180	¥7,790.00
011	周燕	女	人事部	工程师	4200	1850	2000	190	¥7,860.00
012	金玉	女	技服部	工程师	4200	1880	2000	250	¥7,830.00
			平均值		4116.7	1803.3	1916.7	230.0	¥7,606.67
			最高值		5200	2250	3000	360	¥10,090.00
			最低值		3200	1540	1000	170	¥5,570.00

各部门工资发放汇总

部门名称	各部门总人数	各部门高工人数	各部门工程师人数	各部门助工人数	应发工资合计	应发工资平均值
研发部	4	2	2	0	¥35,625.00	¥8,906.25
销售部	3	0	1	2	¥19,005.00	¥6,335.00
技服部	3	0	2	1	¥21,000.00	¥7,000.00
人事部	2	0	1	0	¥15,650.00	¥7,825.00
合计	12	2	7	3	¥91,280.00	

图项目 2-28　员工工资表

员工信息管理表

编号	姓名	性别	籍贯	部门	职称	学历	出生日期	出生年份	出生月份	出生日	年龄	身份证号码
001	张兰	女	广西	研发部	高工	研究生	1972/12/16	1972	12	16	51	450000197212162826
002	辛旺	男	广东	销售部	助工	本科	1975/11/26	1975	11	26	48	440000197511262875
003	杨洋	男	湖南	研发部	工程师	研究生	1975/8/12	1975	08	12	48	430000197508123655
004	陆路	女	湖北	技服部	工程师	研究生	1992/7/12	1992	07	12	31	420000199207123665
005	孟凯	男	四川	研发部	工程师	研究生	1978/5/6	1978	05	06	45	510000197805062876
006	马涛	男	云南	销售部	助工	本科	1976/3/7	1976	03	07	47	530000197603073557
007	刘华	女	江苏	技服部	助工	本科	1975/11/12	1975	11	12	48	320000197511126568
008	张峰	男	浙江	销售部	工程师	研究生	1993/10/13	1993	10	13	30	330000199310132557
009	马俊	男	云南	研发部	高工	研究生	1971/10/12	1971	10	12	52	530020197110123536
010	李强	男	北京	人事部	工程师	研究生	1966/12/16	1966	12	16	57	110000196612162556
011	周燕	女	上海	人事部	工程师	本科	1981/11/21	1981	11	21	42	310000198111216788
012	金玉	女	山东	技服部	工程师	本科	1995/4/6	1995	04	06	28	370000199504062447

图项目 2-29　员工信息表

操作要求：

①在"员工工资表"中，应用 IF 函数计算各员工的奖金：职称是高工的，奖金为 3000 元；职称是工程师的，奖金为 2000 元；职称是助工的，奖金为 1000 元。

②应用公式求出应发工资,并设置格式为货币型(保留两位小数)。
③求出各项工资的平均值、最高值、最低值。
④统计出各部门工资发放汇总项。
用 COUNTIF 函数统计各部门总人数;
用 COUNTIFS 函数统计各部门不同职称人数;
用 SUMIF 函数统计各部门应发工资合计;
用 AVERAGEIF 函数统计各部门应发工资的平均值;
用 SUM 函数求各项合计。

2. 打开素材"电器销量(练习).xlsx"工作簿,按照如下要求完成统计,效果如图项目 2-30 所示。

	A	B	C	D	E	F	G	H	I	J
1	分店	产品名称	4月销量	5月销量	6月销量	季度总销量	季度平均销量	季度总销售额	销售额排名	销售提成
2	分店2	电风扇	91	53	71	215	71.7	¥17,200.00	51	¥172.00
3	分店3	吸尘器	73	53	74	200	66.7	¥156,000.00	9	¥15,600.00
4	分店3	取暖器	72	55	94	221	73.7	¥41,990.00	43	¥419.90
5	分店2	电吹风	80	56	82	218	72.7	¥28,340.00	48	¥283.40
6	分店1	电饭煲	53	61	71	185	61.7	¥59,200.00	36	¥2,960.00
7	分店2	电磁炉	71	61	53	185	61.7	¥69,375.00	35	¥3,468.75
8	分店3	豆浆机	71	61	53	185	61.7	¥88,800.00	21	¥4,440.00
9	分店3	电磁炉	74	65	83	222	74.0	¥83,250.00	26	¥4,162.50
10	分店3	吸尘器	73	66	84	223	74.3	¥173,940.00	6	¥17,394.00
11	分店2	破壁机	95	67	84	246	82.0	¥81,180.00	27	¥4,059.00
12	分店2	烘干机	89	69	90	248	82.7	¥71,920.00	34	¥3,596.00
13	分店2	咖啡机	86	70	82	238	79.3	¥209,440.00	3	¥20,944.00
14	分店1	电烤箱	82	72	95	249	83.0	¥164,340.00	8	¥16,434.00
15	分店1	面包机	91	74	96	261	87.0	¥101,790.00	16	¥10,179.00
16	分店2	电饭煲	65	76	97	238	79.3	¥76,160.00	30	¥3,808.00

图项目 2-30 电器销量

操作要求:

①在"电器销量"工作表中,使用 AVERAGE 函数计算出季度平均销量;使用 SUM 函数计算出季度总销量。

②运用公式计算"电器销量"工作表中的季度总销售量,要求在公式中通过 VLOOKUP 函数自动在工作表"电器价格"中查找相关商品的单价。

③利用 RANK.EQ 函数算出销售额排名。

④根据表中给出的销售额提成比例计算出销售提成。

⑤对"电器销量"工作表进行格式调整,通过套用表格格式的方法将所有的电器销量纪录调整为一致的外观格式,并将"季度平均销量"列的单元格设置为"数值格式(保留一位小数)",将"季度总销售额"和"销售提成"列的单元格设置为"货币格式(保留两位小数)"。

任务2.3 对员工工资表进行数据管理与分析

📖 任务目标

（1）熟练进行排序、自动筛选和分类汇总等操作。
（2）理解自定义筛选和高级筛选的功能及操作方法。
（3）能够运用所学知识解决日常生活中与数据分析和管理操作相关问题。

⚛ 任务描述

在财务管理等工作中，经常会使用电子表格处理一些比较复杂的数据。快速地从复杂的数据中清晰地查询到自己想要的结果，按某种方式进行分类汇总，就需要使用排序、筛选和分类汇总等功能。本任务是对员工工资总表进行以下操作：

①以"奖金"为主要关键字、"基本工资"为次要关键字降序排序，参考效果如图项目2-31所示。

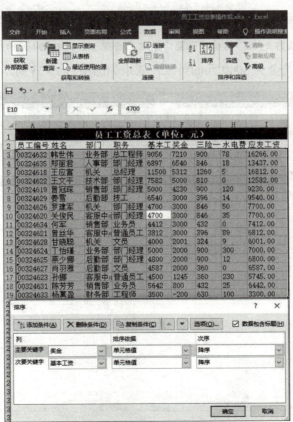

图项目2-31　以"奖金"为主要关键字、"基本工资"为次要关键字降序排序

②筛选后勤部门基本工资在 5000~10 000 元的员工，效果如图项目 2-32 所示。

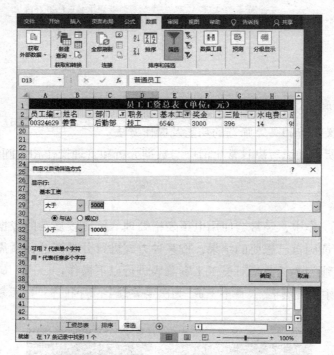

图项目 2-32　筛选后勤部门基本工资在 5000~10 000 元的员工

③筛选销售部月奖金为 3000 元的员工，效果如图项目 2-33 所示。

图项目 2-33　筛选销售部奖金为 3000 元的员工

④按部门进行分类汇总，计算各部门基本工资和奖金的平均值，如图项目2-34所示。

图项目2-34　计算各部门基本工资和奖金平均值

任务要求

按照如下要求，完成"员工工资总表.xlsx"工作簿的操作：

1. 设置自定义序列排序

将"排序"工作表中的数据按"部门"关键字自定义序列进行排序，序列为：人事部、财务部、技术部、后勤部、业务部、机关、销售部、客服中心。

2. 设置多条件排序

将"排序"工作表中的数据按"奖金"为主要关键字降序排序，"基本工资"为次要关键字降序排序。

3. 设置自动筛选

在"筛选"工作表中，利用"自动筛选"功能将"后勤部"的数据显示出来。在此基础上，利用"自动筛选"功能，将后勤部职工"基本工资"在5000元以上10 000元以下的数据显示出来。

4. 设置高级筛选

在"高级筛选"工作表中，利用"高级筛选"功能，将部门为"销售部"，奖金为"3000元"的职工信息筛选出来。

5. 设置分类汇总

在"分类汇总"工作表中，按"部门"进行分类汇总"基本工资"和"奖金"的平均值。

任务实施

1. 设置自定义序列排序

(1) 添加自定义序列

①选择"文件"→"选项",打开"Excel 选项"对话框。

②选择"高级"选项,在右侧找到并单击"编辑自定义列表"按钮。

③打开"自定义序列"对话框,按顺序输入次序要求的内容,单击"添加"按钮,如图项目 2-35 所示。

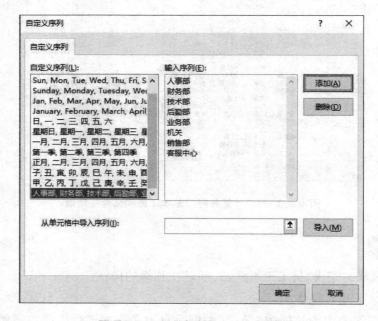

图项目 2-35 "自定义序列"对话框

(2) 按自定义序列排序

①选择含标题行及数据行的区域(注意第一行合并后居中的标题不选)。

②选择"数据"→"排序和筛选"→"排序",打开"排序"对话框。

③勾选"数据包含标题",主要关键字选择"部门",次序选择上一步定义的序列,单击"确定"按钮,如图项目 2-36 所示。

2. 设置多条件排序

①打开"排序"工作表,选择除标题行之外的数据,即 A2:I9 区域。

②选择"数据"→"排序和筛选"→"自定义筛选"。

③打开"排序"对话框,勾选"数据包含标题"复选框,设置"奖金"字段为主要关键字,排序为降序。

④单击"添加条件"按钮,添加"基本工资"字段为次要关键字,排序为降序,单击"确定"按钮。

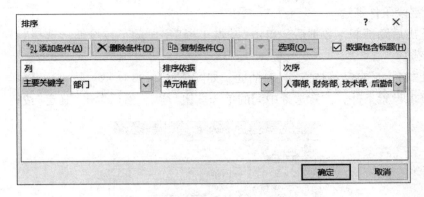

图项目 2-36 "排序"对话框

3. 设置自动筛选

(1)单字段条件筛选

①打开"自动筛选"工作表，选中 A2:I19 区域。

②选择"数据"→"排序和筛选"→"筛选"，此时标题行的每个字段都出现一个倒三角形的下拉按钮。

③单击"部门"的下拉按钮，取消"全选"，仅勾选"后勤部"，如图项目 2-37 所示。

④单击"确定"按钮，则只显示"后勤部"员工工资信息，隐藏其他行数据。

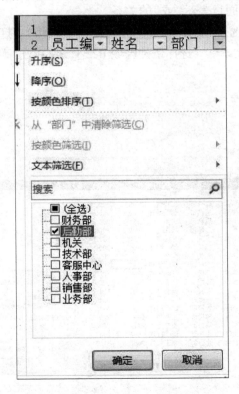

图项目 2-37 自动筛选操作

（2）多字段条件筛选

①筛选出后勤部职工数据后，单击"基本工资"字段的下拉按钮，选择"数字筛选"→"自定义筛选"。

②打开"自定义自动筛选方式"对话框，如图项目 2-38 所示。

③按要求设置条件，注意选择中间的单选按钮"与"，然后单击"确定"按钮。

图项目 2-38 "自定义自动筛选方式"设置

4. 设置高级筛选

①打开"高级筛选"工作表，在 B22:C23 处输入高级筛选条件。

条件的输入方法：在同一行输入筛选字段名，在字段下方输入条件值或比较运算。同一行表示"与"的关系，不同行表示"或"的关系。

②选择 A2:I19 区域，选择"数据"→"排序和筛选"→"高级"，打开"高级筛选"对话框。

③单击条件区域后的文本框，选择条件区域 B22:C23，单击"确定"按钮，如图项目 2-39 所示。

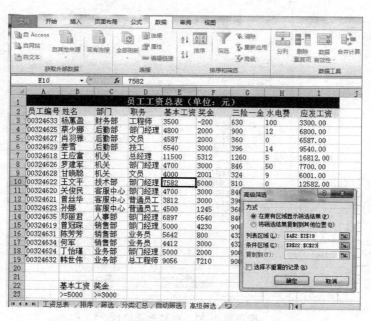

图项目 2-39 高级筛选设置

5. 设置分类汇总

①排序　选择 A2:I19 区域，按"部门"排序，使相同部门的信息记录排在一起。

②汇总　选择"数据"→"分级显示"→"分类汇总"，打开"分类汇总"对话框，选择"分类字段"为"部门"，"汇总方式"为"平均值"，在"选定汇总项"中选定"基本工资"和"奖金"，单击"确定"，如图项目 2-40 所示。

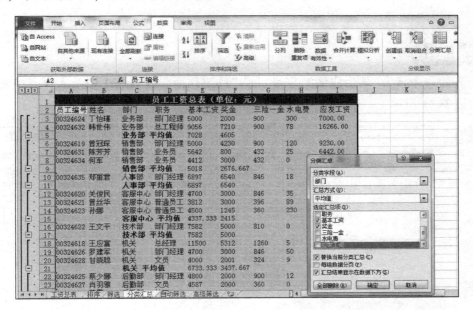

图项目 2-40　按部门分类汇总各部门平均基本工资及奖金

相关知识：

（1）数据排序

通过排序可以使数据一目了然，便于用户比较数据记录的关系。排序分为简单排序和多条件排序。

①简单排序　按某一列的数据进行升序或降序排列。

②多条件排序　如果简单排序有两条或多条记录的排序次序相同，可以通过多条件排序设置主要关键字和次要关键字来确定排序优先级别。

（2）数据筛选

筛选是把满足条件的数据信息显示出来，将不满足条件的数据信息暂时隐藏。

①自动筛选　自动筛选是一种简便的筛选方法，筛选结果直接显示在原数据清单区域。

②高级筛选　需要在工作表中不含数据内容的地方选定一个用于存放筛选条件的区域，然后根据条件对工作表中的数据进行筛选。高级筛选可以同时设定几个筛选条件(集中在某一区域)。

(3)分类汇总

分类汇总就是对数据按照某个字段进行分类,一般是先按该字段排序,使得相同的一类排在一起,然后再对某些字段进行求和、计数、求平均值等汇总运算。注意,应先排序,再汇总。

拓展任务

1. 新建一个名为"学生成绩汇总表.xlsx"的工作簿,在 Sheet1 中录入样表中的数据,如图项目 2-41 所示。

图项目 2-41 学生成绩汇总表

操作要求:

设置课程成绩的输入条件,使其只能输入 0~100 范围内的数据,否则显示警告信息。

2. 将 Sheet1 工作表的数据复制到新建的工作表,并命名为"美化与编辑",参照图项目 2-42 完成工作表的美化和编辑。

图项目 2-42　工作表的美化和编辑

操作要求：

①将工作表 Sheet1 中的全部数据复制到工作表 Sheet2 中，并将工作表 Sheet2 重命名为"美化与编辑"。

②在"总分"列右边插入"总评"列，在"最高分"行前插入"课程平均分"行。

③将标题"学生成绩汇总表"按表格实际宽度合并居中，设置为楷体、20磅、加粗、黑色，将"姓名"列的文字大小设置为 12 磅，添加浅灰色底纹，并设置列宽为 10 磅。

④将表格线设置为灰色，外边框使用粗线，内框使用细线。

⑤表中的所有成绩保留 1 位小数，并把成绩 90 分以上的分数用绿色粗体标注，不及格的分数用灰色底纹标注，并将所有数据都设置为水平和垂直都居中对齐。

⑥保存工作簿。

3. 创建"美化和编辑"工作表副本，并完成公式与函数的使用，效果如图项目 2-43 所示。

图项目 2-43　公式与函数的使用

操作要求：

（1）创建工作表副本

①为"美化和编辑"工作表建立一个副本。

②将该副本重命名为"公式与函数"。

（2）完成相应的计算

在学生成绩汇总表的下方输入学生总评成绩分段统计表的相关信息（如样本），并进行相应的计算：

①使用 SUM 函数计算每位学生的总分。

②使用 AVERAGE 函数计算各科平均分。

③使用 MAX、MIN 函数求出各科最高分和最低分。

④使用公式计算每位学生的总评分数。其中，总评＝数学×30%＋英语×20%＋写作×30%＋电工×20%。

⑤使用 RANK.EQ 函数求出每位学生的排名（按总评成绩排名）。

⑥使用 COUNTIF 函数对学生总评成绩进行人数分段统计。

⑦使用 IF 函数得出获得奖学金的学生名单。获得班级一、二、三等奖学生人数分别为 1 人、1 人和 2 人。根据排名，自动得出获得奖学金的学生名单。

⑧利用 VLOOKUP 函数制作学生成绩单。

4. 将工作表"公式与函数"的数据复制到新的工作表，完成排序与筛选操作，效果如图项目 2-44 所示。

序号	学号	姓名	性别	高数	英语	写作	电工	总分	总评	排名	奖学金
4	0120204	孔德	男	90.0	98.0	92.0	92.0	372.0	92.6	1	一等
1	0120201	石清	男	92.0	98.0	91.0	86.0	367.0	91.7	2	二等
16	0120216	李珍	男	73.0	96.0	87.0	66.0	322.0	80.4	3	三等
15	0120215	张雷	男	88.0	83.0	81.0	65.0	317.0	80.3	4	三等
7	0120207	王寅	男	94.0	81.0	75.0	64.0	314.0	79.7	5	

图项目 2-44　排序与筛选

操作要求：

①将工作表"公式和函数"中的单元格区域 A1:J12 的数据复制到工作表 Sheet3 中，并将工作表 Sheet3 重命名为"排序与筛选"，即"学生成绩表汇总（样本）"工作簿中的工作表"排序与筛选"。

②以"数学"为关键字，从低到高对数据列表中的数据进行简单排序。

③以"总分"为主要关键字,"高数"为次要关键字,"写作"为第三关键字,按降序对数据列表中的记录进行多条件排序。

④在工作表中筛选出性别为"男"且总分大于或等于300分的学生记录。

5. 将工作表"排序与筛选"创建一个副本,完成分类汇总操作,效果如图项目2-45所示。

图项目2-45 分类与汇总

操作要求:

①为"排序与筛选"工作表建立一个副本,并重命名为"分类与汇总"。

②在"分类与汇总"工作表中取消筛选,分类汇总统计男、女学生4门课程的平均分及男、女学生人数。

任务2.4 对员工工资表进行数据图表化

任务目标

(1)能够进行创建数据图表、编辑与美化图表等操作。

(2)理解数据透视表的概念,掌握数据透视表的创建、更新数据、添加和删除字段的操作。

(3)能够进行查看明细数据等操作,能够利用数据透视表创建透视图。

(4)能够利用数据图表等工具处理数据,具有良好的数据使用意识。

任务描述

利用 Excel 图表可以直观地对比工作表中的数据，方便人们进行分析。本任务将使用 Excel 的"数据透视表"和"数据透视图"功能，根据员工工资总表的数据，制作机关员工的基本工资柱状图（图项目 2-46），再按"部门"生成各部门的基本工资总和及平均值的数据透视表和数据透视图（图项目 2-47）。

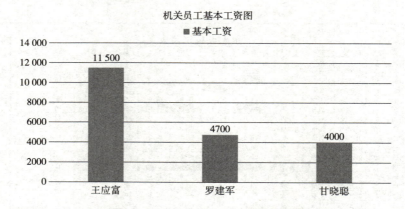

图项目 2-46　机关员工基本工资图参考效果

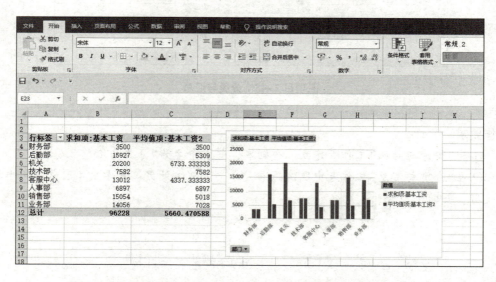

图项目 2-47　按部门生成的基本工资的数据透视表和数据透视图样图

任务要求

按照如下要求，完成对"员工工资总表.xlsx"工作簿的处理：

1. 生成机关员工基本工资图表

在"图表化"工作表中制作"机关"员工的"基本工资"柱状图，图例显示在顶部，数据标签值显示在"数据标签外"。

2. 创建数据透视表

按"部门"生成"基本工资"的数据透视表。

3. 显示数据源明细

在"透视表与透视图"工作表的数据区域显示被选中选项的数据明细。

4. 创建数据透视图

创建各部门不同性别基本工资平均值的透视图。

任务实施

1. 生成机关员工基本工资图表

（1）图表制作

①打开"员工工资总表.xlsx"工作簿，并切换到"图表化"工作表。

②利用"自动筛选"功能，将机关员工的信息筛选出来。

③选择不连续的 B2:B9 和 E2:E9 区域。

④选择"插入"→"图表"→"插入柱形图或条形图"，在下拉列表中选择"二维柱形图"栏的"簇状柱形图"，如图项目 2-48 所示。

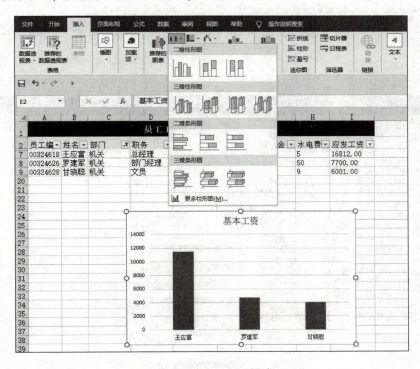

图项目 2-48　插入图表

（2）编辑与美化图表

可以通过"图表工具"的"图表设计"和"格式"选项卡以及右侧的"设置图表区格式"窗口进行图表元素的修改。

①选中图中标题,将原标题"基本工资"改为"机关员工基本工资图"。

②选择"图表工具"→"图表设计"→"图表布局"→"添加图表元素",在下拉列表中选择"图例"选项,在级联菜单中选择"顶部"。

③选择"图表工具"→"图表设计"→"图表布局"→"添加图表元素",在下拉列表中选择"数据标签",在级联菜单中选择"数据标签外"。

2. 创建数据透视表

①打开"透视表与透视图"工作表,光标定位在单元格区域内的任意单元格中。

②选择"插入"或"表格"→"数据透视表"。

③打开"来自表格区域的数据透视表"对话框,此时"表/区域"框中显示已选当前表格单元格区域"数据透视表图！＄A＄2：＄I＄19",如未自动选择该区域,则需手动选择＄A＄2：＄I＄19单元格区域。

④在"选择放置数据透视表的位置"选择"新工作表"单击"确定"按钮,如图项目2-49所示。这时会新建一个工作表,并打开"数据透视表"窗口。

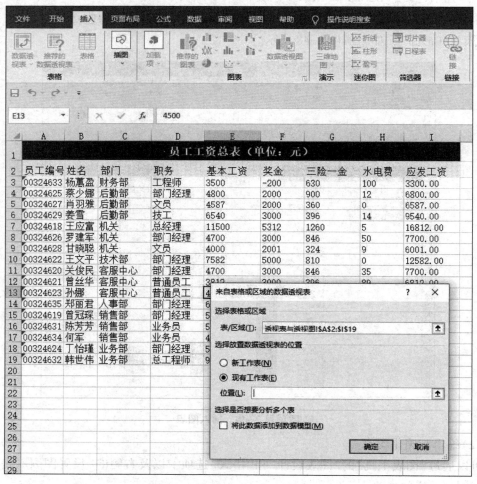

图项目2-49　插入数据透视表

⑤在"数据透视表字段"窗口将"部门"复选框拖动到"行"标签框中,将"基本工资"复选框拖动到"值"标签框中,再次将"基本工资"复选框拖动到"值"标签框中,如图项目2-50所示。

⑥在"值"标签框中,选中第二行的"求和项:基本工资2"右侧的倒三角箭头,选择"值字段设置"选项,在打开的"值字段设置"对话框中选择"计算类型"的"平均值"选项,单击"确定"按钮。

3. 显示数据源明细

①打开"透视表与透视图"工作表。

②在"业务部"的"求和项:基本工资"数字上双击鼠标。

③打开"显示明细数据"对话框,选择需要显示的数据,在数据区域将显示被选项的数据明细,如图项目2-51所示。

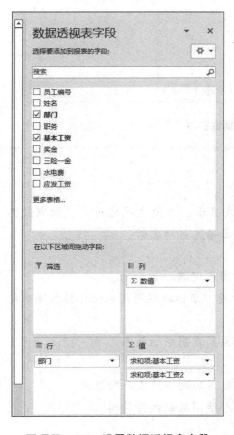

图项目2-50 设置数据透视表字段

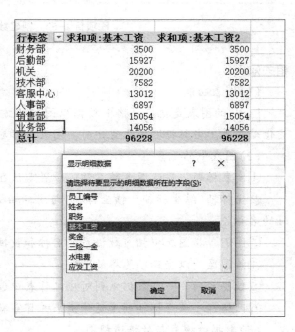

图项目2-51 显示数据源明细

4. 创建数据透视图

①将鼠标定位在数据透视表的任意单元格内。

②选择"数据透视表分析"→"工具"→"数据透视图"。

③打开"插入图表"对话框,选择"图表类型"→"确定",即可插入数据透视图。生成

的数据透视图同样可以进行编辑和美化操作,如图项目 2-52 所示。

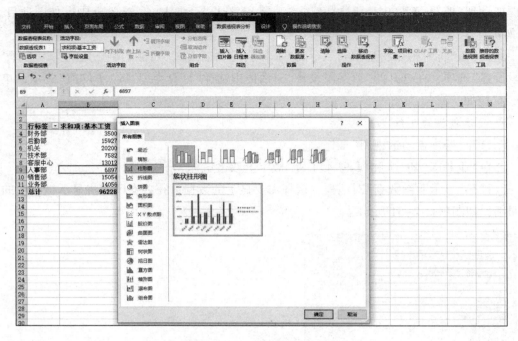

图项目 2-52　创建数据透视图

相关知识:

(1)图表功能

Excel 的图表是把单元格中数据以图形的方式显示,方便直观地对比、预测数据变化趋势等。当数据源发生变化时,图表中对应数据也自动更新。

(2)图表中的元素

①图表标题　描述图表的名称,位置默认在图表顶端。

②坐标轴(纵坐标轴、横坐标轴)与坐标轴标题　坐标轴标题是纵坐标轴和横坐标轴的名称。

③图例　指图表中相应数据系列名称和数据系列在图中的颜色。

④绘图区　以坐标轴为界的区域。

⑤数据系列　一个数据系列对应工作表中选定区域的一行或一列数据。

⑥网格线　从坐标轴刻度延伸出来并贯穿整个绘图区的线条系列。

(3)数据透视表与数据透视图

①数据透视表　集分类汇总和自动筛选等功能于一身,可以同时从多个角度、全方位分析数据,在数据透视表上还可以进行排序以及查看数据源明细等操作。

②数据透视图　是根据数据透视表生成的图表,以直观的形式反映数据透视表的数据,方便对比、分析和管理。

拓展任务

打开"学生成绩总表.xlsx"中的"学生成绩表",按照各工作表内的要求完成数据图表化和数据透视表的操作,如图项目2-53所示。

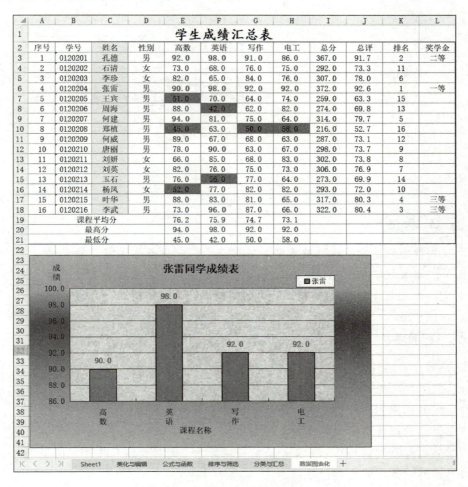

图项目2-53 数据图表化

操作要求:

①新建工作簿,并命名为"数据图表化"。将"公式和函数"工作表中的学生成绩相关数据全部复制到新工作表中。

②创建如样本工作表"数据图表化"的柱形图。设置柱形图标题为宋体、16磅、加粗,各分类名称的文字方向为纵向,图表背景为系统预设的渐变色"心如止水",背景设为蓝色面巾纸纹理,基底设为蓝色,数据标志设为红色。

项目3
演示文稿处理

项目概述

演示文稿处理是信息化办公的重要组成部分,广泛应用于人们日常生活、学习和工作的方方面面。本模块以 PowerPoint 2016 版本为例,讲解演示文稿的制作、演示文稿动画设计、演示文稿母版制作和使用、演示文稿放映和导出等内容。

项目目标

知识目标:
(1)掌握演示文稿的创建、打开、保存、退出等基本操作;
(2)掌握幻灯片的创建、复制、删除、移动等基本操作;
(3)掌握在幻灯片中插入各类对象的方法;
(4)掌握幻灯片切换动画、对象动画的设置方法及超链接、动作按钮的应用方法;
(5)熟悉幻灯片不同格式的导出方法。

技能目标:
能够利用所学知识制作并放映演示文稿。

素质目标:
(1)养成积极的学习态度、细致的工作作风;
(2)培养高效的工作习惯。

任务 3.1　制作自我介绍演示文稿

任务目标

（1）了解演示文稿的应用场景，熟悉操作界面和制作流程；
（2）掌握演示文稿的创建、打开、保存、退出等基本操作；
（3）掌握在幻灯片中插入各类对象的方法，如文本框、图形、图片、表格、音频、视频等对象；
（4）理解幻灯片母版、备注母版的编辑及应用方法；
（5）掌握幻灯片切换动画、对象动画的设置方法及超链接、动作按钮的应用方法；
（6）学会幻灯片的放映；
（7）掌握幻灯片不同格式的导出方法。

任务描述

某次班会前，辅导员要求全体同学每人用演示文稿软件制作自我介绍的 PPT，届时进行演示。PPT 内容包括：个人基本情况、学习经历（从小学至今）、自己的社会关系（家庭成员，重要的老师、同学、朋友）、自己的座右铭，参考效果如图项目 3-1 所示。

图项目 3-1　自我介绍效果图

任务要求

①创建空白演示文稿，并将文档保存为"自我介绍.pptx"。
②应用主题"丝状"。
③设置幻灯片切换方式：任选一种切换方式，设置声音为"抽气"，设置自动切换时间为 7 秒。

④按表项目3-1要求设置动画。

表项目3-1　自我介绍各幻灯片版式及动画设置

幻灯片编号	使用版式	动画对象	动态效果	开始时间	速度
1	标题	—			
2	两栏	"基本情况"文本框内容	浮入	上一动画之后	快速
		"基本情况"图片	翻转式由远及近	上一动画之后	快速
3	标题和内容	"个人简历"表格内容	棋盘	上一动画之后	中速
4	空白	"我与社会"组织结构图	十字形扩展	上一动画之后	快速
5	仅标题	"我的座右铭"艺术字	玩具风车	与上一动画同时	中速

⑤将第二张幻灯片的"高山流水"四字设置成超链接，链接到文件"高山流水.mp3"；将第二张幻灯片的标题文字"基本情况"设置成超链接，链接到本文档的最后幻灯片。

⑥通过母版设置，让每张幻灯片左下角出现播放的4个动作按钮（开始、后退、前进、结束），4个动作按钮的大小调整为高1cm、宽1.2cm，横向平均分布；让每张幻灯片的右下角出现文本框"×班×名"。

⑦在第一张幻灯片插入音频"蓝色多瑙河"，对声音进行设置，让它成为幻灯片播放期间的背景音乐。

⑧将演示文稿导出到文件目录中，将该目录复制到U盘。

⑨放映时使用墨迹注释的操作方法。

任务实施

①单击"文件"→"新建"→"空白演示文稿"按钮，创建演示文稿。

②单击占位符，添加标题和副标题，制作成标题幻灯片。

③单击"设计"→"主题"选项组，选择"丝状"主题，如图项目3-2所示。

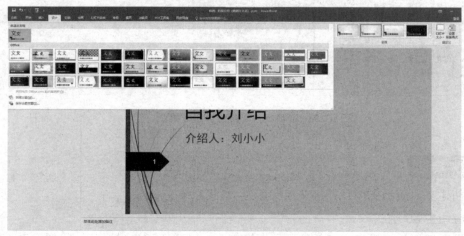

图项目3-2　应用"丝状"主题

④单击占位符,输入标题文字,制作成标题幻灯片,如图项目3-3所示。

⑤单击"开始"→"幻灯片"→"新建幻灯片",再选择相对应版式的幻灯片,制作幻灯片,如图项目3-4所示。

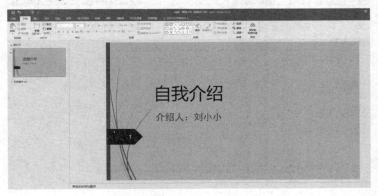

图项目3-3　制作标题幻灯片

图项目3-4　添加新的幻灯片

⑥第二张幻灯片的版式选用两栏式,右栏输入文字,左栏插入图片,可直接单击图片的占位符来插入,如图项目3-5所示。

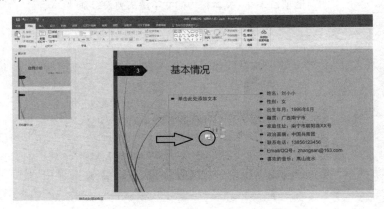

图项目3-5　制作第二张幻灯片

⑦第三张幻灯片选用"标题和内容"版式，标题文字直接输入，单击表格占位符插入所需表格，如图项目 3-6 所示。

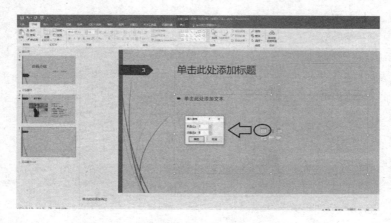

图项目 3-6　制作第三张幻灯片

⑧第四张幻灯片选用空白版式，插入横排文本框，输入文字，如图项目 3-7 所示。通过提高列表级别，制作成如图项目 3-7 所示的格式。然后通过文本框转换成 SmartArt 图形，如图项目 3-8 所示。

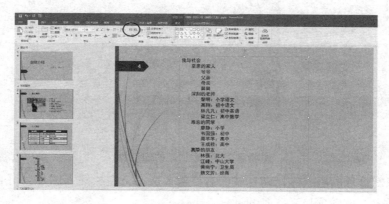

图项目 3-7　文本框内的文字提高列表级别

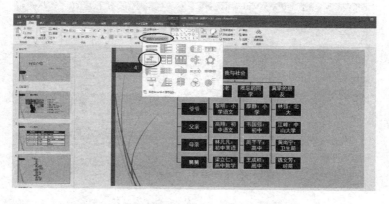

图项目 3-8　文本框转换成 SmartArt 图形

⑨第五张幻灯片选用标题的版式。输入标题文字后,直接在空白处插入艺术字,如图项目3-9、图项目3-10所示。

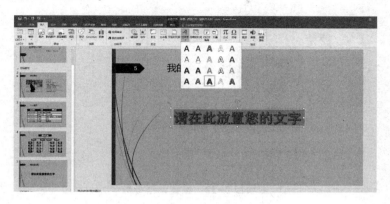

图项目3-9　插入艺术字

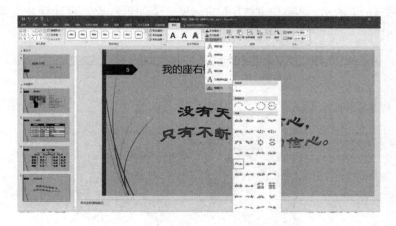

图项目3-10　设置艺术字的格式

⑩打开动画窗格,选中对象,添加动画,如图项目3-11、图项目3-12所示。

图项目3-11　添加动画

图项目 3-12　设置动画参数

⑪通过"切换"选项卡，选择一种切换方式，再设置相应的声音为"抽气"，如图项目 3-13 与图项目 3-14 所示。"换片方式"下的选项全部勾选，设置自动换片时间为 7 秒，再单击"全部应用"。

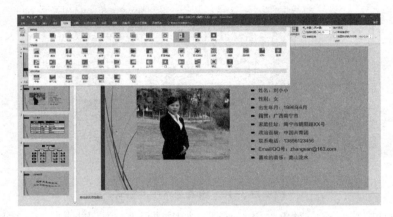

图项目 3-13　添加幻灯片的切换

图项目 3-14　设置幻灯片的切换

⑫超链接设置:选中要设置超链接的文字,单击鼠标右键,在弹出的对话框中选择"超链接…",如图项目3-15所示。这时弹出"插入超链接"对话框,若选择左边第一项"现有文件或网页",可链接到本文档外的某个文档;若选择左边第二项"本文档中的位置",可链接到本文档中的某张幻灯片,如图项目3-16所示。

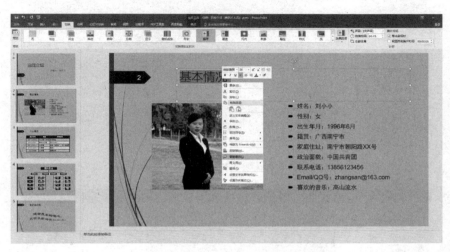

图项目3-15 对文字设置超链接

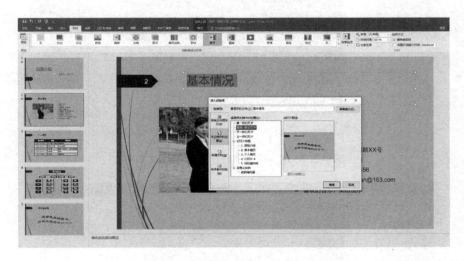

图项目3-16 链接到本文档的某个位置

⑬在第五张幻灯片的左下角,插入4个动作按钮,并设置它们的大小为高1厘米,宽1.2厘米。选中4个动作按钮,将它们底端对齐、横向平均分布。在右下角插入一个横排文本框,输入自己的班级和姓名,如图项目3-17、图项目3-18所示。

⑭选中第五张幻灯片的4个动作按钮和文本框,将其剪切。打开幻灯片母板,在母板上粘贴。单击"视图"→"母版视图"→"幻灯片母版",如图项目3-19、图项目3-20所示。打开母版视图后,将左侧滚动条推至最上,顶部较大的模板,称为母版。对母版的所有设置,会影响所有的模板;而对模板的设置只会影响使用该模版的幻灯片。

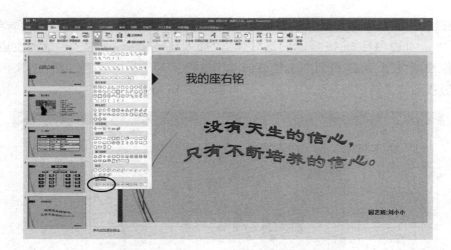

图项目 3-17　插入四个动作按钮

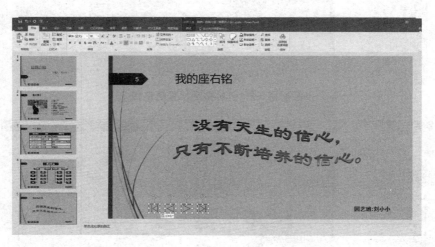

图项目 3-18　插入动作按钮和横排文本框

图项目 3-19　切换到幻灯片母版视图

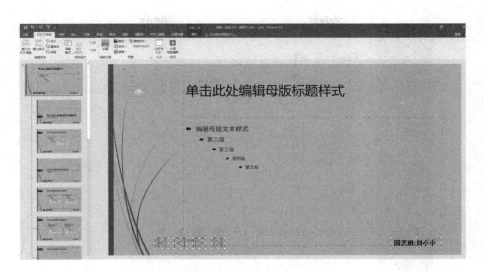

图项目 3-20　在幻灯片母版上粘贴

⑮在第一张幻灯片插入音频,设置为"在后台播放",则可作为背景音乐,如图项目 3-21 所示。

图项目 3-21　设置背景音乐

⑯单击"文件"→"导出"→"将演示文稿打包成 CD"→"打包成 CD",如图项目 3-22 所示。单击"复制到文件夹…",弹出"复制到文件夹"对话框,"文件夹名称"处输入"自我介绍","位置"处单击右侧"浏览"按钮,选择 U 盘,单击"确定"按钮后又回到对话框,再单击"确定"按钮,如图项目 3-23 所示。

⑰放映过程中用鼠标画线条来辅助讲解,称作墨迹注释。放映过程中,按照以下快捷键操作即可:Ctrl+P——笔,Ctrl+I——荧光笔,Ctrl+A——箭头,Ctrl+E——橡皮擦,Ctrl+M——显示/隐藏墨迹标记,Ctrl+L——激光指针,E——清除屏幕上的图画,如图项目 3-24 所示。

图项目 3-22　输出打包成 CD

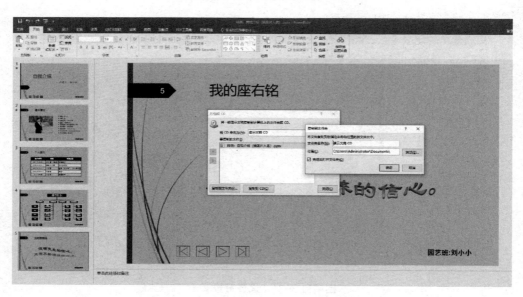

图项目 3-23　打包复制到文件夹

相关知识：

①演示文稿默认的文件扩展名".pptx"。如果有特殊要求，也可以保存为其他扩展名。

②PowerPoint 2016 的界面介绍：第一行是快速访问工具栏和文档名称；第二行是选项卡栏；第三行是对应选项卡的功能区；往下是工作区；最后栏为状态栏，如图项目 3-24 所示。

③主题是指幻灯片的背景颜色、字体、效果等,是预先定义好的。一般演示文稿只使用一种主题。如果需要,也可以对颜色、字体、效果进行其他设置,或直接使用其变体。

④SmartArt 图形可以通过文本框转换而成,也可以直接插入,如图项目 3-25 所示。

⑤设置动画时,一般先调出动画窗格,选中对象,再添加动画。每添加一个动画,在动画窗格中就有一条动画标签。双击这个动画标签,就会弹出该动画的参数对话框。这个动画的所有参数都可以在这个对话框中设置。添加动画后,还可以继续设置其效果选项。

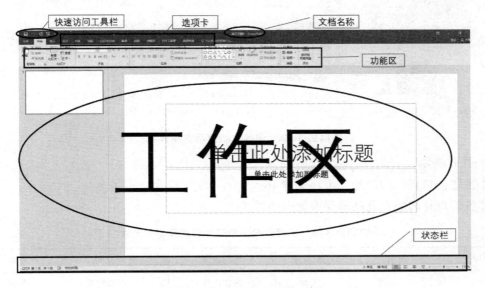

图项目 3-24　PPT 2016 操作界面

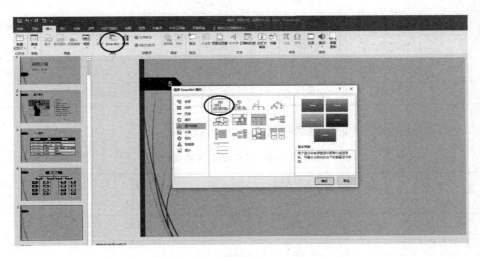

图项目 3-25　直接插入 SmartArt 图形

拓展任务

1. 制作"课程介绍.pptx"

新建一个空白演示文稿,保存在自己的作业文件夹中,命名为"课程介绍.pptx"。逐张添加幻灯片,制作成如图项目 3-26 所示的演示文稿。

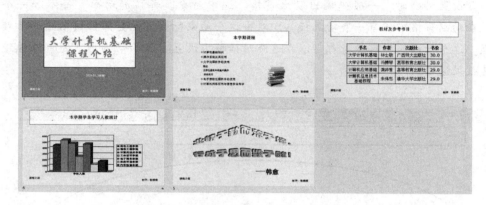

图项目 3-26　课程介绍演示文稿样本

2. 操作要求

①主题:包裹;幻灯片大小:宽屏 16:9。
②各幻灯片的版式及动画要求见表项目 3-2。

表项目 3-2　课程介绍各幻灯片版式及动画要求

幻灯片编号	使用版式	动画对象	动态效果	开始时间	速度
1	标题	主标题	绽放进入	上一动画之后	快速
2	标题和内容	文本框	挥鞭式进入	上一动画之后	非常快
		图片	翻转式由远及近	上一动画之后	快速
3	标题和内容	表格	棋盘	上一动画之后	中速
4	标题和图表	图表	向上擦除	上一动画之后	快速
5	空白	艺术字	玩具风车	与上一动画同时	中速

③第四张幻灯片的图表使用见表项目 3-3 所列数据。

表项目 3-3　学生学习人数统计

学院名称	学生人数	学院名称	学生人数
机电工程学院	448	电子商务学院	468
通信工程学院	535	生态环保学院	130
计算机技术学院	480	汽车检修学院	180
工业设计学院	260		

④第五张幻灯片插入艺术字，艺术字转换成"正三角"样式。
⑤第一张幻灯片的标题文字设置成超链接，链接到本文档的最后一张幻灯片。
⑥利用母版设置，使得每张幻灯片的左下角都出现文本框"课程介绍"，右下角出现制作者的姓名。

任务 3.2　演示文稿的快速制作——中国四大名园

任务目标

（1）掌握从已有的 Word 文档快速生成演示文稿的操作方法。
（2）掌握超链接的设置方法，使得链接内容显示完毕后能自动返回。
（3）掌握幻灯片的切换及动画的使用，掌握动画刷的使用方法。
（4）掌握幻灯片母版的作用。

任务描述

本任务利用给定的 Word 文档"中国四大名园素材.docx"，快速生成一个 PPT 演示文稿"中国四大名园.pptx"，完成后的演示文稿如图项目 3-27 所示。

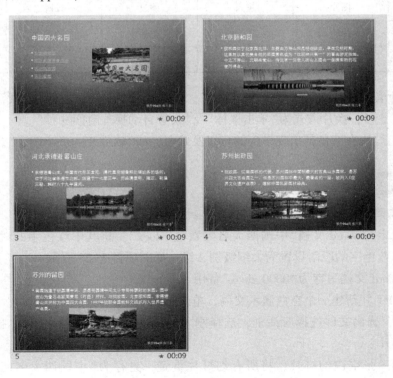

图项目 3-27　"中国四大名园"演示文稿样本

任务要求

1. 应用主题"电路",对第一张幻灯片中的"北京颐和园""河北承德避暑山庄""苏州拙政园""苏州的留园"分别设置超链接,链接到本文档相对应的其他4张幻灯片位置,要求链接跳转显示后自动返回。

2. 各张幻灯片的动画设置要求见表项目3-4。

表项目3-4　动画设置要求

幻灯片编号	动画对象	动画类型	动态效果	开始时间	持续时间(s)
1	标题	进入	空翻	上一动画之后	1
	图片	进入	缩放	上一动画之后	0.5
2	标题	进入	空翻	上一动画之后	1
	图片	进入	缩放	上一动画之后	0.5
3	标题	进入	空翻	上一动画之后	1
	图片	进入	缩放	上一动画之后	0.5
4	标题	进入	空翻	上一动画之后	1
	图片	进入	缩放	上一动画之后	0.5
5	标题	进入	空翻	上一动画之后	1
	图片	进入	缩放	上一动画之后	0.5

3. 设置所有幻灯片的切换效果为"涟漪",效果选项为"从右上部",声音为"捶打",持续时间为1.5秒,换片方式为"单击鼠标"及"设置自动换片时间9秒"。

4. 每张幻灯片右下角都出现学生的班级及姓名,如"软件994班李四通"。

任务实施

1. 演示文稿生成和保存

①打开给定的Word文档"中国四大名园素材.docx"。将其中红色字的段落设置为大纲级别1级,蓝色字的段落设置为大纲级别2级,如图项目3-28所示。

②将该Word文档另存为"0000.docx"备用。

③打开PPT并新建一个空白演示文稿,单击选项卡"开始"→"新建幻灯片"→"幻灯片(从大纲)…",弹出文件选择对话框,选择刚才的"0000.docx"文档,单击"插入",即可生成5张幻灯片。

④删除第一张空白幻灯片,将所有幻灯片重置,另存为"中国四大名园.pptx",如图项目3-29所示。

中国四大名园

北京颐和园
承德避暑山庄
苏州拙政园
苏州留园

北京颐和园

颐和园位于北京西北郊,主要由万寿山和昆明湖组成。早在元明时期,这里就以其优美自然的田园景色成为"壮观神州第一"的游览胜地。今之万寿山,元朝名瓮山,传说有一位老人在山上掘出一装满宝物的石瓮而得名。

承德避暑山庄

承德避暑山庄是中国古代帝王宫苑,清代皇帝避暑和处理政务的场所,位于河北省承德市北部。始建于1703年,历经清康熙、雍正、乾隆三朝,耗时89年建成。

苏州拙政园

拙政园是江南园林的代表,苏州园林中面积最大的古典山水园林,是苏州四大古名园之一,也是苏州园林中最大、最著名的一座,被列入世界文化遗产名录,堪称中国私家园林经典。

苏州留园

留园始建于明嘉靖年间,原是明嘉靖年间太仆寺卿徐泰时的东园。园中假山为叠石名家周秉忠所作。1997年被联合国教科文组织列入世界遗产名录。

图项目 3-28 大纲级别设置示意图

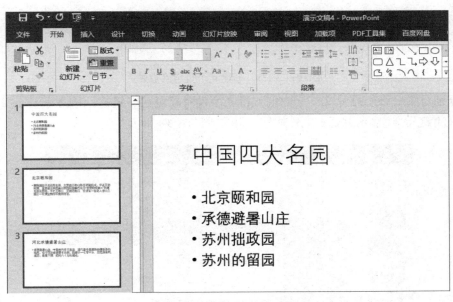

图项目 3-29 重置所有幻灯片

2. 演示文稿美化

①应用主题"电路"。

②对 5 张幻灯片按样本要求,各插入一张图片并调整大小和位置。

③新建自定义放映:北京颐和园,仅放映"北京颐和园"一张幻灯片,如图项目 3-30 所示。同法,新建另外 3 个自定义放映:河北承德避暑山庄、苏州拙政园、苏州留园,如图项目 3-31 所示。

图项目 3-30　新建自定义放映——北京颐和园

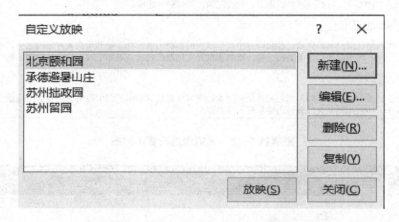

图项目 3-31　新建 4 个自定义放映

④分别对第一张幻灯片文本框内的 4 段文字设置超链接,链接到刚才新建的 4 个自定义放映。注意勾选"显示并返回"选项框,如图项目 3-32 所示。

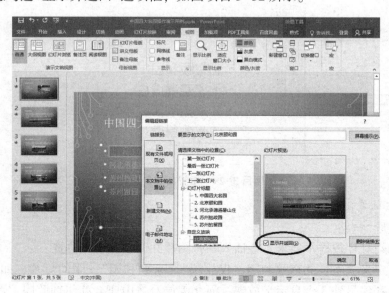

图项目 3-32　超链接到自定义放映

⑤对第一张幻灯片的标题和图片，按要求分别设置好动画及其参数。然后选中标题，双击动画刷后，选择第二张幻灯片，再单击其标题，这样就把第一张幻灯片的标题动画复制到第 2 张幻灯片的标题了；后 3 张幻灯片的标题动画也是这样操作，则第一张幻灯片的图片动画效果，也类似地复制到后 4 张幻灯片的图片上，如图项目 3-33 所示。

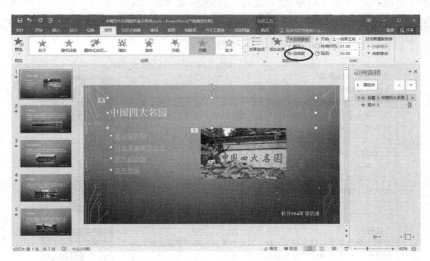

图项目 3-33　动画刷的使用

⑥按要求设置幻灯片的切换，如图项目 3-34 所示。

图项目 3-34　幻灯片的切换设置

⑦在第一张幻灯片的右下角插入一个横排文本框，输入文字"软件 994 班李四通"。调整文本框的位置和大小后，将整个文本框剪切。打开幻灯片母版视图，找到母版。在母版任意一处右键单击，弹出对话框，选择"粘贴"。关闭母版视图。这时每张幻灯片右下角都会出现文本框。

> 拓展任务

1. 制作"如何修剪榕树盆景.pptx"

将给定的 Word 文档进行简单的修改后,快速生成 PPT 演示文稿。然后对该演示文稿进行美化,添加幻灯片动画及切换模式、设置超链接等。给定的 Word 文档如图项目 3-35 所示。

最终制作成的 PPT 文档如图项目 3-36 所示。

如何修剪榕树盆景

1. 摘心、摘叶

在榕树生长期间将新梢顶部的嫩芽部分摘除,可促进腋芽萌发更多新枝,有利于扩大树冠。还可以将过于稠密的叶子摘疏,经常摘叶可使叶片变小,增加观赏效果。

2. 短截

可以将生长过长的枝条进行短截,以促使萌发更多枝条,短截还对剪口下枝芽萌发有一定的促进作用,同时能加快母枝生长速度,起到缓和枝势,保持树形丰满匀称的作用。

3. 疏剪

疏剪主要是将生长过于稠密的枝,从基部剪掉,有利于改善通风透光的条件,并使保留枝得到充足的养分。平时疏剪还要将枯枝、病枝、交叉枝、对生枝等一同修剪掉,只保留要进行蟠扎造型的枝,以使树形疏密有致、层次分明,增加观赏性。

图项目 3-35　含图片的 Word 文档

图项目 3-36　"如何修剪榕树盆景"演示文稿样本

2. 操作要求

①第一张幻灯片修改版式为"标题幻灯片"。

②应用"肥皂"主题。

③对第二张幻灯片文本框内的 3 段文字,分别设置超链接,分别链接到第三至五张幻灯片。

④各张幻灯片的动画设置要求见表项目 3-5。

表项目 3-5　动画设置要求

幻灯片编号	动画对象	动画顺序	动画类型	动态效果	开始时间	持续时间(秒)	触发条件
2	图片	1	进入	缩放	上一动画之后	0.5	无
	图片	2	强调	跷跷板	单击时	1	单击本图片
3	图片	1	进入	缩放	上一动画之后	0.5	无
	图片	2	强调	跷跷板	单击时	1	单击本图片
4	图片	1	进入	缩放	上一动画之后	0.5	无
	图片	2	强调	跷跷板	单击时	1	单击本图片
5	图片	1	进入	缩放	上一动画之后	0.5	无
	图片	2	强调	跷跷板	单击时	1	单击本图片

⑤设置所有幻灯片的切换效果为"飞机",持续时间为 1.25 秒,单击时开始,设置自动换片时间为 10 秒。

国家林业和草原局职业教育"十四五"规划教材

信息技术
（拓展模块）

孔丽云　韦守居　潘梅勇　主编

中国林业出版社
China Forestry Publishing House

《信息技术》编写人员

主　　编　孔丽云　韦守居　潘梅勇
副 主 编　李碧燕　王代远　杨萃洁
编写人员　(按姓氏拼音排序)

葛　鹏　南昌应用技术师范学院
蒋桂文　广西机电职业技术学院
孔丽云　广西生态工程职业技术学院
黎　琛　广西生态工程职业技术学院
李碧燕　广西生态工程职业技术学院
李新华　广西生态工程职业技术学院
刘　峰　广西生态工程职业技术学院
刘玉霜　广西生态工程职业技术学院
吕俊虎　广西生态工程职业技术学院
罗潘虎　广西生态工程职业技术学院
蒙　飚　柳州职业技术学院
农　嘉　广西生态工程职业技术学院
农金桥　广西生态工程职业技术学院
潘梅勇　广西生态工程职业技术学院
宋家慧　广西机电职业技术学院
唐嘉毅　广西生态工程职业技术学院
王代远　广西生态工程职业技术学院
韦　宁　广西生态工程职业技术学院
韦守居　广西生态工程职业技术学院

吴　灵	广西生态工程职业技术学院
谢有华	广西生态工程职业技术学院
阳皓筠	广西生态工程职业技术学院
杨莘洁	广西生态工程职业技术学院
叶万确	广西生态工程职业技术学院

前言

在信息技术高速发展的今天，数字化和自动化、云计算和大数据、人工智能和机器学习、移动技术和无线通信、社交网络和在线平台、增强现实和虚拟现实等技术的应用推动了社会的发展和变革，改变了人们的生活方式、工作方式和交流方式。信息技术的快速发展对职业教育的信息素养提出了新的要求和挑战。

在信息化时代背景下，为贯彻落实《国家职业教育改革实施方案》，进一步完善职业教育国家教学标准体系，教育部制定出台了指导高等职业教育专科信息技术课程教学开展的纲领性标准《高等职业教育专科信息技术课程标准（2021年版）》。根据课程标准要求，本教材分为基础模块和拓展模块两大部分，基础模块包括信息检索、新一代信息技术、信息素养与社会责任3个单元，以及文档处理、电子表格处理、演示文稿处理3个项目。拓展模块包括信息安全、项目管理、机器人流程自动化、程序设计基础、大数据技术、人工智能、云计算基础知识、现代通信技术、物联网、数字媒体、虚拟现实和区块链12个单元。

基础模块办公软件部分以项目式教学为主，以实际工作案例为载体，采用"任务目标—任务描述—任务要求—任务实施—拓展任务"的结构组织教学内容，并将相关知识点融入任务实施过程中，做到理论、实践一体化。基础模块的3个单元和拓展模块的内容以新一代信息技术理论知识为基础，以应用案例为切入点，细致讲解新一代信息技术概念及应用。

本教材由广西生态工程职业技术学院组织编写，联合柳州职业技术学院、广西机电职业技术学院共同编写。同时，为了达到新课标教材的质量要求，团队前往广西汽车集团有限公司、上汽通用五菱汽车股份有限公司、广州粤嵌通信科技股份有限公司等多家企业开展调研，并得到了他们的大力支持。

具体分工如下。基础模块：单元1由韦守居编写，单元2由韦宁编写，单元3由孔丽云编写；项目1中的任务1.1、1.2由李碧燕编写，任务1.3、1.4由潘梅勇、王代远编写；项目2中的任务2.1、2.2由刘玉霜编写，任务2.3、2.4由吴灵、杨萃洁编写；项目3由谢有华、宋家慧编写。拓展模块：单元4由农金桥、蒋桂文编写，单元5由阳皓筠编写，单元6由葛鹏编写，单元7由罗潘虎编写，单元8由王代远编写，单元9由叶万确、蒙飚编写，单元10由吕俊虎编写，单元11由刘峰编写，单元12由李新华编写，单元13由唐嘉毅编写，单元14由农嘉编写，单元15由黎琛编写。全书由孔丽云统稿。

希望通过本书的学习，能够增强信息意识、提升计算思维、促进数字化创新与发展能力、树立正确的信息社会价值观和责任感，同时帮助读者培养信息技术应用能力为职业发展、终身学习和服务社会奠定基础。

本教材配套有微课教学视频、PPT课件、电子教案、案例素材、练习题库等数字化教学资源，配套线上课程"信息技术"已在"学习通"平台上线，读者可登录网站进行学习。

由于时间仓促，尽管经过反复修改，书中难免有疏漏和不足之处，敬请各位专家、读者不吝赐教。

编者

2023 年 7 月

目 录

前言

拓 展 模 块

单元 4　信息安全 …………………………………………………………… 133
　4.1　信息安全意识 ………………………………………………………… 133
　4.2　信息安全概述 ………………………………………………………… 135
　4.3　信息安全应用 ………………………………………………………… 136

单元 5　项目管理 …………………………………………………………… 141
　5.1　项目管理基础知识 …………………………………………………… 142
　5.2　项目管理工具应用 …………………………………………………… 144

单元 6　机器人流程自动化 ……………………………………………… 151
　6.1　机器人流程自动化基础知识 ………………………………………… 151
　6.2　机器人流程自动化技术简介 ………………………………………… 152
　6.3　机器人流程自动化工具选型标准 …………………………………… 154
　6.4　常用机器人流程自动化工具介绍 …………………………………… 154

单元 7　程序设计基础 …………………………………………………… 157
　7.1　Python 运行环境的搭建 ……………………………………………… 157
　7.2　Python 基本语句编写 ………………………………………………… 161

单元 8　大数据技术 ……………………………………………………… 167
　8.1　大数据基础知识 ……………………………………………………… 167

8.2 大数据技术体系 ··· 171
8.3 大数据挖掘 ··· 172
8.4 大数据技术应用领域 ··· 174

单元 9 人工智能 179

9.1 人工智能发展历程 ·· 179
9.2 人工智能核心技术 ·· 180
9.3 人工智能技术应用 ·· 182

单元 10 云计算基础知识 184

10.1 认识云计算 ·· 184
10.2 云计算主要供应商及经典案例 ··································· 185

单元 11 现代通信技术 188

11.1 认识通信技术 ·· 188
11.2 5G 通信技术 ··· 191

单元 12 物联网 196

12.1 认识物联网 ·· 196
12.2 物联网体系结构 ·· 198
12.3 物联网感知层关键技术 ··· 199
12.4 物联网网络层关键技术 ··· 201
12.5 物联网应用层关键技术 ··· 202

单元 13 数字媒体 205

13.1 认识数字媒体和数字媒体技术 ···································· 206
13.2 数字文本处理 ·· 207
13.3 图像处理 ··· 208
13.4 数字音频处理 ·· 210
13.5 数字视频处理 ·· 212
13.6 HTML5 应用 ·· 215

单元 14 虚拟现实 221

14.1 认识虚拟现实 ·· 222

14.2 模型制作 ………………………………………………………… 225
14.3 程序控制 ………………………………………………………… 235

单元 15 区块链 ……………………………………………………… 249

15.1 区块链基础知识 ………………………………………………… 250
15.2 区块链的核心技术与开发平台 ………………………………… 251
15.3 区块链的应用领域与发展前景 ………………………………… 253

参考文献 ……………………………………………………………… 256

拓展模块

单元4 信息安全

单元概述

信息安全深刻影响着国家安全、社会经济发展、企业发展及个人财产安全等方面，是我国现代化发展的战略要点。提高全民的信息安全意识和信息素养以及信息安全应用技术是必要的。本单元介绍了信息安全意识、信息安全概述、信息安全应用等内容，增强同学们的信息安全意识。

学习目标

（1）能识别常见的网络欺诈行为；
（2）了解信息安全的概念、信息安全基本要素、网络安全等级保护等内容；
（3）了解信息安全相关技术以及信息安全面临的常见威胁和常用的安全防护措施；
（4）了解常用网络安全设备；
（5）会利用系统安全中心开启防火墙和病毒防护；
（6）能够掌握常用的第三方信息安全工具的安装及使用；
（7）树立信息安全意识，培养积极的学习态度、细致的工作作风以及信息安全素养。

4.1 信息安全意识

信息安全问题日益严重，通过对信息安全基础知识的学习，可以提高信息安全意识，"信息安全，人人有责"。

4.1.1 信息安全意识概念

信息安全意识就是人们从事信息化建设过程中，头脑中建立起来的信息安全观念，即人们在信息化工作中对各种各样有可能对信息本身或信息所处的介质造成损害的外在条件的一种戒备和警觉的心理状态。

4.1.2 常见网络诈骗行为

(1)网络交易诈骗行为

①构建虚假网站和假链接　能够提供虚拟空间的运营商注册与真实网站类似的域名，开通运行后再与真实网站上建立一个虚假的商品销售链接和联系方式，以特价或低价等各类促销手段诱惑买家上当。当消费者因贪图便宜而决定消费时，卖家就会趁机以修改价格等名义给买家发送与真实链接有差异的假链接，通常买家不会仔细辨别网站或链接的真伪，而假网站通常与真实网站极为相似，不注意点击链接确认付款后，卖家就能获取得到买家账号和密码，从而非法获取钱财。

②以第三方支付平台故障为借口，要求以其他方式汇款　因网络交易大多数是在异地进行，所以通常需要汇款。目前消费者能够放心地在网络上购物消费，主要是现在拥有支付宝、财付通、微信等第三方支付平台的安全交易保障，使得买家和卖家均能保全自己的利益。而犯罪分子知道通过此方法难以达到自己的预期目的，往往会以第三方支付平台故障或其他手段设法让买家使用银行卡汇款或者转账等方式，从而诈取钱财，当钱款到账或者被识破时会立即切断与消费者的联系。

③冒充网络客服发布虚假中奖信息　网络交易过程中，由于购物的特殊性买家需留下联系方式和收货地址，犯罪分子通过非法途径获取买家的信息，冒充各类购物平台客服给买家打电话，声称买家中了大奖但是需要交小部分税金才能寄出，如果贪小便宜忽视中奖活动的真实性，按照假客服的要求汇款就会上当受骗。

防范措施：提高全民防范意识。网络交易都是在电子信息交换的基础上完成的，在进行网络交易时，仔细阅读合同条款，发现问题要及时和对方联系寻求解决方法或申诉以维护自己的合法权益。加强对计算机病毒的防范，谨言慎行，预防新型的诈骗陷阱。安装"国家反诈中心"App可以有效预防诈骗，快速举报诈骗。

(2)网络社交诈骗行为

①动机不良，博取信任　网络交友中，动机不良的陌生人往往会将个人信息描述得十分完美，大家应谨慎选择交往对象，沟通之前查看对方资料，并想办法进行求证。可先在各大搜索引擎进行相关查询，一般怀有不良交友动机者，会在很多地方留下此类信息，不要急着与对方见面。

②假借名义，骗取钱财　尽管犯罪分子网上行骗的手法多样，但无论哪种诈骗手法，都会采用类似的诈骗方式：他们往往会在一些交友网站或QQ、微信等聊天网站上瞄准经济条件较好或个性签名显示交友失败、失恋的人群作为目标，进行跟帖或聊天，并投其所好、出手大方、减弱受害人的戒心。在一系列铺垫行为成功后，犯罪分子便开始编造谎言，例如，生意遇到困难、股票被套牢、买房需要交首付等，骗取被害人财物，然后逃之夭夭。

作为大学生，我们应该采取哪些防范措施呢？保守个人隐私最为重要。对于陌生人的网上交友请求，要提高警惕，留心观察。无论涉及多少金钱，都不要与其发生经济上的借贷关系，避免不必要的麻烦。随着生活方式的转变和生活节奏的加快，现代人交友的方式和途径大别于以前，网络交友作为新的交友方式，其过程中务必要提高防范意识、保护个人隐私、把握交友尺度。

拓展任务

信息安全事件时有发生，请通过网络查询最近5年所发生的信息安全事件。并分析发生这些信息安全事件的原因。

4.2 信息安全概述

在互联网时代，计算机技术和互联网的巨大发展改变了人们的生活和生产方式，互联网为人们带来便利的同时，人们也会面临各种信息安全的威胁。学习信息安全技术和网络安全防护方法，可提高信息安全防范意识，增强个人信息安全防护能力。

4.2.1 信息安全概念

信息安全是指信息产生、制作、传播、收集、处理、选取等过程中的信息资源安全。信息安全可保护计算机硬件、软件、数据不因偶然或恶意原因而遭到破坏、更改、泄露。

4.2.2 信息安全基本要素

信息安全有5个基本要素，即保密性、完整性、可用性、可控性、不可否认性。

(1)保密性

确保信息在存储、使用、传输过程中不会泄露给非授权的用户或实体。保密性是信息安全具有的特性，也是信息安全主要研究的特性之一。通俗地讲，就是未授权的用户不能够获取敏感信息。对于纸质文档，需要保护好文件不被非授权者接触。对于计算机和网络环境中的信息，需要制止非授权者对信息进行阅读，也要阻止授权者将访问的信息传递给非授权者，这就需要授权者有很好的信息素养。

(2)完整性

确保信息在存储、使用过程中不会被非授权用户增加、删除、替换，同时要防止授权用户对系统及信息进行不恰当的增加、删除、替换，保证信息内、外部表达的一致性。

(3)可用性

确保授权用户或实体能对信息及资源进行正常可靠被使用不会被拒绝，允许其可靠而及时地访问信息及资源。可用性是在网络空间中必须要满足的信息安全要求。

(4)可控性

可控性指对流通在网络系统中的信息传播及具体内容能够实现有效控制的特性，即网络系统中的任何信息要在一定传输范围和存放空间内可控。

(5)不可否认性

不可否认性也称抗抵赖性指在网络环境中，通信双方在信息交换过程中，所有参与者都不能否认或抵赖信息交换过程中发送信息或接收信息的行为，以及提供信息的原始性和完成的操作与承诺。

4.2.3 网络安全等级保护

网络安全等级保护是国家网络安全保障的基本制度、基本策略、基本方法。开展网络安全等级保护工作是保护信息化发展、维护网络安全的根本保障，是网络安全保障工作中国家意志的体现。网络安全等级保护工作包括定级、备案、建设整改、等级测评、监督检查5个阶段。

2017年，《中华人民共和国网络安全法》正式实施，网络安全等级保护进入新时代，其注重主动防御，从被动防御转变为事前、事中、事后全流程的安全可信、动态感知和全面审计，实现了对传统信息系统、基础信息网络、云计算、大数据、物联网、移动互联网和工业控制信息系统等级保护对象的全覆盖。

拓展任务

网络空间安全目前已上升为国家安全战略。从2014年开始每年都有网络安全宣传周，最近5年的网络宣传周主题分别是什么？

4.3 信息安全应用

现代社会科技发展迅速，各领域都会广泛应用计算机。使用计算机的过程中难免会遇到来自网络的计算机病毒感染，数据和操作系统可能会遭到破坏，通过学习信息安全技术，能掌握系统自带的防火墙管理和病毒防护来保护计算机的数据和系统不被破坏，能抵御计算机网络安全的威胁，更好地保护个人的信息安全。

4.3.1 常见网络安全设备

（1）防火墙

防火墙是一种由硬件和软件组成的重要的安全设备，是在内部和外部网络环境间形成的一种保护屏障，从而实现对计算机存在的不安全因素进行阻断。

（2）入侵防御系统

入侵防御系统是一部能够监视网络或网络设备的网络数据传输行为的计算机网络安全设备，能够及时地中断、调整或隔离一些不正常或是具有伤害性的网络数据传输行为。

（3）安全隔离网闸

安全隔离网闸是一种由带有多种控制功能专用硬件在电路上切断网络之间的链路层连接，并能够在网络间进行安全适度的应用数据交换的网络安全设备。在两个不同安全域之间，通过协议转换的手段，以信息摆渡的方式实现数据交换，且只有被系统明确要求传输的信息才可以通过。其信息流一般为通用应用服务。

（4）漏洞扫描器

漏洞扫描器是一类自动检测本地或远程主机安全弱点的程序，能够快速准确地发现扫描目标存在的漏洞并提供给使用者。

4.3.2 Windows 操作系统防护

（1）Windows10 操作系统开启防火墙

①单击左下角"开始"菜单后在"最近添加栏"中并单击"Windows 安全中心"，打开"Windows 安全中心"窗口，如图 4-1 所示。

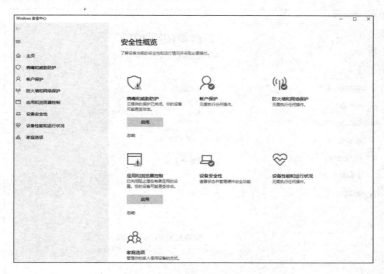

图 4-1 Windows 安全中心

②单击"防火墙和网络保护"，打开"防火墙和网络保护"窗口，如图 4-2 所示。

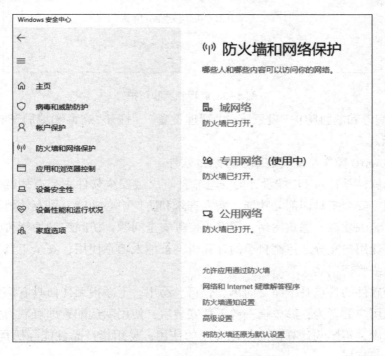

图 4-2 防火墙和网络保护

（2）Windows10操作系统病毒和威胁防护开启与关闭

①单击左下角"开始"菜单后在"最近添加栏"中并单击"Windows安全中心"，打开"Windows安全中心"窗口。

②单击"病毒和威胁防护"，打开"病毒和威胁防护"窗口，如图4-3所示。

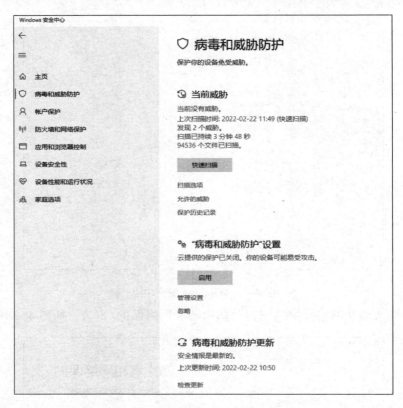

图4-3　病毒和威胁防护

③单击"病毒和威胁防护"设置下的"管理设置"，打开"病毒和威胁防护"设备窗口，如图4-4所示。

（3）Windows10操作系统安装第三方杀毒软件

火绒安全软件是针对PC端设计的安全软件。火绒安全软件主要有病毒查杀、防护中心、访问控制、安全工具四部分功能。病毒查杀和防护中心功能，可有效地帮助用户解决病毒、木马、流氓软件、恶意网站、黑客入侵等安全问题；访问控制功能可自定义计算机的使用权限，让用户充分地控制自己的计算机不被他人随意使用；安全工具功能可提供实用的系统、网络管理工具。

火绒安全软件的特点是干净、简单、轻巧、易用。干净指无任何具有广告性质的弹窗和捆绑等打扰用户的行为；简单指一键下载安装后，使用默认配置即可获得安全防护；轻巧指占用资源少，不影响计算机的其他应用的使用；易用指产品性能经历优化的次数少，兼容性好，运行流畅。

图 4-4　病毒和威胁防护设置

拓展任务

计算机病毒种类繁多，个人计算机如何能更有效地避免病毒感染？当计算机感染病毒后应该如何处理？

单元习题

一、填空题

1. 网络安全等级保护是国家安全保障的_____、_____、_____。
2. 保密性是确保信息在_____、_____、_____过程中不会泄露给非授权的用户或实体。
3. 可用性是确保_____或_____能对信息及资源进行正常可靠被使用不会被拒绝，允许其可靠而及时地访问信息及资源。
4. 信息安全是指信息产生、制作、_____、收集、_____、选取等过程中的信息资源安全。
5. 计算机安全受到威胁的来源主要有_____、_____、_____。

二、选择题

1. 个人安全使用移动终端的方法不包括(　　)。
A. 资金操作移动终端一机多用　　　　B. 谨慎下载 APP，谨慎访问网站

C. 资金限额　　　　　　　　　　D. 注册手机号和资金操作移动终端分析

2. 为了保证计算机系统的安全，以下做法中不恰当的是(　　)。

A. 安装杀毒软件　　　　　　　　B. 及时更新操作系统

C. 不轻易打开陌生网页　　　　　D. 使用盗版软件，获取更多功能

3. 收到陌生号码发来的中奖信息包含相关链接，你应该怎么做？(　　)

A. 反正也没什么影响，点开链接看看怎么回事

B. 核对电话号码后发现和正常电话号码差不多，点开链接

C. 不相信是真实，不点开链接

D. 点开链接并把链接分享给朋友

4. 下列选项中会导致敏感信息泄露的是(　　)。

A. 打印的敏感文件未及拿走　　　B. 及时删除使用过的移动介质中的数据

C. 硬盘维护或报废前进行格式化　D. 作废文件通过碎纸机销毁

三、多选题

1. 如何正确使用计算机防病毒软件？(　　)

A. 定期全盘杀毒

B. 使防病毒软件实时扫描功能处于开启状态

C. 防病毒软件不需要更新

D. 对于网上下载文件和拷贝的文件进行杀毒

2. 网络安全等级保护工作包括(　　)。

A. 定级　　　　　　　　　　　　B. 备案

C. 建设整改　　　　　　　　　　D. 等级测评

E. 监督检测

3. 下列行为属于电信网络诈骗的是(　　)。

A. 某某编写欠缴房租短信向特定人群发送，非法获利5万元

B. 某某通过电话向老人推销质次价高的工艺品，非法获利5万元

C. 某某冒充检查人员，利用网络电话，要求对方将5万元汇至指定的账户

D. 某某趁舍友熟睡，重置其微信支付密码并将关联银行卡内5万元转到自己微信

4. 信息安全事件产生的原因有(　　)。

A. 漏洞　　　　B. 木马　　　　C. 病毒　　　　D. 恶意程序

5. 信息安全要素包括(　　)。

A. 保密性　　　　　　　　　　　B. 完整性

C. 可用性　　　　　　　　　　　D. 可控性

E. 不可否认性

单元5 项目管理

单元概述

随着时代的进步,多数企业的发展模式以项目为主。项目规模越大,其内部关系越复杂。项目管理是项目有序开展、保质保量完成的前提,企业的成功离不开有效的项目管理,项目管理尤为重要。本单元主要介绍了项目管理和项目范围管理的基本概念、项目管理的4个阶段和5个过程、项目管理工具,以及 Microsoft Office Project 的基本使用。

学习目标

(1) 理解项目管理的基本概念;
(2) 了解项目管理的阶段与过程;
(3) 掌握项目管理工具的使用;
(4) 掌握项目管理工具在项目质量监控和风险控制中的用法;
(5) 能够运用项目管理相关工具完成项目的创建与管理;
(6) 能够对项目进行工作分解和进度计划编制;
(7) 能够优化进度计划,并进行项目质量监控和风险控制;
(8) 具备良好的协调沟通能力、团队合作能力、统筹规划能力和细致的工作作风;
(9) 具备良好的职业道德与社会责任感。

5.1 项目管理基础知识

5.1.1 项目管理概念

各行各业均存在项目,而项目的成功离不开项目管理技术的灵活运用。项目管理是运用相关的理论知识、工具、技术和方法,对项目全过程进行规划、组织、监控,实时优化进度计划,实现项目的动态管理。如果一个项目的启动没有进行有效的项目管理,那么在项目的执行过程中将出现很多风险,部门与部门之间未能得到很好的沟通与协调,必然导致项目产生一系列问题,影响项目完成的时间、成本或质量等。如果在项目启动之初就开始进行合理的项目管理,则有助于各资源之间的协调与沟通,在项目管理者统一带领下有序地推动整个项目的进程。因此,项目管理是确保项目顺利开展的有效方式。

项目管理具有以下几个特点:临时性、独特性和目的性。项目的整个过程有时间限制,要在指定的时间内完成,一旦达成目标,项目便结束,因此,项目具有临时性。项目管理不同于企业或政府内部的常规管理,是一个独特的管理过程。项目管理的目的性是指项目在完成过程中,需要通过项目管理满足特定的项目要求与潜在需求。

5.1.2 项目范围管理

项目范围管理是项目管理中的重要部分。为明确一个项目涉及的所有内容,需要确定项目范围。通过项目范围管理将项目开展所涉及的工作与交付成果要求达成共识,有利于项目的有序开展。项目范围包括但不局限于人员配备、资金成本、设备等。

项目范围管理对项目具有直接的影响。若一个项目初期未明确项目范围,将会存在许多风险。例如,由于界定不清,导致项目实际需要开展的工作无人执行,势必影响项目质量。如果项目一开始就明确了项目范围,清楚指定各项工作内容,与工作组成员达成共识,就保证了时间、成本与质量的协调,风险都将变成可控的,有利于项目可持续开展。

5.1.3 项目管理阶段和过程

根据项目的实施过程,将项目管理分为了 4 个阶段,分别是规划阶段、计划阶段、实施阶段、完成阶段,每一个项目都由这 4 个阶段构成。为了更详细地管理项目,又将各个阶段进行细化,形成了 5 个过程,分别是启动、计划、执行、控制、收尾。启动相当于一个阶段的开始;计划是对该阶段进行规划;执行是按照该阶段的计划实施;控制是监控实施的合理性;收尾是该阶段工作完成。

各项目阶段都有管理过程,但并不是每个阶段都全部包含这 5 个过程。例如,规划阶段的过程是"启动任务—安排计划—执行计划—监控需求合理性—完成阶段任务",完成阶段的过程是"启动任务—监控项目达标情况—任务收尾"。

5.1.4 项目管理工具

项目管理是一个系统化工程,不仅需要采用系统化的管理思维模式,更离不开系统化管理工具的灵活运用。利用项目管理工具能让管理者事半功倍,降低风险,更好地开展项目管理工作；而未使用项目管理工具将会面临大量的风险，增加成本压力，问题还不一定能得以解决。因此，使用管理工具能更好地开展项目管理工作，确保项目的成功。

常见的项目管理工具有甘特图、思维导图、状态表、日历、时间线、PERT 图、WBS、HOQ。

（1）甘特图

甘特图由亨利·劳伦斯·甘特提出，并以他的名字命名。甘特图是将项目、进度和其他时间相关的系统进展内在关系随着时间进展的情况以条状图形展现。

（2）思维导图

思维导图又称心智地图，是运用图文的方式将项目分解，突出层级关系，便于管理任务。

（3）状态表

状态表用于实时跟踪项目进程，显示各项目负责人，以及该项目的状态和完成过程，便于管理者查看项目开展情况，评估与责任评定。

（4）日历

日历能直观地展示任务信息，也可设置待办事项与提醒，确保按时完成相应的工作。

（5）时间线

时间线可明确显示各任务完成的时间点，利于项目跟进，是可视化的管理工具。

（6）PERT 图

PERT 图即计划评审技术，是通过箭线图表示活动之间的先后关系，显示各活动所需时间或成本。

（7）WBS

WBS 即工作分解结构，它将一个项目一步步不断地进行分解，直到不能分解为止。可将 WBS 想象成树形结构，最上方是项目，依次向下分解，越分解越详细，直到分解成独立任务。

（8）HOQ

HOQ 即质量屋，是将顾客需求、产品功能和质量绘制成一张图，显示它们之间的关系。

拓展任务

某公司要为餐厅搭建一个订餐系统，该系统要满足顾客点菜、下单和查看订单的需求，同时商家可对菜品进行查看、添加和删除，以及订单处理等相关操作，并且服务员也能对客户等待的订单进行叫号处理。作为该项目的管理者，进行项目范围管理需做哪些工作？按小组进行讨论，参考表 5-1 进行分析。

表 5-1　项目范围管理的工作任务

过程	工作任务
启动	
计划	
执行	
控制	
收尾	

5.2 项目管理工具应用

在信息化的时代，项目管理者通常会使用计算机软件来进行项目管理，这些软件集成了各种项目管理工具。Microsoft Office Project、Tower、Edraw Project 等都是包含项目管理工具的软件。下面将介绍如何使用 Microsoft Office Project 进行项目管理。

5.2.1 编制进度计划

在 Microsoft Office Project 中新建项目，在工作区中依次输入各项任务的名称、工期、开始时间等相关内容。输入相关任务信息后，再根据项目开展要求，通过定义项目非工作日时间和任务等级、建立任务之间的关系等操作，编制项目进度计划的甘特图。

单击 Microsoft Office Project 中的"项目"→"属性"→"更改工作时间"，在"更改工作时间"对话框中为项目日历设置工作时间与非工作时间。

部分任务之间存在层级关系，需设置相应等级，进行升级或降级处理。单击 Microsoft Office Project 中的"任务"→"日程"→"升级任务"或"降级任务"，设置任务等级，体现项目的层级关系。

任务之间具有先后顺序，通过设置前置任务的方式链接任务。在 Microsoft Office Project 中，双击需要设置的任务，在"任务信息"对话框中选择"前置任务"选择卡，通过"任务名称"栏选择对应的前置任务与其关联，建立任务之间的关系，如图 5-1 所示。

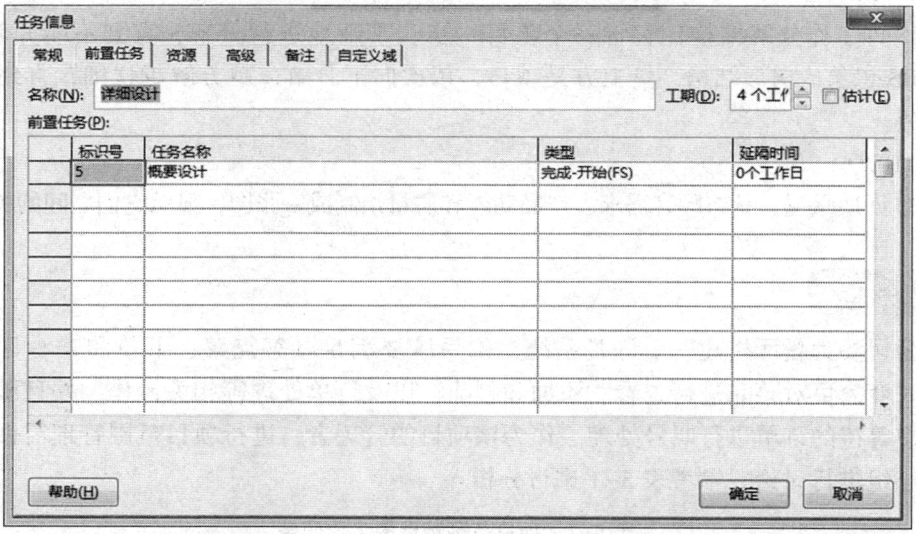

图 5-1 设置前置任务

5.2.2 分配资源

设置好项目任务之后，还需要为任务配置资源，方便监控各项目资源的消耗情况。进入 Microsoft Office Project 中的资源工作区，在工作区中输入相关信息，如图 5-2 所示。

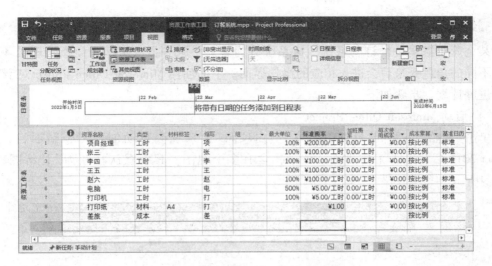

图 5-2 设置项目所需资源

设置所需资源后，则可以为每个任务分配资源。重新切换到 Microsoft Office Project 的"甘特图"视图，在需要分配资源任务对应的"资源名称"列中通过下拉项选择所需资源，为其分配资源。

5.2.3 监控任务进度

任务执行后，项目经理要对项目进行监控。项目在执行过程中可能会遇到一些风险，项目经理要通过跟踪、查看项目进度的方式，及时发现问题并有效调控。通过基线查看项目情况，合理控制项目。单击 Microsoft Office Project 的"项目"→"设置基线"，根据需要设置后，各任务都将会显示对应基线标准。

在 Microsoft Office Project 中，单击"项目"→"状态"→"更新项目"，可对工时进行更新。再将视图切换成"跟踪甘特图"，可跟踪查看任务完成情况。单击"项目"→"项目信息"，可查看项目信息；在该对话框中选择"统计信息"，可查看目前项目工期、工时、成本与基线的对比情况，如图 5-3 所示。

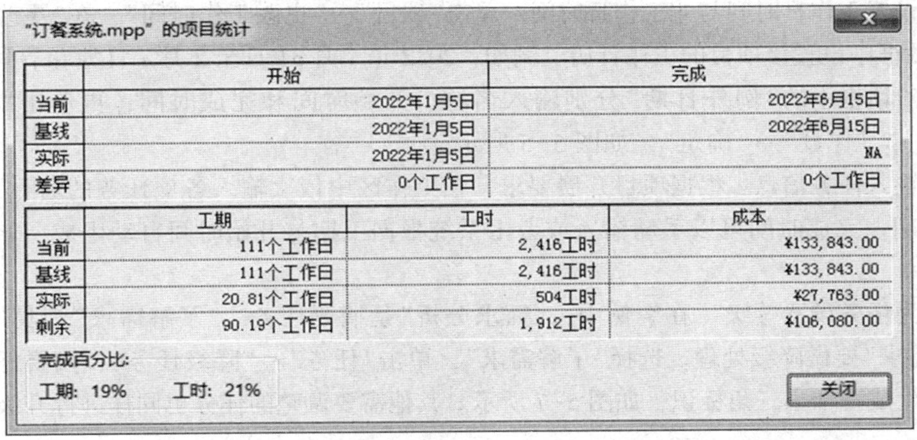

图 5-3 项目统计

5.2.4 示范演示

某企业要搭建一个订餐系统,该系统分为客户、服务员、厨师和商家管理员 4 种角色,不同的角色登录后会进入相应的操作界面。下面使用 Microsoft Office Project 对该项目编制进度计划,步骤如下。

(1)启动 Microsoft Office Project

单击"开始"→"Project 2016"→"空白项目",系统会自动创建一个新项目。启动 Project 2016 后,进入工作界面。Project 含有多个视图,其中默认视图为"甘特图",如图 5-4 所示。

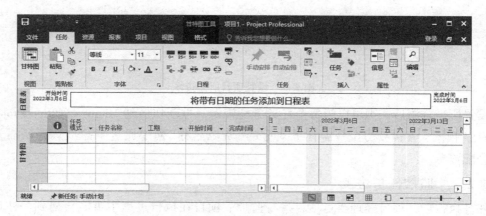

图 5-4 Project 默认视图

单击"文件"→"保存"或者"另存为",选择保存位置,并在"文件名"处输入保存的文件名称。

(2)创建项目计划和任务列表

①设置项目开始时间 新建空白项目后,系统默认项目开始时间是新建项目当天的日期。若需要修改项目开始时间,则单击"文件"→"信息",例如,将当前页面下的开始日期修改为 2022 年 1 月 5 日。

②设置工作日时间与非工作日时间 单击"项目"→"更改工作时间",在"更改工作时间"对话框中设置该项目的工作日历。例如,2022 年 1 月 31 日至 2 月 7 日为春节假日,则在当前对话框下的"例外日期"分别输入名称、开始时间和完成时间,再单击"详细信息"→"非工作日"→"确定",如图 5-5 所示。

③输入任务信息 根据项目开展要求,在工作区中依次输入各项任务的名称、工期、开始时间。完成时间可以手动输入或者由系统根据工期与开始时间自动生成,如图 5-6 所示。

④为任务设置等级 在案例中,"需求分析"是摘要任务,"了解需求"为具体任务,"了解需求"要做降级处理。选择"了解需求",单击"任务"→"降级任务",摘要任务的前面自动生成一个小三角标识,如图 5-7 所示。其他需要调整的任务也同样进行升级或降级设置。

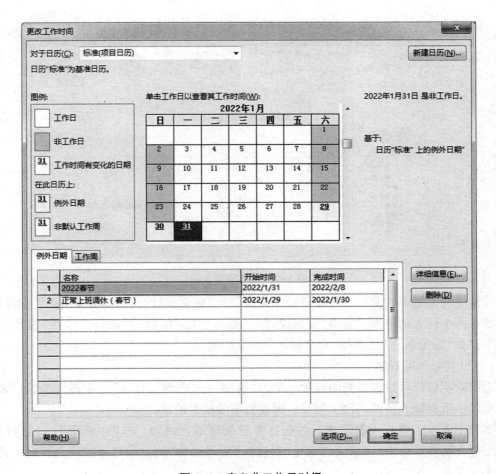

图 5-5 定义非工作日时间

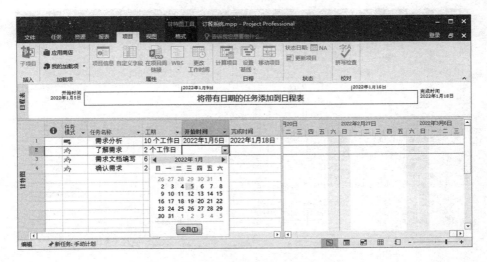

图 5-6 录入任务相关信息

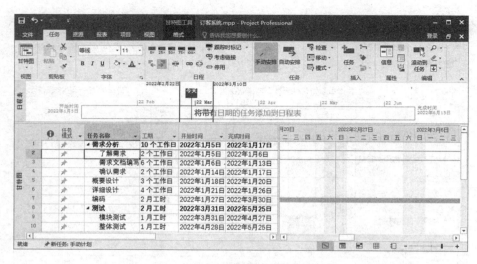

图 5-7 设置任务等级

⑤建立任务之间的关系　根据项目开发流程,"概要设计"之后紧接着是"详细设计",要创建这两个任务的链接。双击"详细设计",显示"任务信息"对话框,选择"前置任务"选择卡,在"任务名称"栏选择"概要设计"与其关联。

(3) 设置与分配资源

①设置项目执行过程所需的资源　单击"视图"→"资源工作表",根据该项目的需求,在工作区中依次输入资源名称、类型、标准费率等相关信息。

②分配资源　根据项目需求,为各任务分配资源。例如,单击"视图"→"甘特图",将视图进行切换。单击"需求文档编写"对应的"资源名称"列,通过下拉项选择所需资源,如图 5-8 所示。

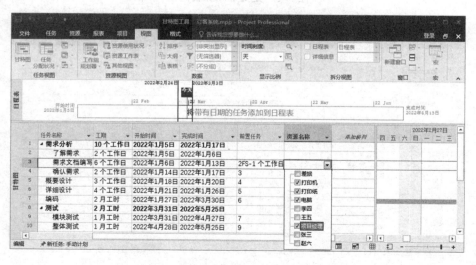

图 5-8 为项目分配资源

（4）跟踪任务进度

①设置基线　单击"项目"→"设置基线"，在"默认设置"中设置基线，点击确定即可。

②根据日程跟踪项目　假设项目已进行一个月，实际工作都是按照计划的起始时间和终止时间进行的，则单击"项目"→"更新项目"，如图 5-9 所示。点击"确认"后，已完成的任务"标记"栏中会自动勾选，并且"甘特图"上会显示这些任务的进度条。

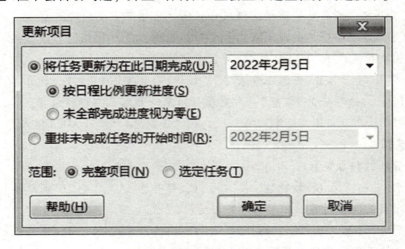

图 5-9　根据日程跟进项目

③查看项目信息　单击"项目"→"项目信息"，打开"项目信息"对话框，可查看项目信息。在该对话框中，点击"统计信息"，可查看目前项目工期、工时、成本与基线的对比情况。

拓展任务

目前某企业准备开发一个订餐系统，思考如何使用 Microsoft Office Project 搭建的订餐系统进行项目管理。

单元习题

一、填空题

1. 项目管理是确保_____顺利开展的有效方式。
2. 项目条件和环境变化会造成_____、_____、_____的改变。
3. 质量屋是常见的_____工具。
4. 项目管理的 5 个过程为：_____、_____、_____、_____、_____。
5. 为明确一个项目所涉及的所有内容，需要确定_____。

二、单选题

1. 项目管理的 5 个过程中，执行是(　　)。
   A. 一个阶段的开始　　　　　　B. 对该阶段进行的规划
   C. 按照该阶段的计划实施　　　D. 监控实施的合理性

2. 下列哪个不是常见的项目管理工具？（ ）
A. E-R 图　　　　B. 状态表　　　　C. 甘特图　　　　D. 思维导图
3. 关于时间线的说法正确的是（ ）。
A. 运用图文的方式将项目分解
B. 显示各项目负责人以及该项目的状态和完成过程
C. 将顾客需求、产品功能质量绘制成一张图，显示它们之间的关系
D. 明确显示各任务完成的时间点，利于项目跟进，是可视化的管理工具
4. 将视图切换成（ ），可跟踪查看任务完成情况。
A. 思维导图　　　B. 资源工作表　　C. 跟踪甘特图　　D. 日历
5. 通过（ ）选项卡的"信息"，可对项目信息的开始日期进行设定。
A. "项目"　　　　B. "文件"　　　　C. "任务"　　　　D. "格式"

三、多选题

1. 项目管理的特点包括（ ）。
A. 临时性　　　　B. 独特性　　　　C. 目的性　　　　D. 简单性
2. 根据项目的实施过程，项目管理可分为（ ）。
A. 规划阶段　　　B. 计划阶段　　　C. 实施阶段　　　D. 完成阶段
3. （ ）属于常见的项目管理工具。
A. 思维导图　　　B. 甘特图　　　　C. 流程图　　　　D. 日历
4. （ ）属于项目的实例。
A. 管理一个公司　　　　　　　　　B. 提供取钱服务
C. 开发一个计算机软件系统　　　　D. 举办一场婚礼
5. 使用 Microsoft Office Project 设置项目执行过程所需的资源时，可在工作区中输入的信息是（ ）。
A. 加班费率　　　B. 资源名称　　　C. 类型　　　　　D. 标准费率

单元6 机器人流程自动化

单元概述

随着科技进步,机器人流程自动化在工厂自动化生产、日常生活和办公中的应用越来越多。本单元主要讲述机器人流程自动化基础知识,机器人流程自动化技术框架和功能、机器人流程自动化工具应用、软件机器人的创建和实施相关内容。

学习目标

(1) 了解机器人流程自动化的概念;
(2) 了解机器人流程自动化的应用和流程;
(3) 熟悉机器人流程自动化的技术框架、功能及部署模式等;
(4) 熟悉机器人流程自动化工具的使用过程;
(5) 培养自学与运用新技术的意识与能力,使自己的知识储备与时俱。

6.1 机器人流程自动化基础知识

6.1.1 机器人流程自动化概念

机器人流程自动化(Robotic Process Automation,RPA)是以软件机器人及人工智能(AI)为基础的业务过程自动化科技,是目前人工智能技术领域的流行趋势之一。

6.1.2 机器人流程自动化应用和流程

机器人流程自动化系统其实也是一种应用程序,只不过它通过复制用户在 PC 终端上的操作,利用 AI 分析并自动执行、操作软件,使得软件的操作过程更加自主、自动,更加高效、精确。AI 如同大脑,有学习和思考能力,RPA 如同手,主要负责操作。

在早期的工作流程自动化工具中，由程序员事先根据需求编程，采用目标软件或系统提供的二次开发接口，或者使用脚本语言来操作目标软件或系统，形成一系列的自动化操作。

而机器人流程自动化工具，会监测用户在应用软件中图形用户界面（GUI）进行的工作，然后在没有任何人为干预的情况下，模仿人类的行为，如点击、键盘输入、导航等，直接在图形用户界面上自动重复这些工作。并且可以在不同的应用程序、系统间进行资料或数据流转，非侵入式地跨系统连接，形成高效可靠的数据共享。机器人流程自动化常规流程如图 6-1 所示。

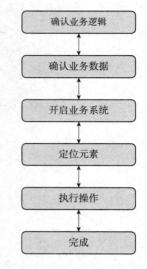

图 6-1　机器人流程自动化常规流程

拓展任务

通过查阅相关资料，了解企业使用机器人流程自动化工具分为哪几个具体步骤。

6.2　机器人流程自动化技术简介

RPA 实质上是软件机器人，一般采用主流的 C/S 架构。所有的 RPA 厂商，都会根据不同的用户场景，提供 3 个核心 RPA 产品组件：设计器、执行器和控制台。

RPA 设计器：要实现 RPA 流程自动化，首先需要将业务人员的日常工作抽象成可以按指定规则重复运行的一个流程。设计器就是专门用来设计、制作这些流程文件的工具，通常设计器也可以独自运行或者调试这些流程文件。

RPA 执行器：流程设计好之后，还需要由指定的软件来执行它，执行器就是用来运行已经制作完成流程文件的工具。执行器可以部署在实体化机器上，也可以部署在虚拟环境里。

RPA 控制台：当有多个流程机器人需要在多台 PC 机或者虚拟环境上运行时，为了最大化利用这些机器人，还需要对它们进行集中管理。控制台可以对流程机器人的工作过程进行集中调度、管理、控制和监督。

不同公司的 RPA 产品，其 3 个核心组件可能形态、名称各异，但一定包含这 3 大类功能。

下面以阿里云 RPA 为例先解析它的产品架构。

（1）客户端

①机器人　机器人则是程序已经设定好的各类自动化应用，以触发形式的不同将机器人分为以下 3 类：

有人值守机器人：通过人机交互的形式，共同协作完成电脑端工作，目前往往通过本地化部署此机器人。

无人值守机器人：通过程序设定好的时间执行，全流程无须人参与，全程由机器人自主完成，目前往往通过部署在云端执行，只需在控制台获得无人值守机器人执行后的返回结果即可。

服务型机器人：当 A 软件与 B 软件之间需要进行打通数据等软件交互行为操作时候，A 软件可以通过接口的形式触发服务型机器人到 B 软件进行自动化操作，让服务型机器人执行的结果通过接口的形式返回；尤其是在跨系统、跨平台的自动化操作时，可采用服务型机器人，目前本地化部署、云端部署均有实践案例。

②开发器　开发器相当于集成开发环境（IDE），这里可以通过可视化开发模式和编码开发模式基于客户的流程开发相应的应用程序，并可以将这个应用发布到企业应用市场上，供同一个企业的其他人员使用。同时提供了其他一些基础功能，如应用的本地化导入和导出、调试、版本管理等。

（2）服务端

服务端一般部署于云平台，基于分布式集群部署模式，可以提供高可用性和主从备份。账号安全验证、权限管理、代码存储等都在服务端里面实现，确保了整个 RPA 产品和技术的安全性和可靠性。

（3）控制台

阿里云 RPA 提供基于公共云平台的控制台，可以在任何 Web 浏览器上访问，客户无须搭建本地的控制室，降低硬件成本和维护成本，也提供到企业本地部署控制台。控制台的作用主要是权限分配、日志记录、机器人管理等功能为主，主要便于企业管理员进行机器人管理，阿里云 RPA 架构如图 6-2 所示。

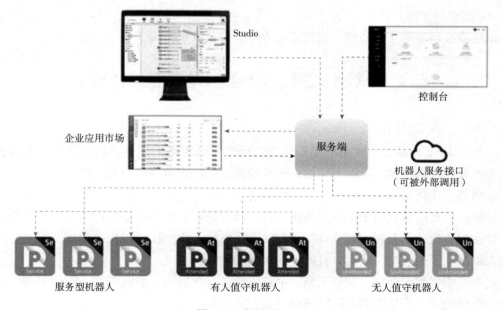

图 6-2　阿里云 RPA

拓展任务

了解国内外 RPA 产品发展现状，下载并使用一款国内 RPA 产品。

6.3 机器人流程自动化工具选型标准

企业对 RPA 工具的选择应基于以下 6 个因素：

（1）可扩展性

在选择 RPA 工具时，必须考虑该工具如何轻松地响应客户端的需求，实现高效更改。

（2）安全性

安全性是所有技术领域的重要方面。由于 RPA 工具是软件，因此在生产中部署机器人时需要制定许多安全措施。

（3）总拥有成本

包括初始设置成本、维护成本和持续的供应商许可证费用。这是一个非常重要的参数，在选择工具时必须考虑。

（4）易用性和控制性

选择的任何工具都要界面友好，以提高员工的满意度和效率。

（5）供应商经验

建议选择一家供应商，在规模和行业方面为公司提供服务。这将有助于增强实施效果。

（6）维护与支持

供应商必须遵循支持模型，确保满足所需的服务级别协议。

6.4 常用机器人流程自动化工具介绍

6.4.1 阿里云 RPA

阿里云 RPA 产品是一款新型工作流程自动化办公机器人软件，具备深度自动化流程搭建能力和稳定易用性，历经十年的内外部验证，已经在零售、制造、保险、金融、医疗等领域得到了广泛应用。

主要特点是可以联动多个业务系统，自动执行完成工作。可以自动串起一系列操作流程，让流程再造，不会影响现有 IT 系统的功能与稳定性。相较于传统的增效方式，RPA 能最大限度地平衡效率与成本，且投资回报周期较短。

主要应用：数据处理、文档表格、消息管理、行政办公、教育培训、财务税务、人事管理、仓储物流、零售电商、运维测试等。

6.4.2 全面自动化

美国加利福尼亚州的全面自动化软件公司的机器人商店提供了一系列工具，这些工具可以执行标准的点击和跟踪,以及将互联网上的复杂数据文件组合在一起的过程。可用于从电子表格、文件或网页中提取信息,还可用于将这些信息存储在数据库中以进行问题跟踪、发票处理等。许多机器人依赖于应用程序接口,如微软云计算的图像分析应用程序接口。此外还提供了一个"社区版",可以省去安装和维护机器人流程自动化的麻烦。

主要特点:强大的流程发现方法,专注于使人工智能的使用更加直观和自动化。

主要应用:面向用户的工具。例如,简历筛选机器人的新增强版本可用于人力资源和招聘。

6.4.3 国际商业机器公司软件

国际商业机器公司提供了一系列用于自动化日常任务的选项,这些选项分为不同的产品,并捆绑在国际商业机器公司中。这些信息通过国际商业机器公司数据捕获工具进入管道,通过业务自动化工作流定义的路径流动,其最终存放位置由国际商业机器公司决定。用户可以迭代工作流,并使用挖掘工具探索假设的策略。所有软件都可以部署在内部部署设施或国际商业机器公司的云平台中。

主要特点:能够深刻体验企业工作流,与许多大型机集成。

主要应用:数据采集、科学流程管理,业务决策自动化。

6.4.4 微软 Power Automation Desktop

来自微软公司的 Power Automate Desktop 工具是该公司用于创建应用程序、虚拟代理和商业智能报告的 Power 平台的一部分。Power Automate Desktop 工具专注于自动化常见的 Windows 10(及更高版本)操作。其用户友好的界面使每个人都能够跟踪其工作流程,然后将其转换为可编辑的自动化流程。

主要特点:专注于 Windows 10 平台。

主要应用:广泛的、企业范围的授权。

拓展任务

登录上述四大 RPA 官网查看相关产品简介,了解 RPA 产品的应用场景。

单元习题

一、填空题

1. RPA 常规流程确认业务逻辑、_____、_____、定位元素、执行操作完成。
2. RPA 用来替代人员重复性高、规则性强、大批量的工作所带来的产出少、_____、_____。
3. RPA 基于明确的规则设计,有明确的流程设计、_____,无法定义流程之外情况。

二、单选题

1. RPA 可以用于营销(   )专业。

   A. 电费电价　　　　　　　　　　　B. 用电稽查

C. 计量采集　　　　　　　　　　D. 以上都是

2. 利用RPA技术不能实现的场景功能是(　　)。

A. 物体自动搬运　　　　　　　　B. 数据迁移和数据输入

C. 从不同文件中提取数据　　　　D. 发票处理

3. RPA主要的发展方向是(　　)。

A. 辅助性RPA　　　　　　　　　B. 非辅助性RPA

C. 自主性RPA　　　　　　　　　D. 智能化RPA

4. RPA平台至少包含(　　)等重要组成部分。

A. 开发　　　　B. 运行　　　　C. 控制　　　　D. 以上都是

5. RPA产品架构组成部分(　　)等重要组成部分。

A. 控制台　　　B. 客户端　　　C. 服务端　　　D. 发票处理

三、多选题

1. RPA工具的优点有(　　)。

A. 可以实时查看错误　　　　　　B. 允许定期进行合规性流程

C. 处理非常复杂的工作内容　　　D. 能处理大量重复的工作

2. RPA的重要特征有(　　)。

A. 需要代码编程　　　　　　　　B. 无代码

C. 无干扰　　　　　　　　　　　D. 错误率低

3. RPA产品的核心组件有(　　)。

A. 控制器　　　B. 执行器　　　C. 设计器　　　D. 控制台

4. RPA产品的用户分为(　　)。

A. 开发者　　　B. 需求者　　　C. 设计者　　　D. 管理者

单元7

程序设计基础

单元概述

随着中国互联网的迅速普及和发展,各大行业纷纷开启了自身业务的电子化进程,对于编程人才需求增多。程序设计基础在整个编程素质的培养过程中起到基础性作用,是程序员的基本功。本单元以编程语言 Python 为例,介绍如何根据使用编程语言来完成基本的程序设计,主要学习内容有 Python 运行环境搭建和基本语句编写。

学习目标

(1) 了解 Python 编译软件的下载和安装方法;
(2) 了解 Python 的算术运算符、关系运算符和逻辑运算符的基本使用方法;
(3) 掌握 Python 定义变量、变量赋值的方法;
(4) 掌握选择语句和循环语句的基本结构和执行流程;
(5) 能够下载和安装 Python 编译软件;
(6) 掌握 Python 语言的基本用法;
(7) 通过学习编程语言,提高学生解决复杂问题的能力,培养学生细致严谨、精益求精、勇于探索的精神和良好的劳动习惯。

7.1 Python 运行环境的搭建

Python 是当前主流的编程语言,其语法的简洁性和易用性使得许多国内外院校将其作为程序设计中的启蒙语言。本节主要介绍如何在操作系统当中搭建 Python 运行环境。

7.1.1 Python 版本介绍

Python 的官网提供了专门的程序来完成环境的搭建,所以并不需要进行复杂的操作。通过

"开始"选项卡"字体"选项组中的按钮或对话框,对字体、字符行间距进行设置与美化。

Python 主要分为 2.X 版本和 3.X 版本,目前官方已经停止了对于 2.X 版本的维护,因此本书主要介绍 3.X 版本的安装方法。

7.1.2 Python 环境安装

①打开 Python 的官网(https://www.python.org),在 Downloads 标签上点击 Windows,根据不同的操作系统,选择合适的版本。从 Python 3.9 开始,Python 不再支持 Windows 7 操作系统,只能在 Windows 10 中安装。这里我们选择 Python 3.9 版本。

②下载成功后,运行下载后的文件,选择"以管理员身份运行"命令,如图 7-1 所示。先勾选"Add Python 3.9 to PATH"复选框,然后点击"Install Now"进行安装。接下来都选择"Next"进行安装,直至出现"Setup was Successful"字样,则表明软件已经安装成功。

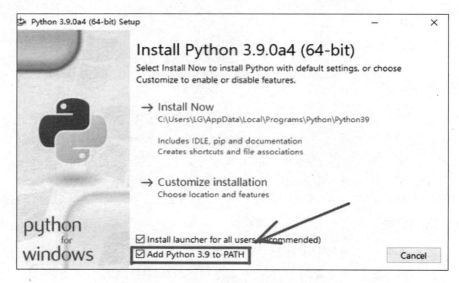

图 7-1　Python3.9 运行环境安装界面

③安装完成以后,在键盘中输入"Win+R"组合键出现运行窗口,随后在窗口中输入"cmd"打开命令行窗口。

④在命令行窗口中输入"python—version"验证 Python 是否成功安装,如图 7-2 所示。

图 7-2　验证 python 是否成功安装

由于 Python 自带的代码编写工具比较难用，因此可以使用其他代码编写工具进行编写，代码编写好了之后再让执行环境去执行代码，编写 Python 代码的常见工具有 VSCode、PyCharm 等。

7.1.3 VSCode 的下载和安装

VSCode 的启动方式主要有两种：第一种是在操作系统的桌面上双击 VSCode 的图标，第二种是通过"Vindows+R"组合键呼出运行窗口，随后输入"code"运行。第二种启动方法同时也能够判断操作系统是否安装有 VSCode。

①打开 VSCode 的官网（https://code.visualstudio.com/），点击"Download for Windows"下载适合当前操作系统的 VSCode 版本。

②运行下载好的 VSCode 安装包，选择同意此协议后，不断点击下一步完成 VSCode 的安装。

7.1.4 VSCode 加载 python 插件

打开 VSCode，点击左下角的扩展按钮，在搜索栏中输入"Python"，选择发布者为 Microsoft 和名字为 Python 的插件进行安装，如图 7-3 所示。

图 7-3 VSCode 加载 Python 插件

7.1.5 VSCode 创建 Python 文件

①待插件安装完成后，在 VSCode 中点击左上角"文件"→"新建文本文件"，按"Ctrl+S"进行保存，在"另存为"窗口左侧选择文件保存位置。文件后缀为".py"。完成以上任务后点击"保存"，如图 7-4 所示。

②在新建的 Python 文件中输入"print("Hello World")"，点击右上角的运行按钮，如图 7-5 所示，如果在下方控制台中出现"Hello World"，如图 7-6 所示，则表示环境安装都是正确的。

图 7-4　新建 python 文件

图 7-5　输入 python 代码并运行

图 7-6　控制台显示运行结果

拓展任务

　　Python 语言之所以强大，一个重要原因是它是一个开源的语言，开发者可以根据自己需要定制各种各样的工具包。请大家课后查阅文献了解 Python 都有哪些比较流行的工具包，并尝试对工具包进行下载和安装。

7.2 Python 基本语句编写

7.2.1 Python 输入输出语句

print（）：该语句的作用是将括号中的输出内容输出到控制台上。

input（）：该语句的作用是从键盘输入数据。

7.2.2 Python 算术运算符

算术运算符是一组用于执行数学运算的符号或符号组合。在编程中，算术运算符用于对数值进行各种数学运算，例如加法、减法、乘法和除法。表 7-1 是 Python 中的算术运算符：

表 7-1 算术运算符功能说明及示例

运算符	名称	示例	结果值（假设 a=3，b=4）
+	加	a+b	7
-	减	a-b	-1
*	乘	a*b	12
/	除	a/b	0.75
%	取模（取余）	a%b	3
//	取整	a//b	0
**	幂	a**b	81

7.2.3 Python 关系运算符

关系运算符（也称为比较运算符）是一组用于比较两个值之间关系的符号。在编程中，关系运算符经常用于判断两个值之间的大小关系，并返回布尔值（True 或 False）作为结果。它还可以用于比较不同类型的数据，如数字、字符串、布尔值等，常用于条件语句、循环控制和排序等场景，根据比较结果来决定程序的执行流程。表 7-2 是 Python 中的关系运算符：

表 7-2 关系运算符功能说明及示例

运算符	名称	示例	结果值（假设 a=5，b=10）
==	等于	a==b	False
!=	不等于	a!=b	True
>	大于	a>b	False
>=	大于等于	a>=b	False
<	小于	a<b	True
<=	小于等于	a<=b	True

7.2.4 Python 逻辑运算符

逻辑运算符是一组用于执行逻辑操作的符号。在编程中，逻辑运算符经常用于对条件进行判断和组合,以确定程序的执行路径,常用于控制流程、条件判断和布尔逻辑操作,可用于构建复杂的逻辑表达式。在实际应用中,逻辑运算符通常与比较运算符(如等于、大于等)等配合使用,用于判断和组合多个条件。表7-3是Python中的逻辑运算符:

表7-3 逻辑运算符功能说明及示例

运算符	名称	示例	描述
and	逻辑"与"	a and b	"and"两边同时为"True"的时候,整个表达式才为"True"
or	逻辑"或"	a or b	"or"两边只要有一个为"True",则整个表达式即为"True"
not	逻辑"非"	not a	对a进行取反,假设a为"True",则"not a"为"False"

7.2.5 Python 的变量与变量赋值

变量是存放数据值的容器。与其他编程语言不同,Python没有声明变量的命令。首次为变量赋值时就会创建变量。

例如:

```
width=5
length=10
```

Python中,"="的作用地对变量进行赋值,左边是变量,右边是要赋的值。此时,width和length就是变量,width存放的值是5,length存放的值是10,如果使用输出语句对width进行输出,则控制台会显示5(图7-7)。

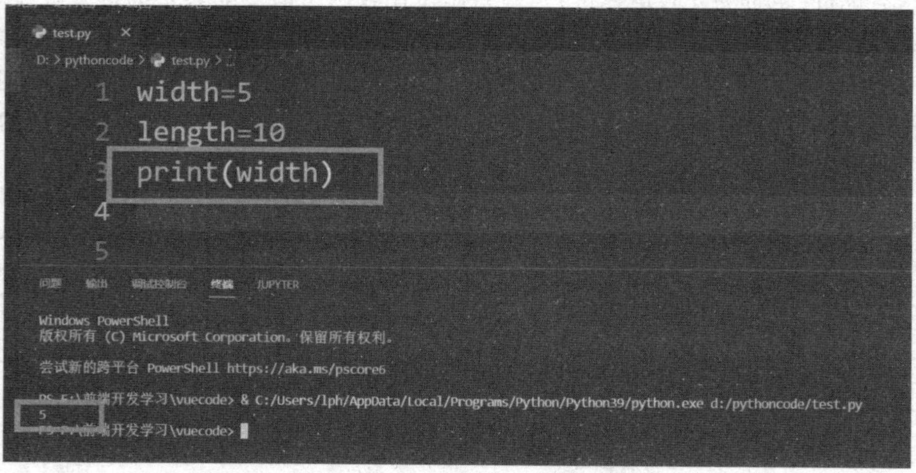

图7-7 Python对变量进行输出

7.2.6 Python 的 if 条件语句

编程时经常需要检查一系列条件,并据此决定采取什么措施。在Python中,if条件语句能够让操作者检查程序的当前状态,并采取相应的措施,它有 3 种基本语法结构。

(1)语法结构 1

    if 条件语句 1

      表达式 1

当"条件语句 1"为真值时,会执行"表达式 1"。

例如:编写一个程序,当 age 大于等于 18 时便在控制台输出"你已成年"。

```
print("请输入年龄:")
    age=int(input())  # int()可以把输入的数据转换成整数
if  age>=18:
    print("你已成年")
```

(2)语法结构 2

if 条件语句 1:
  表达式 1
else:
  表达式 2

当"条件语句 1"为真值时,会执行"表达式 1",否则执行"表达式 2"。

例如:编写一个程序,当 age 大于等于 18 时便在控制台输出"你已成年",否则输出"你未成年"。

```
print("请输入年龄:")
age=int(input())  # int()可以把输入的数据转换成整数
if  age>=18:
    print("你已成年")
else:
    print("你未成年")
```

(3)语法结构 3

if 条件语句 1:
  表达式 1
elif 条件语句 2:
  表达式 2
elif 条件语句 3:
  表达式 3
else:
  表达式 4

哪个"条件语句"为真就执行哪个对应的表达式,都不为真则会执行 else 对应的表达式。

例如：编写一个程序，判断一个人的身材是否标准。

```
height = float(input("输入身高(米):"))
weight = float(input("输入体重(千克):"))
bmi = weight /(height * height)           #计算BMI指数
if bmi<18.5:
    print("bmi指数为:"+str(bmi))          # str()可以把数字转成字符串
    print("体重过轻")
elif bmi>=18.5 and bmi<24.9:              # and：当两边的值都为真时，
                                          #      整个表达式才为真
    print("bmi指数为:"+str(bmi))
    print("正常范围，注意保持")
elif bmi>=24.9 and bmi<29.9:
    print("bmi指数为:"+str(bmi))
    print("体重过重")
else:
    print("bmi指数为:"+str(bmi))
    print("肥胖")
```

7.2.7 Python 的 for 循环语句

有时需要在程序中重复执行某些指令，如果执行几遍就写几遍，那不仅复杂，也很容易出错。而且这样代码也特别长，可读性也不高。Python 提供了循环语句来反复执行一段代码。

语法结构：

  for 变量 in[序列]：

    循环体

执行流程：进入循环后，判断"序列"中是否有还未被取出来的项，如果有，则取出该项，放到"变量"中，执行循环体，然后又回到判断"序列"这一步，直到"序列"中所有的值都被取出来为止，如图 7-8 所示。"序列"可取得类型有字符串、列表、元组、字典、集合。

例如：使用 for 循环输出 1~99。

```
for i in range(1, 100):
    print(i)
```

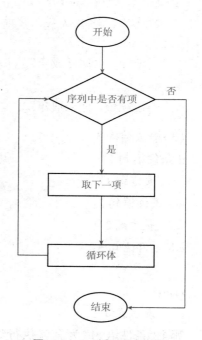

图 7-8 for 循环执行流程

注意：range(a, b)可以生成a(包括a)到b(不包括b)之间的整数，如range(3, 6)可以生成3，4，5。

拓展任务

在算法功能比较复杂时，if 语句和 for 语句需要相互嵌套才能实现，请大家课后自学探究；在 Python 中，变量类型是一个非常重要的内容，每种变量类型都自带了很多非常强大的功能来帮助完成算法的编写，请大家可以课后自行学习。

单元习题

一、填空题

1. 以下代码的功能是输出 20~50 的所有整数，请补全代码。
```
for i in range(_____, _____):
    _____
```

2. 以下代码的功能是输出 1~100 的所有奇数，请补全代码。
```
for i in range(1, _____):
    if _____:
        print(i)
```

3. 以下代码的功能是计算 1~100 直接的所有整数和，请补全代码。
```
sum = _____
for i in range(1, 101):
    _____
print(sum)
```

4. 以下代码的功能是判断学生成绩等级，已知 90 分及以上为优秀，80~89 分为良好，60~79 分为一般，60 分以下为不及格，请补全代码。
```
score = int(input())
if_____:
    print("优秀")
elif_____:
    print("良好")
elif_____:
    print("一般")
else:
    print("不及格")
```

5. 以下代码的功能是输出 0~100 所有能被 3 整除的数，请补全代码。
```
for i in range(0, 101):
    if _____:
```

```
            print(i)
```

二、单选题

1. Python 语言中，5%2 的值是( )。
A. 1　　　　　　B. 2　　　　　　C. 2.5　　　　　　D. 3
2. Python 语言中，5/2 的值是( )。
A. 1　　　　　　B. 2　　　　　　C. 2.5　　　　　　D. 3
3. Python 语言中，5//2 的值是( )。
A. 1　　　　　　B. 2　　　　　　C. 2.5　　　　　　D. 3
4. Python 语言中，表达式(3>1 and 4>3 and 2>1)的值是( )。
A. True　　　　　　　　　　　B. False
5. Python 语言中，表达式(3>1 or 4>5 or 2>7)的值是( )。
A. True　　　　　　　　　　　B. False

三、多选题

1. 下列表达式为 True 的有( )。
A. 1>=2　　　　B. 5==5　　　　C. 4!=3　　　　D. 4<=2
2. 下列表达式为 True 的有( )。
A. 1>=2 and 3>2　　　　　　　B. 1<=2 and 3!=2
C. 4<1 or 3==2　　　　　　　　D. 3<=7 or 5!=6
3. 下列表达式为 False 的有( )。
A. 1<2 and 5>1 and 4==3　　　B. 1<2 and 7>1 and 4!=3
C. 5<=2 or 3==2　　　　　　　D. 2<1 or 3!=2
4. 下列表达式计算结果为 3 的有( )。
A. 1*3　　　　B. 11%8　　　　C. 7/2　　　　D. 7//2
5. 下列表达式计算结果为 8 的有( )。
A. 16/2　　　　B. 25//19　　　　C. 2**3　　　　D. 8//1

单元 8

大数据技术

单元概述

随着社交网络的逐渐成熟，移动带宽迅速提升，云计算、物联网应用更加丰富，更多的传感设备、移动终端接入网络，由此而产生的数据及增长速度将比历史上的任何时期都要多、都要快。大数据技术是 IT 行业的又一次技术变革，大数据的浪潮汹涌而至，对国家治理、企业决策和个人生活都产生深远的影响，并将成为云计算、物联网之后信息技术产业领域又一重大创新变革。本单元主要介绍大数据的基础知识和技术体系、大数据挖掘以及大数据技术应用领域。

学习目标

(1) 了解大数据的发展背景和发展趋势；
(2) 掌握大数据的基本特征；
(3) 了解大数据在存储和管理等方面的系统知识；
(4) 了解大数据挖掘技术概念；
(5) 掌握大数据的基本应用流程及行业中的应用；
(6) 具备职业道德修养和诚实的品质；
(7) 具备大数据相关领域工程项目的团队合作和管理能力。

8.1 大数据基础知识

大数据(Big Data)是信息技术发展的必然产物，更是信息化进程的新阶段，其发展推动了数字经济的形成与繁荣。信息化已经历了两次高速发展的浪潮，第一次始于 20 世纪 80 年代，是以个人计算机普及和应用为主要特征的数字化时代，第二次始于 20 世纪 90 年代中期，是以互联网大规模商业应用为主要特征的网络化时代。大数据这一概念最早公开出现于 1998 年，美国高性能计算公司 SGI 的首席科学家约翰·马西在一次国际会议报告中指出：随着数据量的快速增长，必将出现数据难理解、难获取、难处理和难组织 4 个难题，并用大数据来描述这一挑战，在计算领域引发思考。2012 年，牛津大学教授维克托·迈尔-舍恩伯格在其著作《*Big Data: A Revolution That Will Transform How We Live, Work, and Think*》中指出，数据分析将从随机采样、精确求解和强调因果的传统模式演变为大数据时代的全体数据、近似求解和只看关联不问因果的新模式，从而引发商业应用领域对大数据的广泛思考与探讨。

8.1.1 大数据定义

大数据，指无法在一定时间范围内用常规软件工具进行捕捉、管理和处理的数据集合，是需要新处理模式才能具有更强的决策力、洞察发现力和流程优化能力的海量、高增长率和多样化的信息资产。

麦肯锡全球研究所对大数据的定义是：一种规模大到在获取、存储、管理、分析方面大大超出了传统数据库软件工具能力范围的数据集合，具有海量的数据规模、快速的数据流转、多样的数据类型和价值密度低四大特征。大数据技术的战略意义不在于掌握庞大的数据信息，而在于对这些数据进行专业化处理。换言之，如果把大数据比作一种产业，那么这种产业实现盈利的关键，在于提高对数据的"加工能力"，通过"加工"实现数据的"增值"。

8.1.2 大数据特征

大数据有哪些特点？其实很简单，大数据其实就是海量资料，这些海量资料来源于世界各地随时产生的数据。在大数据时代，任何微小的数据都可能产生不可思议的价值。大数据有 4 个特点：Volume、Variety、Velocity、Value，一般我们称为 4V。

（1）数据量大

大数据的第一个特点就是"数量大"。随着信息技术的发展，互联网规模的不断扩大，每个人的生活都被记录在了大数据之中，由此数据本身也呈爆发性增长。其中大数据的计量单位也逐渐发展，现如今对大数据的计量以艾字节（EB）量级了。例如，一个中型城市的视频监控信息一天就能达到几十太字节（TB）的数据量。百度首页导航每天需要提供的数据超过 5PB，如果将这些数据打印出来，将使用超过 5000 亿张 A4 纸。图 8-1 展示了每分钟互联网产生的各类数据的量，数据存储单位之间的换算关系见表 8-1。

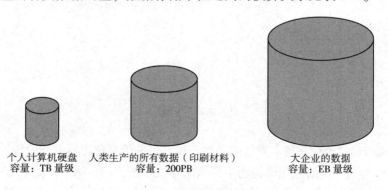

图 8-1 数据容量级

表 8-1 数据存储单位之间的换算关系

单位	换算关系
Byte（字节）	1 Byte = 8bit
KB（千字节）	1KB = 1024Byte
MB（兆字节）	1MB = 1024KB
GB（吉字节）	1GB = 1024MB
TB（太字节）	1TB = 1024GB
PB（拍字节）	1PB = 1024TB
EB（艾字节）	1EB = 1024PB
ZB（泽字节）	1ZB = 1024EB

（2）数据种类多

数据种类和来源越来越多样化，包括各种结构化的数据、非结构化的数据、半结构化的数据。来源从传统的关系型数据库中的表格数据，扩展为文本数据、网络日志、音频、视频、图片、地理位置信息等，各行业产生数据如图8-2所示，多类型的数据对数据的处理能力提出了更高的要求。

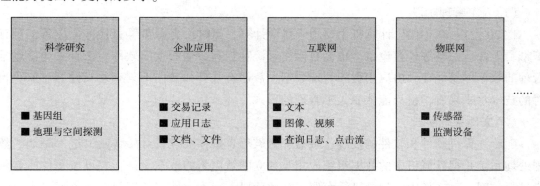

图 8-2 各行业产生数据

（3）价值密度低

大数据由于体量不断加大，单位数据的价值密度在不断降低，然而数据的整体价值在提高。以监控视频为例，在一小时的视频中，有用的数据可能只有 1~2s，但是非常重要。现在许多专家已经将大数据价值等同于黄金和石油，这表示大数据当中蕴含了无限的商业价值。

（4）速度快

速度快表现为数据增长速度快，处理速度也要求快，时效性要求更高。目前，大数据的交换和传播是通过互联网、云计算等方式实现的，远比传统信息传播速度快得多，因此，对处理数据的响应速度有更严格的要求，许多业务都需要实时或者近实时的分析能力。

图 8-3　监控视频

8.1.3　大数据发展阶段

（1）人工管理阶段

在 20 世纪 50 年代，计算机主要用于科学计算。当时没有磁盘等直接存取设备，只有纸带、卡片、磁带等外存设备，也没有操作系统和管理数据的专门软件。该阶段的特点是管理的数据不易保存，由应用程序管理数据，数据不共享和数据不具有独立性等。依照当时的技术水平来看，也只能依靠人工管理的形式。

（2）文件系统阶段

随着计算机硬件和软件的发展，磁盘、磁鼓等直接存取设备开始普及，这一时期的数据处理系统是把计算机中的数据组织成相互独立的被命名的数据文件，并可按文件的名称来进行访问，对文件中的记录进行存取。在此阶段，因为大数据长期保存在外面，为大数据处理、分析、查找、删除、修改等操作，提供了极大的便利，对其操作的程序，也具备特色的要求。可是，在文件管理的过程当中，因为共享性较大，数据与数据之间缺少必要的独立性，对其管理和维护的费用较大和时间较长，不能被广泛地使用。

（3）数据库阶段

在此阶段计算机性能得到进一步提高，更重要的是出现了大容量磁盘，存储容量大大增加且价格下降。在此基础上才有可能克服文件系统管理数据的空间不足，而满足和解决实际应用中多个用户、多个应用程序共享数据的要求，从而使数据能为尽可能多的应用程序服务，这就出现了数据库这样的数据管理技术。在数据库阶段管理的过程当中，近几年不再只是固定在某一个计算技术应用体系，而是面向整个管理体系，以此在最大程度上提升大数据共享的性能，使数据与数据之间形成一个独立的个体，用数据库对大数据进行全面、有效、统一的管理，为我国信息技术的发展提供了重要方向。

拓展任务

开展学习讨论活动，讨论大数据在现实生活中的应用、发展现状。

8.2 大数据技术体系

随着"互联网+"时代的到来，人们已经从各种信息数据的使用方和接收方变为数据的发送方，基于大数据的应用日渐成熟，各种行业类型的数据时刻都在产生着。大数据的应用系统就是在如此庞大的数据量的基础上建立的。系统应当具备强大的数据处理、分析能力和可视化能力，才能够在海量的数据当中寻求有价值的数据，为行业发展提供洞察力并优化行业流程，为决策层提供精准决策，从而使得用户能够掌握庞大的数据信息资产。

8.2.1 大数据系统处理流程

大数据体系结构是用于提取和处理大量数据的总体系统，以便可以针对业务目的对其进行分析。根据组织的业务需求，可以将体系结构视为大数据解决方案的蓝图。大数据处理流程从数据源底层到用户应用工作如图8-4所示。

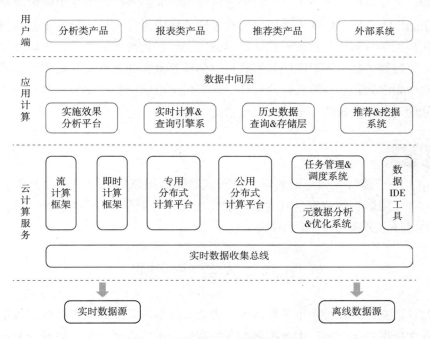

图8-4　大数据系统处理流程

8.2.2 大数据关键技术

（1）存储技术

数据的海量化和快速增长特征以及数据格式的多样化是大数据对存储技术提出的首要挑战。要求底层硬件架构和文件系统在性价比上要明显高于传统技术，并能够弹性扩展存储容量。

(2) 并行计算能力

随着大数据技术的快速发展,对计算系统的计算能力和数据处理能力的要求日益提高。随着计算问题规模和数据量的不断增大,人们发现,传统串行计算方式越来越难以满足实际应用问题对计算能力和计算速度的需求,为此出现了并行计算技术。并行计算(Parallel Computing)是指在具有并行处理能力的计算节点上,将一个计算任务分解成多个并行子任务,并分配给不同的处理器,各个处理器之间相互协同,并行地执行子任务,从而达到加速计算速度或提升计算规模的目的。

(3) 数据分析技术

对于任何的数据分析,第一项是数据收集,因此大数据分析的第一项是数据收集。第二项是数据存取技术,数据被收集之后,能够联系数据库,方便用户在运用中储存原始数据,而且快速收集和运用。第三项数据处理技术,数据处理之所以说是软件具有的最核心的技能之一,面对庞大而又杂乱的数据,能够运用一些计算方法对数据进行处理(包括计算、归纳、分类等),然后让用户深度了解到数据所具有的深度价值。第四项是计算分析技术,计算分析是软件所具有的另一个中心功能。例如,假设性的查验等能够帮助用户分析出某一种数据现象的原因,差异分析能够比较出企业的产品销售在不同的时刻和区域中所显示出来的巨大差异,以便未来更合理在不同地域中进行布局。第五项是数据可视化技术,可视化是关于数据视觉表现形式的科学研究。可视化技术是利用计算机图形学及图像处理技术,将数据转换为图形或图像形式显示到屏幕上,并进行交互处理的技术。它涉及计算机视觉、图像处理、计算机辅助设计、计算机图形学等多个领域,是一项研究数据表示、数据处理、决策分析等问题的综合技术。

拓展任务

Hadoop 是一个能够处理海量数据的分布式系统基础软件框架,理论上能够通过增加计算节点处理无限增长的数据。其生态圈非常庞大,开展学习讨论活动,讨论 Hadoop 生态圈常用的组件有哪些。

8.3 大数据挖掘

随着时代的发展,人类产生的数据成倍增长,数据的开放性应用和数据可挖掘价值越来越高。在大数据精准营销、大数据洞察等的背后,正是数据挖掘、数据分析技术发挥着重要的作用。数据挖掘技术不仅成为当今国家各部门提升数据治理能力的重要手段,也成为各行各业提升核心竞争力的关键。

8.3.1 大数据挖掘定义

数据挖掘是从大量的、不完全的、有噪声的、模糊的、随机的数据中提取隐含在其中的、人们事先不知道,但又是潜在有用的信息和知识的过程。由于数据通常存于数据库中，因此人们又称其为"数据库中知识发现"。数据挖掘是一个过程，而非单纯的数学建模，如图8-5所示。

①数据挖掘是一个以数据为中心的循序渐进的螺旋式的数据探索过程。
②数据挖掘是各种分析方法的集合，是多种数据分析、处理方法的配合应用。
③数据挖掘的最终目的是辅助决策。
④当前数据挖掘系统具有分析海量数据的能力。

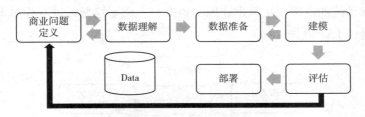

图8-5　数据挖掘过程

8.3.2　大数据挖掘功能

（1）预测趋势

把握分析对象发展的规律，对未来的趋势做出预见。数据挖掘自动在大型数据库中寻找预测性信息，以往需要进行大量手工分析的问题，如今可以迅速得出结论。

一个典型的例子是市场预测问题，数据挖掘使用过去有关促销的数据来寻找未来投资中回报的用户。其他可预测的问题包括预报破产以及认定对指定事件可能做出反应的群体。

（2）关联分析

关联分析是指如果两个或多个事物之间存在一定的关联，那么其中一个事物就能通过其他事物进行预测，它的目的是挖掘隐藏在数据间的相互关系。关联可分为简单关联、时序关联、因果关联。例如，啤酒和尿布两个看上去没有关系的商品摆放在一起进行销售获得了很好的销售收益，这种现象就是卖场中商品之间的关联性。

（3）聚类

聚类是指根据数据的内在性质将数据分成一些聚合类，每一聚合类中的元素尽可能具有相同的特性。聚类能够提高人们对客观现实的理解，是概念记述和偏差分析的前提。聚类主要包括传统的模式识别方法和数学分类法。

8.3.3　数据挖掘与数据仓库

数据仓库是数据库的一种概念上的升级，可以说是为满足新需求设计的一种新数据库，而这个数据库需要容纳更多的数据，更加庞大的数据集，从逻辑上讲数据仓库和数据库是没有什么区别的。为企业所有级别的决策制定过程，提供所有类型数据支撑的战略集合，主要是用于数据挖掘和数据分析，以建立数据沙盘为基础，以消灭消息孤岛和支持决策为目的而创建的。数据仓库和数据挖掘都是决策支持新技术。但他们有着完全不同的辅助决策方式。数据仓库中存储着大量辅助决策的数据，它为不同的用户随时提供各种辅助决策的随机查询、综合信息或趋势分析信息。数据挖掘是利用一系列算法挖掘数据中隐含的信息和知识，让用户在进行决策中使用。总之，数据仓库是为数据挖掘做准备，数据挖掘可建立在数据仓库之上，而且两者最终目的都是提升企业的信息化竞争能力。

根据数据存在方式，用于数据挖掘的数据可以是数据库、数据仓库、文本、多媒体数据源等；由于企业数据仓库系统就是面向数据统计、分析应用的，因此数据挖掘一般依赖于企业数据仓库系统的数据。从数据仓库的角度看，数据挖掘可以看作是数据仓库高阶段的联机分析处理(OLAP)(图 8-6)。

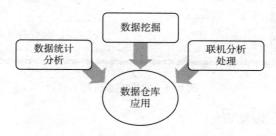

图 8-6　数据挖掘与数据仓库的关系

拓展任务

在很多领域尤其是商业领域如银行、电信、电商等，数据挖掘可以解决很多问题，包括市场营销策略制定、背景分析、企业管理危机等。讨论除以上 3 种以外，目前大数据挖掘功能还有哪些应用领域？

8.4　大数据技术应用领域

8.4.1　教育大数据

教育是复杂的系统，涉及教学、管理、教研、服务等诸多业务。不同地区、不同学校的教育业务虽然具有一定的共性，但差异性也很突出，而业务的差异性直接导致教育数据来源更加多元、数据采集更加复杂。考试、课堂、师生互动、校园设备使用、家校之间关系等，各个环节都与数据有关。在课堂上，数据不仅可以帮助教育教学，在重大教育决策制定和教育改革方面，大数据更有用武之地。这些都可以通过大数据搜集和分析很快识别出来，从而为教育教学提供依据。

在国内尤其是北京、上海等城市，大数据在教育领域有了非常多的应用，如慕课、在线课程、翻转课堂等，其中就应用了大量的大数据工具。将来，无论是针对教育管理部门，还是教师、学生和家长，都可以订到针对不同应用的个性化分析报告，如图 8-7 所示。通过大数据的分析来优化教育机制，也可以做出更科学的决策，这将可能引发教育的变革。

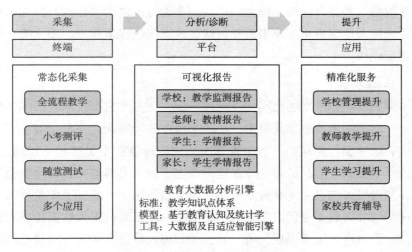

图 8-7 数据在教育上应用

8.4.2 医疗大数据

医疗大数据的应用对于临床医学研究、科学管理和医疗服务模式转型发展都具有重要意义。医院和医疗行业的大数据应用主要有医学影像、视频(教学、监控)及文献等非结构化数据。由于这些数据增长很快且结构复杂,给数据管理和利用带来较大的压力,存储与管理成本不断提高,数据利用困难、利用率低。除了数据数量和形态的迅速增加,医疗数据还需要越来越长的保留期。一旦存储系统的安全性出现问题,导致医疗数据丢失,医院会面临严重的问题。医疗大数据的应用要保证数据的全面性、准确性、实时性和使用的便捷性,要能快速运算和快速展现,要与日常工作平台紧密结合。

未来,大数据平台会有助于收集不同病例和治疗方案,以及病人的基本症状,可以建立针对疾病特点的数据库。医生为病人诊断时可以参考病人的疾病特征、化验报告和检测报告,参考疾病数据库来快速帮助病人确诊,精确定位疾病。在制订治疗方案时,医生可以依据病人的基因特点,调取相似基因、年龄、身体情况相同的效治疗方案,制订出适合病人的个性化治疗方案,如图 8-8 所示。同时这些数据也有利于医药行业开发出更加有效

图 8-8 大数据在医疗上应用

的药物和医疗设备。医疗行业的大数据应用一直在进行,但是数据没有打通,都是孤岛数据,没有办法进行大规模应用。未来需要将这些数据统一收集起来,纳入统一的大数据平台,为人类健康造福。

8.4.3 交通大数据

近几年来,我国的智慧交通已实现了高速发展,许多大数据技术手段都达到了国际领先水平。但是,问题和困境也非常突出,从各个城市的发展状况来看,智慧交通的潜在价值还没有得到有效挖掘:对存在于各个管理系统中的海量数据无法共享运用、有效分析,对交通态势的研判预测乏力。虽然各地在建设理念、投入上有差异,但是智慧交通的现状是效率不高,使得很多先进技术设备发挥不了应有的作用,也造成了大量投入上的资源浪费。目前,这交通的大数据应用主要有两个方面,一方面是利用大数据传感器数据来了解车辆通行密度,合理进行道路规划;另一方面是利用大数据来实现即时信号灯调度,提高现有线路运行通行能力。科学地安排信号灯是一个复杂的系统工程,必须利用大数据系统平台才能计算出一个科学合理有效的方案。科学的信号灯安排将会提高35%左右的道路通行能力。机场的航班起降依靠大数据将会大大提高航班的管理效率,航空公司利用大数据可以提高上座率,降低企业的运行成本。铁路利用大数据可以有效安排客运和货运列车,大大提高企业效率、降低企业的运行成本。

8.4.4 电商大数据

电商是最早利用大数据进行精准营销的行业,除了精准营销,电商还可以依据客户消费习惯来提前为客户备货,电商平台网站的界面结构和功能是吸引大量客户的关键。根据大数据技术分析客户消费行为的历史记录建模,然后在此基础上使用网络挖掘技术改进关键字加权法,有效地将用户输入的关键字拓展延伸,提高商品信息检索功能的精准率,并且针对不同的消费习惯,动态地调整页面布局,全方位地把握客户的实际需求,实现对商品的合理聚类和分类,呈现商品信息的初步浏览效果。

电商利用其交易数据和现金流数据,为商户提供基于现金流的小额贷款,由于电商的数据较为集中,数据量足够大,数据种类较多,因此未来电商数据的应用将会有更多的空间,包括预测消费趋势、地域消费特点、客户消费习惯、影响消费的重要因素等。

8.4.5 农业大数据

农业大数据是与农业物联网相对应的概念,它是一个数据系统,在开放系统中收集、鉴别、标识数据,并建立数据库,通过参数、模型和算法来组合和优化多维和海量数据,为生产操作和经营决策提供依据,并实现部分自动化控制和操作。大数据在农业中的应用主要是指依据未来商业需求的预测来进行农业产品生产,降低"菜贱伤农"的概率。同时大数据的分析将会更加精确地预测未来的天气,帮助农民做好自然灾害的预防工作。大数据同时也会帮助农民依据消费者的消费习惯决定种植品种,提高单位种植面积的产值。借助大数据提供的消费趋势报告和消费习惯报告,政府将为农业生产提供合理引导,建议依据需求进行生产,避免产能过剩,造成不必要的资源和社会财富浪费。

8.4.6 环保大数据

随着互联网和移动通信技术的发展，生态环境领域从信息采集到加工处理也进入信息化和数字化时代，数据量呈现爆发式增长，生态环境大数据受到越来越多的关注。大数据技术的产生和日益成熟为生态环境数据的监测、处理和分析提供了新的思路。借助大数据技术，人们可以提高保护环境的能力(图 8-9)。

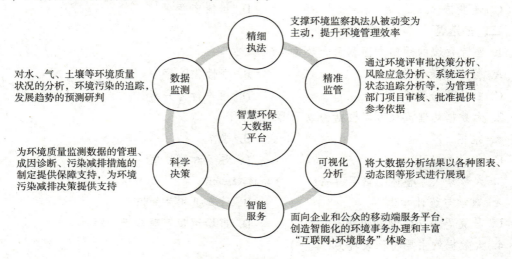

图 8-9　大数据在环保上应用

> **拓展任务**
>
> 讨论目前国家在推动大数据技术产业的同时，大数据给我们的学习、生活、工作等方面带来哪些显著变化，以及今后如何利用大数据。

单元习题

一、填空题

1. 大数据的特点包括数据量大、数据种类型繁多、_____和速度快。
2. 数据存储单位之间的换算关系 1PB = _____ TB。
3. 大数据处理的关键技术有存储技术、并行计算能力和_____。

二、单选题

1. 下列论据中，能够支撑"大数据无所不能"观点的是(　　)。
   A. 互联网金融打破了传统的观念和行为
   B. 大数据存在泡沫
   C. 大数据具有非常高的成本
   D. 大数据存在个人隐私泄露与信息安全担忧
2. 大数据的本质是(　　)。
   A. 挖掘　　　　B. 联系　　　　C. 搜集　　　　D. 洞察

3. 规模巨大且复杂，用现有的数据处理工具难以获取、整理、管理以及处理的数据，这指的是（　　）。

A. 大数据　　　　　B. 贫数据　　　　　C. 富数据　　　　　D. 繁数据

4. 大数据的最显著特征是（　　）。

A. 数据量大　　　　　　　　　　　B. 数据种类多样

C. 速度快　　　　　　　　　　　　D. 价值密度高

三、多选题

1. 医疗领域的哪些方面利用大数据？（　　）

A. 临床决策支持　　　　　　　　　B. 个性化医疗

C. 社保资金安全　　　　　　　　　D. 用户行为分析

2. 大数据处理流程可以概括为以下哪几步？（　　）。

A. 挖掘　　　　　　　　　　　　　B. 采集

C. 统计和分析　　　　　　　　　　D. 导入和预处理

3. 大数据人才整体上需要具备（　　）等核心知识。

A. 数学与统计知识　　　　　　　　B. 计算机相关知识

C. 马克思主义哲学知识　　　　　　D. 市场运营管理知识

4. 大数据的主要特征表现为（　　）。

A. 商业价值高　　　　　　　　　　B. 处理速度快

C. 数据类型多　　　　　　　　　　D. 数据容量大

5. 大数据作为一种数据集合，它的含义包括（　　）。

A. 数据很多　　　　　　　　　　　B. 变化很快

C. 很有价值　　　　　　　　　　　D. 构成复杂

单元9 人工智能

单元概述

人工智能是计算机科学的重要组成部分,是计算机前沿技术的集大成者,目前已广泛应用于人们的生活、学习和工作中。本单元介绍了人工智能的发展历程、核心技术和常用算法、应用领域等内容。

学习目标

(1) 了解人工智能的定义、发展历程;
(2) 了解人工智能的核心技术和常用算法;
(3) 熟悉人工智能的应用领域和社会价值;
(4) 熟悉人工智能的应用平台、工具;
(5) 具备积极的学习态度、细致的工作作风以及一丝不苟的探索精神。

9.1 人工智能发展历程

人工智能(Artificial Intelligence,AI)是一门研究和开发用于模拟、扩展和延伸人工智能的理论、方法、技术和应用系统的新技术学科。可以说,人工智能是由机器表现出来的智能,所以只要机器具有智能特性,就可以被视为人工智能的范畴。然而人工智能的发展并不是一帆风顺的。

1956年夏天,美国达特茅斯学院举行了历史上第一次人工智能研讨会,被认为是人工智能诞生的标志。约翰·麦卡锡在会上第一次提出了"人工智能"这一全新的概念,艾伦·纽厄尔和赫伯特·西蒙则展示了编写逻辑理论的机器。

20世纪50~70年代是人工智能发展的黄金阶段,在这一阶段人工智能主要以语言翻译、证明等研究为主。

20 世纪 70 年代，经过科学家研究发现，机器模仿人类思维是一个十分庞大的系统工程，难以用当时的理论成果构建模型，人工智能的发展遇到了第一个瓶颈期，很多研究机构都面临经费削减的问题。经历过 1974 年经费削减的研究人员提出了"人工智能之冬"一词。

20 世纪 90 年代以来，随着互联网技术的逐渐普及，人工智能已经逐步发展成为分布式主体，为人工智能的发展提供了新的方向。

各大公司成立了人工智能实验室：2013 年，百度创立了深度学习研究院、Facebook 成立人工智能实验室，用于研究深度学习领域，以此为用户提供更智能化的服务；Google 收购了语音和图像识别公司，推广深度学习平台，开源了利用大量数据直接就能训练计算机来完成任务的第二代机器学习平台 TensorFlow；剑桥大学建立人工智能研究所等。

2016 年 3 月 15 日，Google 人工智能机器人 AlphaGo 与围棋世界冠军李世石的人机大战最后一场落下了帷幕，以李世石失败告终。这次人机对弈引发了人们对人工智能的广泛关注。

拓展任务

以 3 人为一组对当地某企业开展调研，调研人工智能的普及程度，并撰写调研报告。

9.2 人工智能核心技术

9.2.1 机器学习

机器学习是一门交叉学科，涉及概率论、统计学、逼近论、凸分析、算法复杂性理论等学科。它侧重于计算机如何模拟或实现人类的学习行为，从而获得新的知识或技能，重组现有的知识结构并不断提高其性能。机器学习是人工智能的核心内容，是使计算机智能化的根本途径。机器学习常见的算法主要有以下几种。

（1）支持向量机算法

支持向量机算法的基本思想如下：首先利用一种变换将空间非线性高维化，其次在新的空间取最优线性分类平面。使用该方法获得的分类函数在形式上类似神经网络算法。支持向量机算法是机器学习领域中一个经典的算法，但它与传统机器学习算法的思维方式不同，输入空间、提高维度从而将问题简单化，使问题转化为线性可分的经典解问题。

（2）决策树算法

决策树是一种将输入空间分成不同的区域，每个区域有独立参数的算法。决策树算法充分利用了树形数据结构，从根节点到一个叶子节点是一条分类的路径规则，每个叶子节点代表一个判断类型。先将样本分成不同的子集，再进行分割递推，直至每个子集得到同类型的样本，从根节点开始测试，经过子节点到叶子节点，即可得出预测类型。该算法的特点是结构简单、处理数据效率较高。

（3）随机森林算法

随机森林算法是最常用和最强大的监督学习算法之一。随机森林算法考虑了解决回归问题和分类问题的能力。随机森林是一种通过集成学习的思想将多个决策树集成在一起的算法。对于分类问题，输出类别由单棵树的输出方式决定。在回归问题中，对每棵决策树的输出进行平均，得到最终的回归结果。值得注意的是，决策树的数量越大，随机森林算法的鲁棒性就越强，准确率就越高。

其他常见的机器学习算法还有逻辑回归算法、线性回归算法、K 邻近算法、聚类算法、朴素贝叶斯算法等。

9.2.2 深度学习

深度学习属于机器学习领域中一个全新的发展方向。深度学习是学习样本数据的内在规律和表征层次。学习过程中获得的信息对文本、图像、声音等数据的解释非常有用，其最终目标是使机器具备像人类一样的分析和学习能力，能够准确识别字符、图像、声音等数据。深度学习是一种更加复杂的机器学习算法，在语音和图像识别方面取得的成果远远超过以往的相关技术。深度学习常见模型有以下 3 种。

（1）人工神经网络

人工神经网络（Artificial Neural Network，ANN）又称为神经网络或连接模型。它是一种模仿动物神经网络的行为特征，进行分布式并行信息处理的算法数学模型。这种网络依赖于系统的复杂性，调整大量内部节点之间的互联关系，从而达到处理信息的目的。

（2）卷积神经网络

卷积神经网络（Convolutional Neural Network，CNN），卷积神经网络包括由卷积层和池化层组成的特征提取器。在卷积神经网络的卷积层中，一个神经元只与一些相邻的神经元相连。在 CNN 的一个卷积层中，它通常包含几个特征图。每个特征图由矩形神经元组成。同一个特征图的神经元共享权重，即卷积核。卷积核一般用随机矩阵的形式进行初始化。在模型训练的过程中，卷积核会学习获得合理的权重。共享权重最直接的好处是减少网络层之间的连接，从而降低过拟合的风险。子采样也称为池化，包括两种形式：均值子采样和最大子采样。二次采样可以看作是一种特殊的卷积过程。卷积和子采样很大程度上简化了模型的复杂度，减少了模型的参数。

（3）堆栈自编码网络模型

堆栈自编码网络由若干结构单元堆栈组成，自编码模型是一个两层的神经网络，第一层称为编码层，第二层称为解码层。

拓展任务

以 3 人为一组开展调研任务，调研人工智能在企业软件开发中常用的核心技术，并撰写调研报告。

9.3 人工智能技术应用

9.3.1 计算机视觉

近年来,人工智能在计算机视觉领域的研究取得了一定进步,人脸识别技术已经广泛应用于人们的日常生活中。计算机视觉常见的应用有以下两种。

(1) 车牌识别

当今社会,车牌识别系统已经得到非常广泛的应用,大多数小区的车库出入口、公共停车场出入口、单位出入口等都安装有车牌识别系统,车辆的出入不再需要通过人工登记,大大节约了人力资源和提高效率。

(2) 植物识别

植物识别是计算机视觉在图像识别领域的一个重要应用,对于植物学及相关专业的从业人员而言,使用人工智能技术快速识别出植物的种类,能够极大地提高学习和工作效率。

9.3.2 自然语言处理

自然语言处理是人工智能的另一个重要应用,如文本纠错、语言情感分析、词法分析、句法分析、用户意图识别等。

(1) 文本纠错

在文本录入或者编辑场景中,一旦文本编辑者对语言文字掌握程度不够或者不细心,就有可能出现用词不当、张冠李戴等错误,文本纠错技术可以很快识别出文本中的错别字、歧义词汇,从而供编辑者参考、纠正。

(2) 语言情感分析

语言情感分析是自然语言处理的一个重要分支,是通过机器学习来分析和分类文本数据的情感基调。基本模型主要专注于对情感基调的积极、消极和中立进行分类,也可能包含发言者的潜在情感,如愉悦、生气、厌恶以及对某种商品的购买意愿等,企业可以参考情感分析的结果来改进产品、优化营销策略。

拓展任务

以3人为一组开展调研人工智能在人们日常生活中的真实应用场景,并撰写调研报告。

单元习题

一、填空题

1. 决策树是一种将_____分成不同的区域,每个区域有独立参数的算法。
2. 随机森林算法考虑了解决回归问题和_____的能力。

3. 卷积神经网络通常包括卷积层和_____。
4. 自编码模型是一个两层的神经网络，第一层称为_____，第二层称为解码层。
5. 深度学习属于_____的范畴。

二、单选题

1. 人工智能是一门研究和开发用于模拟、扩展和延伸(　　)智能的理论、方法、技术和应用系统的新技术学科。
   A. 机器　　　　　B. 计算机　　　　C. 人类　　　　　D. 电器

2. (　　)侧重于计算机如何模拟或实现人类的学习行为，从而获得新的知识或技能，重组现有的知识结构并不断提高其性能。
   A. 深度学习　　　B. 增强学习　　　C. 迁移学习　　　D. 机器学习

3. (　　)属于机器学习领域中一个全新的发展方向，是学习样本数据的内在规律和表征层次。
   A. 深度学习　　　B. 迁移学习　　　C. 增强学习　　　D. 机器学习

4. (　　)是人工智能的核心内容，是计算机智能化的根本途径。
   A. 深度学习　　　B. 迁移学习　　　C. 增强学习　　　D. 机器学习

5. (　　)的最终目标是使机器具备像人类一样的分析和学习能力，能够准确识别字符、图像、声音等数据。
   A. 深度学习　　　B. 迁移学习　　　C. 增强学习　　　D. 机器学习

三、多选题

1. 机器学习常见的算法有(　　)。
   A. 支持向量机　　　　　　　　B. 决策树
   C. 随机森林　　　　　　　　　D. 朴素贝叶斯

2. 深度学习常见的模型有(　　)。
   A. 人工神经网络　　　　　　　B. 卷积神经网络
   C. 堆栈自编码网络　　　　　　D. 聚类模型

3. 下列属于计算机视觉应用场景的是(　　)。
   A. 车牌识别　　　　　　　　　B. 语言情感分析
   C. 植物识别　　　　　　　　　D. 文本纠错

4. 下列属于自然语言处理应用场景的是(　　)。
   A. 车牌识别　　　　　　　　　B. 指纹识别
   C. 文本纠错　　　　　　　　　D. 语言情感分析

5. 人工智能技术的应用领域涉及(　　)。
   A. 智慧城市　　　B. 智能制造　　　C. 智慧交通　　　D. 医疗卫生

单元10

云计算基础知识

单元概述

当下云计算技术已成为计算机行业的支撑技术之一,日常工作生活中所使用的软件、移动应用、小程序等都使用了云计算技术。学习云计算的基础知识有助于新时代大学生开阔视野、养成良好的信息素养。本单元主要介绍了云计算的概念、交付模式、部署模式、发展史以及云计算主要供应商及典型案例。

学习目标

(1) 理解云计算的基本概念,了解云计算主要应用场景;
(2) 掌握云计算交付模式和部署模式;
(3) 了解目前云计算主流产品;
(4) 能够分析云计算应用较为广泛的场景和典型案例;
(5) 能够运用所学知识,选择合理的云计算服务商、交付模式和部署模式;
(6) 具备良好的信息素养、节能环保意识和与时俱进的思维。

10.1 认识云计算

云计算技术作为大数据、物联网、人工智能三大技术所依赖的基础技术,其发展对信息技术的发展有着巨大的影响。阿里云、华为云、腾讯云等国内知名的云计算服务提供商的市场占有份额逐步扩大,中国的云计算技术也朝着世界领先的目标不断前进。

10.1.1 云计算概念

云计算(Cloud Computing)是一种通过网络,以不同的部署模式和交付方式提供动态的、可自定义的虚拟化资源的计算模式。

10.1.2 云计算交付模式

云计算交付模式分为3种：基础架构即服务（IaaS）、平台即服务（PaaS）和软件即服务（SaaS）。IaaS 提供了计算机体系架构和基础服务，提供了所有云计算资源供用户直接访问使用，比如数据存储、虚拟化服务、服务器和网络等；PaaS 主要是提供开发环境或平台，如编程语言、操作系统、网络服务器和数据库等，用户可在其中构建、编译、运行程序，无须担心其基础架构；SaaS 则提供具体的应用软件，根据所使用的软件，按需付费。

10.1.3 云计算部署模式

云计算部署模式分为3种：公有云、私有云和混合云。公有云是指云计算资源由第三方云服务提供商拥有和运营，资源通过互联网提供给用户使用；私有云是指专供一个企业或组织使用的云计算资源构成；混合云是指将本地物理基础结构（或私有云）与公有云结合在一起。

10.1.4 云计算发展史

云计算起源于1956年，由克里斯托弗发表的一篇有关虚拟化的论文中，正式提出了虚拟化的概念。如今云计算的基础架构核心就是虚拟化，虚拟化为云计算发展奠定了基础，而后随着计算机网络技术和共享经济的发展，云计算孕育而生。

我国云计算发展大致可以分为三个阶段：第一阶段是2010年之前是云计算的准备阶段，重点是确立概念和架构；第二阶段是2010—2013年，从概念普及到公有云、私有云、混合云的多云模式协同发展，国家在此期间出台相关政策，加快我国云计算进程；第三阶段是2013年至今，云计算在国内得到了高速的发展，云计算服务已经成为如今IT基础设施的重要组成部分，支撑、连接各单位的各项业务和流程，并与其他新兴产业融合，包括云计算与人工智能技术融合、云计算与大数据融合、云计算与新商业模式融合等。

经过近十年的发展，云计算不仅应用在计算机行业，其他行业应用也非常广泛，其中包括医疗、教育、金融、交通、餐饮、电子商务等。云计算与当下发展迅猛的大数据、物联网、人工智能等技术融合，助力我国智慧城市、智慧交通、智慧医疗、智慧校园等建设。阿里巴巴、腾讯、华为、百度等科技企业，在云计算技术研究和开发上的自主创新，促进了国家安全，推进了国家科技强国的进程。

拓展任务

使用手机打开热门的购物 APP、短视频 APP 等，是否能看到为其提供云计算服务的供应商？通过互联网了解这些云计算服务还有哪些典型案例。

10.2 云计算主要供应商及经典案例

不同的应用场景对应着不同的云计算部署方式，不同的云计算服务商产品均有其对应特点，都有一定的技术优势和应用场景优势。目前主流的云计算服务商有亚马逊云、阿里云、华为云、腾讯云等。

10.2.1 亚马逊云

亚马逊云(Amazon Web Services，AWS)。在 Gartner 的第二次涵盖云基础设施和平台服务(IaaS 和 PaaS，又称 CIPS)评估中，AWS 被评估为衡量以及执行能力和愿景完整性两方面排名最高者。AWS 所提供的服务主要包括计算、容器、存储、数据库、云迁移与传输、网络和内容分发、开发人员工具等。最具代表性的产品有 Amazon EC2、Amazon S3、Amazon SimpleDB、Amazon Simple Queue Service、Amazon CloudFront 等。

与亚马逊云合作的典型案例包括虎牙直播、青岛银行、TCL 实业、东鹏饮料、网易游戏等。网易游戏旗下《荒野行动》通过使用第五代 Amazon EC2 M5 实例替换第四代实例，实现了 40% 的 Amazon EC2 成本节省。音频语音服务和网络转发服务通过使用 Amazon EC2 A1 实例，使该部分服务的 Amazon EC2 成本节省高达 50%。

10.2.2 阿里云

阿里云创立于 2009 年，是云计算及人工智能科技公司，致力于以在线公共服务的方式，提供安全、可靠的计算和数据处理能力，让计算和人工智能成为普惠科技。阿里云服务制造、金融、政务、交通、医疗、电信、能源等众多领域的领军企业。阿里云所提供的服务包括弹性计算、存储、数据库、安全、大数据、人工智能、网络与 CDN、视频服务、容器与中间件、开发与运维、物联网 IoT、混合云、企业服务与云通信等。最具代表性的产品有云服务器 ECS、对象存储 OSS、云数据库 RDS MySQL 版、文件存储 NAS 等。

与阿里云合作的典型案例非常多，包括中国联通、12306、中石化、中石油、飞利浦、华大基因等。12306 春运购票极富挑战的应用场景，根据 2020 年的 12306 官方数据，最高日访问量超 1500 亿次，峰值每秒请求超过 170 万次。在如此高的并发访问下，还能确保每一张车票的准确状态，除了 12306 系统的调度优化外，阿里云提供的服务也起到了至关重要的作用。

10.2.3 华为云

华为是全球领先的信息与通信(ICT)基础设施和智能终端提供商，华为 ICT 产品包括了云计算中所使用的服务器、交换机、存储等，拥有全球领先的技术和硬件支撑。华为云所提供服务主要包括计算、存储、网络、数据库、人工智能、大数据、开发与运维、安全与合规、物联网 IoT 等。最具代表性的产品有弹性云服务器 ECS、对象存储服务 OBS、虚拟私有云 VPC、云数据库 RDS for MySQL 等。

华为云涉及的行业包括金融、游戏、能源、电商、智慧零售、汽车、媒体文娱、政府及公共事业等。成功的案例包括国家基础地理信息中心、中国资源卫星应用中心、中国一汽、新浪、芒果 TV、斗鱼、德邦物流、东风本田等。中国一汽选择基于华为云 Stack 构建统一的混合云作为集团数字化转型的云底座，支持微服务、容器等高阶服务部署，满足一汽企业办公、数字化营销、车联网、智慧出行等业务部署要求。

10.2.4 腾讯云

腾讯云是腾讯公司旗下的产品，为开发者及企业提供云服务、云数据、云运营等一站式服务方案。所提供服务主要包括计算、容器与中间件、存储、数据库、网络、CDN 与云通信等。最具代表性的产品有轻量应用服务器、GPU 云服务器、Elasticsearch Service、AI 绘画、即时通信 IM、云硬盘等。

腾讯云涉及的行业包括金融、教育、能源、零售、医疗、文旅、出行、交通、政务相关及工业等。成功案例包括纳杰人才、富士康、德邦快递、中国农业银行、浦发银行、海底捞等。纳杰人才通过腾讯云覆盖人力资源管理六大模块产品及服务的 SaaS+PaaS 产品，业务范围涵盖人力资源规划、招聘、培训开发、绩效管理、员工关系及薪酬福利，并且以多样化绩效管理、薪酬管理为核心的一体化人力资源管理软件。

拓展任务

通过互联网了解阿里云、华为云和腾讯云在教育行业的典型应用。

单元习题

一、填空题

1. 云计算部署模式分为_____、_____和_____。
2. 国内的云计算服务提供商有_____、_____、_____等。
3. 云计算交付模式有_____、_____和_____。

二、单选题

1. 云计算是一种通过网络，以不同的部署模式和交付方式提供动态的、可自定义的（　　）的计算模式。

    A. 存储资源　　　B. 网络资源　　　C. 虚拟化资源　　　D. 计算资源

2. 将基础设施作为服务的云计算服务类型是(　　)。

    A. DaaS　　　B. SaaS　　　C. PaaS　　　D. IaaS

3. 以下属于阿里云产品的是(　　)。

    A. Amazon S3　　　　　　　　B. 弹性云服务器 ECS
    C. 云服务器 ECS　　　　　　　D. Amazon EC2

三、多选题

1. IaaS 提供的资源有(　　)。

    A. 数据存储　　　B. 服务器　　　C. 数据库　　　D. 网络

2. 云计算交付模式有(　　)。

    A. PaaS　　　B. DaaS　　　C. SaaS　　　D. IaaS

单元 11

现代通信技术

📖 单元概述

现代通信技术研发是当前我国重点推进的项目。因为其涉及多个领域，一旦实现 5G 普及，将会给人们的生活带来翻天覆地的变化。本单元主要介绍了现代通信技术的基本概念，各类现代通信技术的特点以及新一代移动通信技术的应用。

✓ 学习目标

(1) 认识通信技术基本概念；
(2) 熟悉 Wi-Fi 技术、蓝牙技术的特点；
(3) 了解卫星通信技术、光纤通信技术、射频识别技术特点；
(4) 了解新一代信息技术的基本应用；
(5) 培养学生技术驱动创新的理念。

11.1 认识通信技术

通信是人们在日常生活中相互传递信息的过程，是人与人或人与自然之间通过某种行为或媒质进行的信息交流与传递。广义上指需要信息的双方或多方无论采用何种方法，使用何种媒质，将信息从某方准确安全传送到另一方。通信是信息或其表示方式(表示媒体)的时空转移。

11.1.1 认识信息量和信号

关于人或事物情况的报道称为消息。消息中有意义的内容称为信息。信息可理解为消息中的不确定部分，只有消息中不确定的内容才构成信息。信息量就是对消息中这种不确定性的度量。可能性越小，其信息越多；可能性越大，其信息越少。信息的表现形式有数据、文本、声音、图像,这4种形态可以相互转化。

信号是运载消息的工具,信息的物理载体。从广义上讲,它包含光信号、声信号和电信号等。古代人利用点燃烽火台产生的滚滚狼烟,向远方军队传递敌人入侵的消息,这属于光信号;说话时声波传递到他人的耳朵,使他人了解我们的意图,这属于声信号;遨游太空的各种无线电波、四通八达的电话网中的电流等,都可以用来向远方传达各种消息,这属电信号。中国天眼FAST为500m口径球面射电望远镜,其开创了建造巨型望远镜的新模式,反射面相当于30个足球场,灵敏度达到世界第二大望远镜的2.5倍以上,大幅拓宽人类的视野,可用于探索宇宙起源和演化(图11-1),它接收的就是电信号。

在通信系统中信号以电(或光)的形式进行处理和传输,电信号最常用的形式是电流信号或电压信号。

图 11-1　中国天眼 FAST

11.1.2　各类现代通信技术特点

(1)5G 技术

第五代移动通信技术(5th Generation Mobile Communication Technology,5G)是具有高速率、低时延和大连接特点的新一代宽带移动通信技术,是实现人-机-物互联的网络基础设施。国际电信联盟(ITU)定义了5G的三大类应用场景,即增强移动宽带(eMBB)、超高可靠低时延通信(uRLLC)和海量机器类通信(mMTC)。增强移动宽带主要面向移动互联网,流量爆炸式增长,为移动互联网用户提供更加快速的应用体验;超高可靠低时延通信主要面向工业控制、远程医疗、自动驾驶等对时延和可靠性具有较高要求的垂直行业;海量机器类通信主要面向智慧城市、智能家居、环境监测等以传感和数据采集为目标的应用需求。

现代通信技术研发是当前我国重点推进的项目,图11-2为移动通信技术的发展历程。

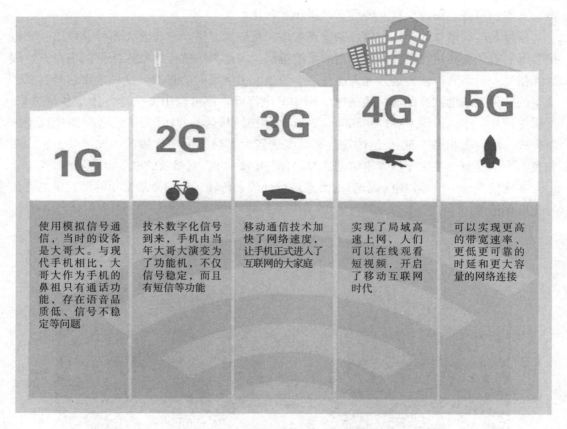

图 11-2　移动通信技术发展历程

(2) M2M 技术

M2M(Machine to Machine)即数据算法模型。这种通信技术在当前也十分常见,已应用于多个领域。当前,我国在 M2M 技术终端建设方面已取得了较为显著的成效,特别是几家传统运营商为了抢占先机,纷纷进行了大量终端建设,并进行定点服务。M2M 的应用主要有两个领域:电气行业和物流行业。电气公司主要将该技术用于读取无线计数器,方便了人员对数据的读取。如果这项技术能与配电网相结合,它将在监测和维护设备方面发挥积极作用。在物流行业,传统技术无法清晰地理解货物的储运信息,这主要是由于传统的技术管理模式相对分散,信息难以集中,但使用 M2M 技术,特别是 GPRS 技术的应用,可以完全避免这个问题,它可以定位用户的位置信息,方便管理。

(3) 蓝牙技术

蓝牙技术是一种无线数据和语音通信开放的规范技术,它是基于低成本的近距离无线连接,为固定和移动设备建立通信环境的一种特殊的近距离无线技术连接。

(4) Wi-Fi 技术

Wi-Fi 又称"行动热点",是以 Wi-Fi 联盟制造商的商标作为产品的品牌认证,创建于 IEEE 802.11 标准的无线局域网技术。基于两套系统的密切联系,也常有人把 Wi-Fi 当作 IEEE 802.11 标准的同义术语。

(5)无线定位技术

即使在没有任何网络信号的前提下，遇到紧急情况也可以拨打电话，无线定位技术的这个优势是其他通信技术所不能比拟的。无线定位技术从字面上来理解，主要是指通信设备在地面发出信号，发出信号的位置将会被卫星进行精准定位，正是有了这种技术，才会让通信服务的价值倍增。目前，无线定位技术主要应用于互联网领域和手机领域。其需要有对应的硬件支撑，例如，手机需要有北斗卫星或者GPS等来实现无线定位，网络则需要硬件保持信号的强度。当然，该项技术也正被应用在物联网中，物联网可以将在日常生活中的众多智能终端进行有效连接，并且逐渐延伸到了工业领域中，如电网、桥梁、隧道等基建工程。物联网的发展可以实现人们梦寐以求的智能生活，所有终端都可以用一个指令来进行控制，极大地丰富了人们的生活，提升了生活质量。

(6)射频识别技术

射频识别(Radio Frequency Identification，RFID)的原理为阅读器与标签之间进行非接触式的数据通信，以达到识别目标的目的。RFID的应用非常广泛，典型应用有动物晶片、汽车晶片防盗器、门禁管制、停车场管制、生产线自动化、物料管理。

(7)卫星通信技术

卫星通信简单地说就是地球上(包括地面和低层大气中)的无线电通信站间利用卫星作为中继而进行的通信。卫星通信系统由卫星地面站和传输系统组成。卫星通信的特点是：只要是在卫星发射的电波所覆盖的范围内，任何两点之间都可进行通信(通信范围大)；不易受陆地灾害的影响(可靠性高)；只要设置地面站电路即可开通(开通电路迅速)；同时可在多处接收，能经济地实现广播、多址通信(多址特点)；可随时分散过于集中的话务量(电路设置灵活)；同一信道可用于不同方向或不同区间(多址连接)。

(8)三网融合

三网融合是一种广义的、通俗的说法，在现阶段它并不意味着电信网络、计算机网络和有线电视网络三大网络的物理合一，而主要是指高层业务应用的融合。表现为技术上趋向一致，网络层上可以实现互联互通，形成无缝覆盖，业务层上互相渗透和交叉，应用层上趋向使用统一的IP协议，为提供多样化、多媒体化、个性化服务的同一目标逐渐交汇在一起，通过不同的安全协议，最终形成一套网络中兼容多种业务的运维模式。

拓展任务

利用蓝牙功能与身边同学的手机进行配对互传文件。

11.2　5G通信技术

5G作为一种新型移动通信网络，不仅要解决人与人之间的通信问题，为用户提供增强现实、虚拟现实、超高清(3D)视频等体验，更要解决人与物、物与物之间的通信问题，满足工业、车联网与自动驾驶、能源、教育、医疗、文旅、智慧城市、信息、消费、金融等领域的应用需求。未来，5G将渗透到经济社会的各行业各领域，成为支撑经济社会数字化、网络化、智能化转型的关键新型基础设施。

（1）工业领域

以5G为代表的新一代信息通信技术与工业经济深度融合，为工业乃至产业数字化、网络化、智能化发展提供了新的实现途径。5G在工业领域的应用涵盖研发设计、生产制造、运营管理及产品服务4个环节，主要包括16类应用场景，分别为：AR/VR研发实验协同、AR/VR远程协同设计、远程控制、AR辅助装配、机器视觉、AGV物流、自动驾驶、超高清视频、设备感知、物料信息采集、环境信息采集、AR产品需求导入、远程售后、产品状态监测、设备预测性维护、AR/VR远程培训。当前，机器视觉、AGV物流、超高清视频等场景已达到了规模化复制的效果，实现"机器换人"，大幅降低人工成本，有效提高产品检测准确率，达到了生产效率提升的目的。未来，远程控制、设备预测性维护等场景可能会产生较高的商业价值。

以钢铁行业为例，5G技术赋能钢铁制造，实现钢铁行业智能化生产、智慧化运营及绿色发展。在智能化生产方面，5G网络低时延特性可实现远程实时控制机械设备，提高运维效率的同时，促进厂区无人化转型；借助5G+AR眼镜，专家可在后台对传回的AR图像进行文字、图片等多种形式的标注，实现对现场运维人员的实时指导，提高运维效率；5G+大数据可对钢铁生产过程的数据进行采集，实现钢铁制造主要工艺参数在线监控、在线自动质量判定，实现对生产工艺质量的实时掌控。在智慧化运营方面，5G+超高清视频可实现钢铁生产流程及人员生产行为的智能监管，及时判断生产环境及人员操作是否存在异常，提高生产安全性。在绿色发展方面，5G大连接特性采集钢铁各生产环节的能源消耗和污染物排放数据，可协助钢铁企业找出问题严重的环节并进行工艺优化和设备升级，降低能耗成本和环保成本，实现清洁低碳的绿色化生产。5G在工业领域丰富的融合应用场景将为工业体系变革带来极大潜力，促进工业智能化、绿色化发展。

"5G+工业互联网"512工程实施以来，行业应用水平不断提升，从生产外围环节逐步延伸至研发设计、生产制造、质量检测、故障运维、物流运输、安全管理等核心环节，在电子设备制造、装备制造、钢铁、采矿、电力5个行业率先发展，培育形成协同研发设计、远程设备操控、设备协同作业、柔性生产制造、现场辅助装配、机器视觉质检、设备故障诊断、厂区智能物流、无人智能巡检、生产现场监测10个典型应用场景，助力企业降本提质和安全生产。

（2）车联网与自动驾驶

5G车联网助力汽车、交通应用服务的智能化升级。5G网络的大带宽、低时延等特性，支持实现车载VR视频通话、实景导航等业务。借助车联网C-V2X（包含直连通信和5G网络通信）的低时延、高可靠和广播传输特性，车辆可实时对外广播自身定位、运行状态等基本安全信息以及交通信号灯或电子标识等可广播交通管理与指示信息，支持实现路口碰撞预警、交通信号灯诱导通行等应用，显著提升车辆行驶安全和出行效率，未来还将实现更高等级、复杂场景的自动驾驶服务，如远程遥控驾驶、车辆编队行驶等。5G网络可支持港口岸桥区的自动远程控制、装卸区的自动码货以及港区的车辆无人驾驶应用，显著降低自动导引运输车控制信号的时延,以保障无线通信质量与作业可靠性,可使智能理货数据传输系统实现全天候全流程的实时在线监控。

(3) 能源领域

在电力领域,能源电力生产包括发电、输电、变电、配电、用电5个环节,目前5G在电力领域的应用主要面向输电、变电、配电、用电4个环节开展,应用场景主要涵盖采集监控类业务及实时控制类业务,包括输电线无人机巡检、变电站机器人巡检、电能质量监测、配电自动化、配网差动保护、分布式能源控制、高级计量、精准负荷控制、电力充电桩等。当前,基于5G大带宽特性的移动巡检业务较为成熟,可实现应用复制推广。无人机巡检、机器人巡检等新型运维业务的应用,促进监控、作业、安防向智能化、可视化、高清化升级,大幅提升输电线路与变电站的巡检效率;配网差动保护、配电自动化等控制类业务现处于探索验证阶段,未来随着网络安全架构、终端模组等技术的逐渐成熟,控制类业务将会高速发展,提升配电环节故障定位精准度和处理效率。

(4) 教育领域

5G在教育领域的应用主要围绕智慧课堂及智慧校园两方面开展。5G+智慧课堂,凭借5G低时延、高速率特性,结合VR、AR、全息影像等技术,可实现实时传输影像信息,为两地提供全息、互动的教学服务,提升教学体验;5G智能终端可通过5G网络收集教学过程中的全场景数据,结合大数据及人工智能技术,构建学生的学情画像,为教学等提供全面、客观的数据分析,提升教育教学精准度。5G+智慧校园,基于超高清视频的安防监控可为校园提供远程巡考、校园人员管理、学生信息管理、门禁管理等应用,解决校园陌生人进校、危险探测不及时等安全问题,提高校园管理效率和水平;基于AI图像分析、GIS(地理信息系统)等技术,可对学生出行、活动、饮食安全等环节提供全面的安全保障,让家长及时了解学生的在校位置及表现,打造安全的学习环境。

(5) 医疗领域

5G可通过赋能现有智慧医疗服务体系,提升远程医疗、应急救护等服务能力和管理效率,并催生5G+远程超声检查、重症监护等新型应用场景。5G+超高清远程会诊、远程影像诊断、移动医护等应用,是在现有智慧医疗服务体系上,叠加5G网络能力,极大提升远程会诊、医学影像、电子病历等数据传输速度和服务保障能力。在抗击新冠疫情期间,解放军总医院联合相关单位快速搭建5G远程医疗系统,提供远程超高清视频多学科会诊、远程阅片、床旁远程会诊、远程查房等应用,支援湖北新冠肺炎危重症患者救治,有效缓解抗疫一线医疗资源紧缺问题。5G+应急救护等应用,在急救人员、救护车、应急指挥中心、医院之间快速构建5G应急救援网络,在救护车接到患者的第一时间,将病患体征数据、病情图像、急症病情记录等以毫秒级速度、无损实时传输到医院,帮助院内医生做出正确指导并提前制定抢救方案,实现患者"上车即入院"。

(6) 文旅领域

文旅领域5G在文旅领域的创新应用将助力文化和旅游行业步入数字化转型的快车道。5G智慧文旅应用场景主要包括景区管理、游客服务、文博展览、线上演播等环节。5G智慧景区可实现景区实时监控、安防巡检和应急救援,同时可提供VR直播观景、沉浸式导览及 AI 智慧游记等体验。大幅提升了景区管理和服务水平，解决了景区同质化发展等痛点问题；5G 智慧文博可支持文物全息展示、5G+VR 文物修复、沉浸式教学等应用，赋能文物数字化发展，深刻阐释文物的多元价值，推动人才团队建设；5G 云演播融合 4K/8K、VR/AR 等技术，实现传统节目线上线下高清直播，支持多屏多角度沉浸式观赏体验，5G 云演播打破了传统艺术演艺方式，让传统演艺产业焕发了新的活力。

（7）智慧城市领域

5G 助力智慧城市在安防、巡检、救援等方面提升管理与服务水平。在城市安防监控方面，结合大数据及人工智能技术，5G+超高清视频监控可实现对人脸、行为、特殊物品、车辆等精确识别，形成对潜在危险的预判能力和紧急事件的快速响应能力；在城市安全巡检方面，5G 结合无人机、无人车、机器人等安防巡检终端，可实现城市立体化智能巡检，提高城市日常巡查的效率；在城市应急救援方面，5G 通信保障车与卫星回传技术可实现建立救援区域海陆空一体化的 5G 网络覆盖；5G+VR/AR 可协助中台应急调度指挥人员直观、及时地了解现场情况，更快速、更科学地制定应急救援方案，提高应急救援效率。目前公共安全和社区治安成为城市治理的热点领域，以远程巡检应用为代表的环境监测也将成为城市发展的重点。

（8）信息消费领域

5G 给垂直行业带来变革与创新的同时，也孕育出新兴信息产品和服务，改变人们的生活方式。在 5G+云游戏方面，5G 可实现将云端服务器上渲染压缩后的视频和音频传送至用户终端，解决了云端算力下发与本地计算力不足的问题，解除了优质游戏内容对终端硬件的高要求和依赖，对于消费端成本控制和产业链降本增效起到了积极的推动作用。在 5G+4K/8K VR 直播方面，5G 技术可解决网线组网烦琐、传统无线网络带宽不足、专线开通成本高等问题，可满足大型活动现场海量终端的连接需求，并带给观众超高清、沉浸式的视听体验；5G+多视角视频，可实现同时向用户推送多个独立的视角画面，用户可自行选择视角观看，带来更自由的观看体验。在智慧商业综合体领域，5G+AI 智慧导航、5G+AR 数字景观、5G+VR 电竞娱乐空间、5G+VR/AR 全景直播、5G+VR/AR 导购及互动营销等应用已开始在商圈及购物中心落地应用，并逐步规模化推广。未来随着 5G 网络的全面覆盖以及网络能力的提升，5G+沉浸式云 XR、5G+数字孪生等应用场景也将实现，让消费更具活力。

（9）金融领域

金融科技相关机构正在积极推进 5G 在金融领域的应用探索。银行是 5G 在金融领域落地应用的先行军，5G 可为银行提供整体的改造。前台综合运用 5G 及多种新技术，实现了智慧网点建设、机器人全程服务客户、远程业务办理等；中后台通过 5G 可实现"万物互联"，从而为数据分析和决策提供辅助。除银行业外，证券、保险和其他金融领域也在积极推动"5G+"发展，5G 开创的远程服务等新交互方式为客户带来全方位数字化体验，线上即可完成证券开户审核、保险查勘定损和理赔，使金融服务更加便捷化、多元化，带动了金融行业的创新变革。

拓展任务

利用手机 APP 测试 5G 网络。

单元习题

一、填空题

1. 电信系统在三大硬件分别是终端设备、_____、_____。
2. 信号可以分为_____和_____两大类。
3. 在数字通信技术中，复接方式有：按位复接、_____、_____3种方式。
4. 光纤通信中用到的光源有_____和_____。

二、单选题

1. 在 5G 标准的网络下，下载速度最高能达到（   ）。
   A. 10GB　　　　B. 2GB　　　　C. 100MB　　　　D. 20MB
2. 自动化工厂体现了 5G 的哪个特点？（   ）
   A. 增强移动带宽　B. 万物互联　C. 低时延高可靠　D. 保密性好
3. 话筒在通信系统中属于哪种设备？（   ）
   A. 住宿　　　　B. 发送设备　　C. 接收设备　　D. 信源
4. 在电话通信网中，用户终端设备主要为（   ）。
   A. 电缆　　　　B. 电话机　　　C. 交换机　　　D. 光纤
5. 用光缆作为传输通信方式的是（   ）。
   A. 无线通信　　B. 明线通信　　C. 微波通信　　D. 有线通信

三、多选题

1. 电信是指利用有线、无线的（   ），传送、发射或者接收语音、文字、数据、图像以及其他任何形式信息的活动。
   A. 微机系统　　B. 电磁系统　　C. 光电系统　　D. 交换系统
2. 电信网是一个多用户电信系统的互联，按照互连的方式可分为（   ）。
   A. 直接互联网　　　　　　　B. 转接互联网
   C. 移动互联网　　　　　　　D. 固定互联网
3. 移动通信按频率使用和工作状态可分为（   ）。
   A. 单工制　　　B. 半双工制　　C. 双工制　　　D. 三工制
4. 光纤通信系统主要是由（   ）构成的。
   A. 光纤　　　　B. 光源　　　　C. 光检测器　　D. 光信号
5. 多媒体远程通信系统是多媒体通信应用中最为重要的一类，主要有（   ）。
   A. 可视电话系统　　　　　　B. 多媒体会议系统
   C. 远程教学培训系统　　　　D. 远程医疗系统

单元 12

物联网

单元概述

目前，物联网的各种业务应用正在蓬勃发展，为人们生活提供各种便利，推动人们生活方式发生巨大的变革。本单元介绍了物联网的基本应用、体系组成结构及体系结构中各层次所采用的技术、实现的功能，学习物联网的基本原理、模型、关键技术，为今后进行物联网技术业务应用打下基础。

学习目标

(1) 了解物联网的概念、应用领域；
(2) 了解物联网三层体系结构及其作用；
(3) 了解物联网三层体系各自的关键技术类型及特性；
(4) 掌握物联网的应用方法；
(5) 具备积极的学习态度、细致的工作作风。

12.1 认识物联网

12.1.1 物联网的概念

物联网（Internet of Things，IoT）。物联网是通过感知设备，按照约定协议，连接物、人、系统和信息资源，实现对物理和虚拟世界的信息处理并做出反应的智能服务系统。互联网是物联网的核心和基础，物联网是互联网的末端网络。物联网可实现万物互联，实现物品、物体之间数据通信和信息交互。

12.1.2 物联网的发展历程

(1)物联网建立阶段

完成网络基础设施建设，将通信模块放入设备，使设备具有通信功能，并采用传感、RFID、二维码、Zigbee、蓝牙等技术，使得越来越多的设备连接入网。

(2)物联网大数据分析阶段

大量接入网络的设备数据被感知及采集后，汇集到云平台进行存储、分类处理和分析，形成物联网大数据。在该阶段，传输器技术进一步优化升级，并逐步趋于智能化。

(3)物联网商业价值实现阶段

企业通过传感器数据分析结果完成各种行业解决方案制定及实现。该阶段已初步实现人工智能，物联网商业价值逐步发挥出来。

12.1.3 物联网应用领域

物联网应用已呈现多领域发展，其中主要应用领域有交通、安防、农业、零售、物流、建筑、制造等。

(1)交通

物联网在交通领域已取得广泛发展，通过人、车、路的紧密结合，提高资源利用效率、改善交通环境，使交通安全得到保障。交通方面应用比较广泛的是车联网，将车辆与互联网连接，提高车辆的使用体验，其他应用有智能公交车、共享单车、充电桩监测、智能交通信号灯、智慧停车等。

(2)安防

当前物联网在安防领域的应用也较多，应用广泛的有智能安防系统，包括监控、门禁、报警等，智能安防系统可提高安防效果，减少人力资源投入。

(3)农业

物联网在农业的应用主要在智慧养殖、智慧种植方面。智慧养殖可通过嵌入芯片、佩戴设备、设置监控摄像头实现对畜牧生长状态数据的采集，精准进行畜禽喂养、繁殖。智慧种植可利用传感器、摄像头等来实现种植智能化。

(4)零售

物联网在零售行业的应用体现在自动售货机和无人便利店，自动售货机和无人便利店可实现客户购买行为分析、客户喜好商品分类，做到精准销售，节省人力成本，提高销售额和经营效率。

(5)物流

物联网在物流行业已实现全流程应用，包括仓储管理、运输监控、投递监控，同时在大数据和人工智能的支撑下，物流的各个环节可进行系统感知、全面分析处理。

(6)建筑

物联网在建筑行业的应用表现在节能方面，如智能照明、智慧电梯、消防检测等，可节省能源消耗，减少人工成本。

(7) 制造

物联网在制造业的应用体现在实现工厂的数字化、智能化，对各种工程设备和环境进行监控，进一步提升工程制造效率，保障设备良好运行。

拓展任务

请自行体验物联网应用，感受物联网为人们生活提供的便利。例如，在自动售货机购买物品，在城市中使用共享单车。

12.2 物联网体系结构

物联网体系结构由 3 层组成，由低到高层依次为感知层、网络层、应用层（图 12-1）。

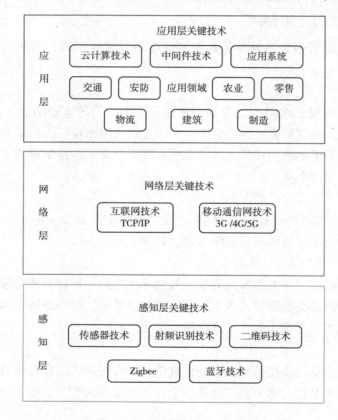

图 12-1 物联网体系结构图

12.2.1 感知层

感知层相当于人体的感知器官，物联网利用感知层来识别物体、采集信息。感知层使用传感器、射频识别（RFID）、二维码等技术来实现数据采集，同时将采集到的数据通过通信子网的通信模块与网络层的网关进行信息交互。感知层主要由传感器、传感器网关等组成，应用技术有二维码技术、生物识别、GPS 设备、光学摄像头、RFID 等各种感知设备。

在感知层中目前嵌入有感知器件和射频识别的物体形成局部网络，协同感知周围环境或自身状态，并对获取的感知信息进行初步处理和判决，以及根据相应规则积极进行响应，同时通过各种接入网络把中间或最终处理结果接入网络层。

12.2.2 网络层

网络层为物联网整体架构的核心。感知层收集到数据信息之后，进行数据传输。网络层的主要组成部分包括互联网、计算平台、网络管理系统，也包括各种异构网络、局域网络。网络层通过各种有线和无线网关、核心网和接入网，完成感知层数据传输和控制信息的双向传送、路由和控制。

12.2.3 应用层

应用层是物联网与用户之间的接口，能够针对不同行业、不同用户，提供相应的运行平台和管理平台，可与不同行业的业务模型、专业知识相结合，实现更加精细、准确的智能化信息管理。

拓展任务

上网检索网络 TCIP/IP 四层模型，将其与物联网三层模型结构进行对比，谈一谈对网络 TCIP/IP 四层模型与物联网三层模型结构的理解。

12.3 物联网感知层关键技术

12.3.1 传感器技术

传感器作为一种检测装置，可以感受到被测量的信息，能将采集到的信息按照一定规律切换为电信号或采用其他形式进行信息输出，从而满足信息的显示、记录、传输、处理、存储、控制等要求。传感器技术是实现自动检测及控制的首要步骤。传感器技术在感知节点可根据不同技术实现各种不同的应用，例如，温度传感器可以实时地将它测量得到的环境温度进行传输，这是采用温度变化会引起汞的液态变化的原理；声控灯安装在楼道之间，有人路过就亮，这是基于人走路时声音的分贝大小来进行控制；高速路上的收费站，车辆经过时地面的称重传感器会将车辆重量反馈给计算机，以便确认其是否超重，这是基于弹簧弹性收缩变化的张力来进行测量。

12.3.2 RFID 技术

RFID 是一种独立的将不同的跨学科的专业技术综合在一起的技术，如高频技术、微波与天线技术、电磁兼容技术、半导体技术、数据与密码学、制造技术和应用技术等。从结构上讲，RFID 是一种简单的无线系统，只由两个基本器件组成，即询问器和应答器，该系统用于控制、检测和跟踪物体。

目前市场上主流的 RFID 产品有无源 RFID 产品、有源 RFID 产品、半有源 RFID 产品。

无源 RFID 产品发展最早，也是发展最成熟、市场应用最广的产品。如公交卡、食堂餐卡、银行卡、宾馆门禁卡、二代身份证等，属于近距离接触式识别类。其产品的主要工作频率有低频 125kHz、高频 13.56MHz、超高频 433MHz、超高频 915MHz，其远距离自动识别的特性决定了其巨大的应用空间和市场潜质。在远距离自动识别领域，如智能医院、智能停车场、智能交通、智慧城市物联网等领域有重大应用。有源 RFID 在这个领域异军突起，属于远距离自动识别类，产品主要工作频率有超高频 433MHz、2.45GHz。半有源 RFID 技术，又称低频激活触发技术，是利用低频近距离精确定位，微波远距离识别和上传数据，来解决单纯的有源 RFID 和无源 RFID 没有办法实现的功能，简单来说，就是近距离激活定位，远距离识别及上传数据。半有源 RFID 产品集有源 RFID 和无源 RFID 产品的优势于一体，在门禁进出管理、人员精确定位、区域定位管理、周界管理、电子围栏及安防报警等领域有着明显优势。半有源 RFID 产品，在低频 125kHz 频率的触发下，让微波 2.45G 发挥优势。

12.3.3 二维码技术

二维码是用某种特定的集合图形按一定规律在平面(二维方向)分布的黑白相间的图形记录数据符号信息的。在代码编制上巧妙地利用构成计算机内部逻辑基础的"0""1"比特流的概念，使用若干个与二进制相对应的几何形体来表示文字数值信息，通过图像输入设备或光电扫描设备自动识读以实现信息自动处理。二维码还具有对不同行的信息自动识别功能及处理图形旋转变化等特点。在许多种类的二维条码中，常用的码制有 Data Matrix、MaxiCode、Aztec、Vericode、Ultracode、Code 49、Code 16K 等，每种码制有其特定的字符集，每个字符占有一定的宽度，具有一定的校验功能。

12.3.4 Zigbee

全新无线网络数据通信(Zigbee)技术是随着工业自动化对于无线通信和数据传输的需求而产生的，Zigbee 网络省电、可靠、成本低、容量大、安全，可广泛应用于各种自动控制领域。对于工业、家庭自动化控制和遥测遥控领域而言，蓝牙技术过于复杂、功耗大、距离近、组网规模太小等，而工业自动化对无线通信的需求越来越强烈。应此类需求，经过人们长期努力，Zigbee 协议在 2003 年通过，于 2004 正式问世。

Zigbee 是由多个无线数传模块组成的无线数传网络平台，每个 Zigbee 网络数传模块类似移动网络的一个基站，在整个网络范围内，它们之间相互通信，每个网络节点间的距离可以从标准的 75m，扩展到几百 m，甚至几 km，另外，整个 Zigbee 网络还可以与现有的其他各种网络连接，例如，可以通过互联网在一地监控另一地的一个 Zigbee 控制网络。不同的是，Zigbee 网络主要是为自动化控制数据传输而建立，每个 Zigbee 网络节点不仅本身可以参与监控对象，还可以自动中转别的网络节点传过来的数据资料，除此之外，每一个 Zigbee 网络节点(FFD)还可在自己信号覆盖的范围内和多个不承担网络信息中转任务的孤立子节点(RFD)无线连接。Zigbee 技术的应用包括工业和家庭自动化、遥测遥控、汽车自动化、农业自动化和医疗护理等，如灯光自动化控制。

Zigbee 技术的特点：

①省电　两节五号电池支持使用 6 个月到 2 年时间。

②可靠　采用了碰撞避免机制，同时为需要固定带宽的通信业务预留了专用时隙，避免了发送数据时的竞争和冲突，节点模块之间具有自动动态组网的功能，信息在整个 Zigbee 网络中通过自动路由的方式进行传输，从而保证了信息传输的可靠性。

③时延短　针对时延敏感的应用做了优化，通信时延和从休眠状态激活的时延都非常短。

④网络容量大　可支持 65 000 个节点。

⑤安全　Zigbee 提供了数据完整性检查和鉴权功能，加密算法采用通用的 AES-128。

⑥高保密性　64 位出厂编号并支持 AES-128 加密。

12.3.5　蓝牙技术

蓝牙(Bluetooth)是一种支持设备短距离通信(一般是 10m 之内)的无线电技术，是在两个设备间进行无线短距离通信的最简单、最便捷的方法。它应用广泛，可以无线连接手机、便携式计算机、汽车、立体声耳机等多种设备。蓝牙产品不需要安装驱动程序软件，具有低功率、低成本、内置安全性、稳固、易于使用并具有即时联网的优势。蓝牙技术可减少电线的使用，实现无缝连接、流传输立体声、传输数据或进行语音通信。蓝牙技术在 2.4 GHz 波段运行，该波段是一种无须申请许可证的工业、科技、医学(ISM)无线电波段，使用蓝牙技术不需要支付任何费用。当前蓝牙技术得到了广泛应用，集成该技术的产品有手机、汽车到医疗设备，使用该技术的用户有消费者、工业市场、企业等。

拓展任务

物联网感知层实现的关键技术包括传感器技术、RFID 技术、二维码技术、Zigbee 技术、蓝牙技术等，有哪些你曾经使用过、体验过？有什么感受？请大家讨论。

12.4　物联网网络层关键技术

12.4.1　互联网技术

互联网包含了人类的大量信息，人们常说的因特网就是互联网的狭义称谓。在相关网络协议的约束下，通过互联网相连的网络将海量的信息汇总、整理和存储，实现信息资源的有效利用和共享，是互联网的主要功能。互联网是由众多的子网连接而成，它是一个逻辑性网络，而每一个子网中都有一些主机，这些主机主要是由计算机构成，它们相互连接，共同控制着自己区域的子网。"客户机+服务器"模式是互联网的基础工作模式，在 TCP/IP 的约束下，如果一台计算机可以和互联网连接并相互通信，那么这台计算机就成了互联网的一部分。这种不受自身类型和操作系统限制的联网形式，使互联网的覆盖范围很大。从某种意义上来说，在互联网的基础上加以延伸便可形成物联网。

互联网是物联网最主要的信息传输网络之一，要实现物联网，就需要互联网适应更大的数据量，提供更多的终端。要满足一些要求，就必须从技术上进行突破。目前，IPv6 技术是攻克这种难题的关键技术，IPv6拥有接近无限的地址空间，可以存储和传输海量的数据。利用互联网的IPv6技术，不仅可以为人们提供服务，还能为所有硬件设备提供服务。

12.4.2 移动通信网技术

移动物体之间、移动物体与静态物体之间的通信需要利用移动通信网得以实现。移动通信有两种方式，分别是有线通信和无线通信，在这两种方式的作用下，人们可以享受语音通话、图片传输等服务。

核心网、骨干网以及无线接入网共同构成了移动通信网，其中，无线接入网的主要作用是连接移动通信网和移动终端，而利用核心网和骨干网可以实现信息的互交和传递。由此可见，移动通信网的基础技术包括两类：一类是信息交互技术；另一类是信息传递技术。

移动通信网可以实现任何形式的传播，因此它具有开放性；移动通信网可以在多种复杂环境下进行工作，因此它又具有复杂性。另外，移动通信网还具有随机移动性。与互联网一样，物联网不仅需要有线的信息连接方式，也需要无线的信息连接方式。多种形式的连接方式可以帮助物联网高效且方便地传输和交互数据信息，实现信息的采集和共享。

拓展任务

对比物联网网络层关键技术与TCP/IP网络层关键技术，物联网网络层综合使用各种通信技术，同时承担更大数据量和更高质量网络服务需求，实现物物相连。

12.5 物联网应用层关键技术

12.5.1 云计算技术

云计算是分布式处理、并行计算和网格计算等概念的发展和商业实现，其技术实质是计算、存储、服务器、应用软件等IT软硬件资源的虚拟化，云计算在虚拟化、数据存储、数据管理、编程模式等方面具有自身独特的技术。

云计算有SaaS，PaaS，IaaS 3种系统类别。

（1）SaaS

传统软件用户将其安装到硬盘后使用。在云中，用户不需要购买软件，而是基于服务付费。它支持多租户，这意味着后端基础架构由多个用户共享，但逻辑上每个用户都是唯一的。

（2）PaaS

PaaS将开发环境作为服务，提供开发人员使用。开发人员将使用供应商的代码块来创建他们自己的应用程序，该平台托管在云中，使用浏览器进行访问。

（3）IaaS

在IaaS中，供应商将基础架构作为一项服务提供给客户，这种服务以技术、数据中心和IT服务的形式提供，相当于商业世界中的传统"外包"，但费用要少得多。

运用云计算模式，使物联网中大量物品的实时动态管理、智能分析变为可能。从物联网的结构看，云计算将成为物联网的重要环节。物联网与云计算的结合必将通过对各种能力资源共享、信息价值深度挖掘等多方面的促进带动整个产业链和价值链的升级与跃进，同时各种物体充分连接，并通过无线等网络将采集到的各种实时动态信息送达计算处理中心，进行汇总、分析和处理。

12.5.2 中间件技术

中间件（middleware）是基础软件的一大类，属于可复用软件的范畴。中间件处在操作系统、网络和数据库之上，应用软件的下层。中间件是一种独立的系统软件或服务程序，分布式应用软件借助这种软件在不同的技术之间共享资源，管理计算资源和网络通信。

中间件是物联网应用中的关键软件部件，是衔接相关硬件设备和业务应用的桥梁，主要功能包括屏蔽异构性、实现互操作和信息的预处理等。

12.5.3 应用系统

所有物联网的应用都体现在应用层的物联网应用系统中。物联网有很多应用领域，而物联网的具体应用都体现在一个个物联网系统中。物联网系统的基本特点是"三化两性"，即无人化、自动化、智慧化、实时性与无限性。物联网系统是在有限环境中的一个应用系统。通常，物联网系统中与真实世界物理对象相连的是局域物联网，要实现无限时空、无限通达的信息交互则依靠互联网。

拓展任务

物联网在应用层有很多关键技术，这些关键技术均有一定的技术缺陷及漏洞，请从网络信息安全角度思考物联网领域存在哪些信息安全隐患，讨论可采用什么方法进行防护。

单元习题

一、填空题

1. 物联网包含体系结构有3层，分别是_____、_____和_____。
2. 基于应用服务设想，物联网可以分为感知、传输、支撑、应用四大部分，其中感知和传输属于硬件系统中的_____和_____，支撑和应用属于软件系统中的_____层。
3. 物联网，感知层关键技术有_____、_____、_____、_____和_____。
4. 物联网应用层关键技术有_____、_____、和_____。
5. RFID系统主要由两个基本器件组成，分别是_____和_____。

二、单选题

1. RFID属于物联网的（　　）层。
   A. 应用　　　　　　B. 网络　　　　　　C. 业务　　　　　　D. 感知
2. 无线传感器网络要解决的问题是（　　）。

A. 物物交互 B. 人机交互
C. 物物交互和人机交互 D. 人人交互

3. 不是物联网体系构架的是（ ）。
A. 感知层 B. 物理层 C. 网络层 D. 应用层

4. 利用 RFID、传感器、二维码等随时随地获取物体的信息，指的是（ ）。
A. 可靠传递 B. 全面感知 C. 智能处理 D. 互联网

5. 在物联网关键性的技术中，（ ）能够接收物品"讲话"的内容。
A. 电子标签技术 B. 传感技术
C. 智能技术 D. 纳米技术

三、多选题

1. 物联网是把（ ）融为一体，实现全面感知、可靠传送、智能处理为特征的、连接物理世界的网络。
A. 传感器及 RFID 等感知技术 B. 通信网技术
C. 互联网技术 D. 云计算技术

2. 物联网产业的关键要素是（ ）。
A. 感知 B. 传输 C. 网络 D. 应用

3. 云计算的服务模式是（ ）。
A. IaaS B. SaaS C. QaaS D. PaaS

4. 物联网通过各种信息传感设备，把物品与互联网连接起来，进行信息交换和通信，下面哪些是物联网的信息传输技术？（ ）
A. 传感器技术 B. 蓝牙技术
C. RFID 技术 D. Zigbee

5. RFID 系统主要哪两个器件组成？（ ）
A. 应答器 B. 存储器 C. 条形码 D. 阅读器

单元13 数字媒体

单元概述

数字媒体是指以二进制数的形式记录、处理、传播、获取过程的信息载体，包括数字化的文字、图形、图像、声音、视频影像和动画等感觉媒体及其表示媒体等（统称逻辑媒体），以及存储、传输、显示逻辑媒体的实物媒体等。本单元主要介绍了数字媒体的概念与数字化传播的前景、数字文本与数字图像的编辑处理技术、数字音频与数字影像的录制剪辑技术、HTML5技术的应用等数字媒体技术。

学习目标

(1) 理解数字媒体和数字媒体技术的概念；
(2) 了解数字媒体技术的发展前景；
(3) 了解数字文本、图像、声音、视频处理的技术过程；
(4) 了解HTML5应用的新特性；
(5) 能够利用数字媒体技术解决传播领域的实际问题；
(6) 掌握文本准备、文本编辑、文本处理、文本存储和传输、文本展现等操作；
(7) 掌握对数字图像进行去噪、增强、复制、分割、提取特征、压缩、存储、检索等操作；
(8) 掌握通过移动端应用程序进行声音录制、剪辑与发布等操作；
(9) 掌握通过移动端应用程序进行视频制作、剪辑与发布等操作；
(10) 掌握HTML5应用的制作和发布过程；
(11) 具备工匠精神、积极的学习态度以及细致的工作作风。

13.1 认识数字媒体和数字媒体技术

13.1.1 数字媒体概念

数字媒体既是指以二进制数的形式产生、记录、处理、传播和获取过程的信息载体,也指被传递的内容。数字媒体是以比特的形式通过计算机进行存储、处理和传播。交互性能的实现,在模拟域中是相当困难的,但在数字域中却容易得多,具有计算机的人机交互作用是数字媒体的一个显著特点。数字媒体是数字化的内容作品,主要是以现代网络为主要传播载体,通过完善的服务体系,分发到终端与用户进行消费的全过程。

13.1.2 数字媒体技术概念

数字媒体技术是以计算机技术为基础,结合了数字技术、媒体与艺术设计的多学科交叉专业,以网络通信技术作为主要的通信手段综合处理图像和图形、声音、文字等媒体信息,并实现数字媒体的记录、表现、处理、传输、储存、管理等,是一门将抽象信息具体化、可管理化的软硬件技术。

13.1.3 数字媒体与传统媒体的区别

传统媒体与数字媒体最大的区别在于传播状态的改变:由一点对多点变为多点对多点。相对于传统媒体,数字媒体的另一个鲜明特点,是它消解传统媒体(电视、广播、报纸、通信)之间的边界,消解国家与国家之间、社群之间、产业之间的边界,消解信息发送者与接收者之间的边界。无边界的传播范围变得不可控和不可知,基于网络和数字技术所构筑的需求、传输和生产日趋无限。

13.1.4 数字媒体特点

(1) 数字化

传统媒体几乎都是以纸质、模拟信号等方式进行表现、存储和传播,而数字媒体却是以二进制的形式,利用计算机进行处理、存储和传播。

(2) 集成性

数字媒体是建立在数字化处理的基础上,将数字媒体技术结合文字、图形、声音、动画等各种媒体的一种应用,其应用范围比传统媒体更广阔。

(3) 交互性

数字媒体的人机交互作用在传统媒体领域中是较难实现的。互联网、移动流媒体、数字游戏、数字电视及 IPTV 等为人们提供了宽广的娱乐空间。

(4) 技术与艺术的融合

数字媒体传播需要信息技术与人文艺术的融合,传统媒体是无法实现的。

> **拓展任务**

以 6 人为一组，通过互联网查找和收集数字媒体技术分类的资料，每组派 1 名成员汇报数字媒体技术的主要分类。

13.2 数字文本处理

数字文本处理技术主要指对文本的采集、加工处理、存储、呈现、传播和应用信息的媒体手段和方法。其在计算机中的处理过程包括：文本输入、常用文字编辑软件、文本保存。

13.2.1 文本输入

文本的输入方式包括键盘输入和非键盘输入，非键盘输入主要包括手写输入、语音识别和 OCR 文字识别等。

OCR（Optical Character Recognition）文字识别是指用电子设备（如扫描仪或数码相机）检查纸上打印的字符，然后用字符识别方法将形状翻译成计算机文字的过程，即对文本资料进行扫描，然后对图像文件进行分析处理，获取文字及版面信息的过程。图片文字提取的软件有 QQ（截图后点击文字识别）、WPS、尚书、汉王和迅捷等，目前部分手机相机也自带文字识别功能，可快速提取图片中的文字，提高文本输入效率。

13.2.2 常用文字编辑软件

文本编辑可使用 Microsoft Office、WPS 等文字处理软件。文本编辑的目的是确保文本内容正确无误，主要对字、词、句、段落进行添加、删除、修改等操作，使文本清晰、美观、便于阅读。字的处理包括：设置字体、字号、字的排列方向、间距、颜色、效果等；段落的处理包括：设置行距、段间距、段缩进、对称方式等；页面布局的处理包括：设置页边距、每页行列数、分栏、页眉、页脚等。

13.2.3 文本保存

根据用途可将文本文件分为简单文本、丰富格式文本和超文本文件 3 类。

（1）简单文本

简单文本是由一连串字符组成的，几乎不包含任何其他格式信息和结构信息。这种文本又称为纯文本或者 ASCII 文本，文本的后缀名是 .txt。简单文本的特点是：线性结构、泛用性广、体积小、阅读不受限制和局限性大。

（2）丰富格式文本

①RTF 格式文件　RTF 是为了便于不同格式文本能在不同软件和系统中互相交换使用而提出的一种中间格式。可用 Windows 写字板程序创建，Microsoft Office 和 WPS 也可把文本保存为 RTF 格式。

②PDF 格式文件　将各种信息（文字、颜色、图像、超文本等）分装在一个文件中，

实现纸张印刷和网络出版的统一，是出版领域的标准。

（3）超文本文件

超文本文件又称非线性文本，文本的组织结构是网状结构，即包含连接信息的丰富格式文本。阅读时除顺序阅读，还可以进行跳转、导航、回溯等操作。网页中的超文本文件还分静态文档、动态文档、主动文档。

13.2.4 文本输出

文本输出的目的是阅读、浏览或打印。阅读终端的文本阅读器或浏览器包括：嵌入在文本编辑（处理）软件中的，如微软的 Word；独立的软件，如 Adobe 公司的 Acrobat Reader，知网的 CAJViewer 等。

拓展任务

使用 iebook 软件进行电子杂志设计排版。

13.3 数字图像处理

选择一张拍摄好的人像照片，运用移动端的图像处理 APP，处理照片的数字图像效果，制作个人艺术作品。

13.3.1 图像基本格式

JPEG、PNG、GIF 等格式是目前手机拍摄及处理的图像的主要格式，Android 和 iOS 系统一般为 JPEG 格式。数字图像格式不相同时可以使用软件进行转换、合成处理等操作处理。

13.3.2 图像的处理

市面上较常用的手机图像处理 APP 有很多，这些 APP 的图像处理、效果增强、合成处理等功能各有特色。下面以图像处理 APP"美图秀秀"为例进行介绍。

（1）图像素材准备

使用手机相机拍摄一张近景正面照片、一张在任意风景下拍摄的全身正面照片，要求构图合理、曝光和色彩正常。

（2）图像处理示范案例

①打开美图秀秀 APP，点击"导入"功能，点击想要编辑的图像素材，导入到 App 中就可以对图像进行编辑了。

②图像处理　图像处理是根据自身或的创意者客户需求需要对原始的图像素材进行后期处理和制作的环节，包括素材图像增强、特效、图像抠图、美颜处理和滤镜等常用功能。

图像处理的基本流程和方法：

a. 打开"美图秀秀"APP；选择"图片美化"功能，并自动跳转至手机相册，选择一张人像照片，并点击该图片，进入美化步骤，如图 13-1 所示。

图 13-1　操作步骤

b. 在"美化"界面下方的美化工具栏中，如图 13-2 所示，选择相应的美化工具，完成对图片的美化，如图 13-3 所示。

图 13-2　美化工具栏

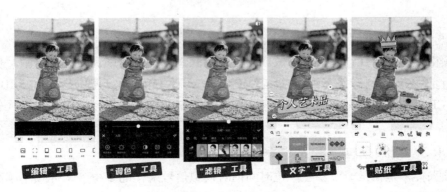

图 13-3　部分美化工具操作

c. 完成图片美化后，在美化工具栏的右侧点击"去美容"，进入人像美容环节，如图 13-4 所示；在"美容"界面，可以完成"一键美颜""美妆""面部重塑""瘦脸瘦身""增高塑形"等操作，如图 13-5 所示。

图 13-4 "去美容"按钮

图 13-5 部分美容工具操作

③导出图像　图像整体合成处理完成后，点击右上角的"保存"箭头。

拓展任务

使用手机图像处理 App，完成一张人像照片的图像处理。

13.4 数字音频处理

13.4.1 音频格式

音频格式是指要在计算机内播放或是处理音频文件，是对声音文件进行数、模转换的过程。目前手机录制音频常见格式有 MP3、WAV、AMR 等，其他格式如 MIDI、ACC、MPEG、CD 等格式通常用于计算机。不同格式的音频格式文件可以通过格式转换软件进行转换。

13.4.2 音频采样率和比特率

音频采样率是指录音设备在单位时间内对模拟信号采样的多少，采样频率越高，机械波的波形就越真实越自然。采样频率一般分为 11 025 Hz、22 050 Hz、24 000 Hz、

44 100 Hz、48 000 Hz 5 个等级，11 025 Hz 能达到 AM 调幅广播的声音品质，而 22 050 Hz 和 24 000 Hz 能达到 FM 调频广播的声音品质，44 100 Hz 则是理论上的 CD 音质界限，48 000 Hz 则更加精确一些。

比特率又称二进制位速率，俗称"码率"，表示单位时间内传送比特的数目，用于衡量数字信息的传送速度，常写作 bit/sec。根据每帧图像存储时所占的比特数和传输比特率，可以计算数字图像信息传输的速度。

13.4.3 人声音频制作

AI 人声录制是当下短视频行业应用较多一种人声录制技术。以手机"剪映"APP 为例，逐步讲解如何将一段文字演变成一段音频。具体步骤如下：

①打开手机软件"剪映"APP，点击"开始创作"，在"素材库"选项卡中，选择一段黑场视频，点击屏幕下方添加，进入剪辑界面，步骤如图 13-6 所示。

图 13-6 添加素材操作

②点击下方工具栏"文本"，进入二级工具栏，选择"新建文本"，将准备好的文字片段"数字媒体是指以二进制数的形式记录、处理、传播、获取过程的信息载体"复制到文本输入框中。选择该文字，点击下方"文本朗读"，如图 13-7 所示，选择相应的朗读音色，等待音频下载，完成人声音频制作，如图 13-8 所示。

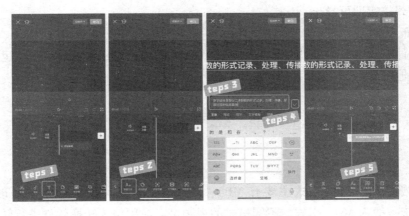

图 13-7 添加文本操作

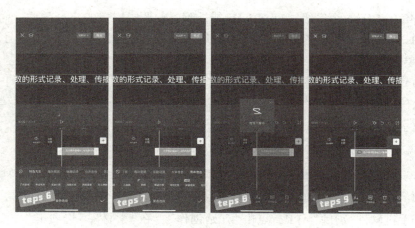

图 13-8　添加音频操作

> **拓展任务**

使用手机音频处理 APP，完成一段音频的制作并发布。

（1）音频素材准备

①录制声音　点击 APP 界面下方的"+"，选择"录音"，进入录音界面，在安静的环境下，点击红点，开始进行录制。录音结束后，点击"完成"，点击文件后面的"…"更改录音文件名即可完成录制。

②音乐剪辑　点击 APP 界面下方蓝色图标，选取音频文件，点击"确定"，开始剪辑。点击蓝色波形，拖动可以调整或截取音频时长，下方工具栏可以选择音频特效等。调整好满意的参数，点击右上角的"√"，输入保存的文件名字，点击"导出"即可。

（2）进行音频修正

①导入声音文件　打开 APP 主界面，可以看见刚才保存的文件，点击右边"…"，在菜单中选择"音频工具箱"。

②进行音频修正　选择"降噪"或"人声增强"，可根据自己需求随意选择，选择好后点击右边下载按钮即可导出。

（3）发布音频

点击文件右边"…"，点击"分享"，选择 QQ 或微信，发送到客户手中，也可以根据需求分享到其他平台。

13.5　数字视频处理

13.5.1　视频格式

目前手机拍摄视频的格式主要有 MP4、MOV、AVI 等，Android 系统一般为 MP4 格式，iOS 系统一般为 MOV 格式。不同格式的视频可以使用格式转换软件进行转换。

13.5.2 视频分辨率和帧率

分辨率是用于度量图像内数据量多少的一个参数，描述分辨率、像素用"宽度×高度"表示，视频的分辨率是指它在横向和纵向上的有效像素，目前常见的视频分辨率有：720P（1280×720）、1080P（1920×1080）、2K（2560×1440）、4K（3840×2160 或 4096×2160）等。分辨率越高，存储视频文件需要的空间越大。

帧率是指视频每秒显示的帧数，单位为帧/秒（fps），常见的有 25 fps、30 fps、60 fps 等。视频帧率越高，画面越流畅。

13.5.3 短视频制作

（1）拍摄视频素材

使用手机拍摄视频，设置好视频分辨率和帧率，拍摄几段人文风光片段，注意构图、画面亮度、固定镜头稳定、运动镜头速度。以手机"剪映"APP 为例。

（2）进行后期制作

打开"剪映"APP，点击"开始创作"，选择所需要的素材，点击"添加"，把视频素材添加到项目的时间线后，进入剪辑界面。

（3）视频剪辑

视频剪辑需要根据创意脚本对拍摄视频素材进行后期加工处理，内容包括整理素材、剪辑素材、加入音频、制作字幕、添加特效、滤镜等常用功能。

视频剪辑的基本流程和方法：

①调整视频素材的排序　长按可拖动视频素材进行调整排列顺序，如图 13-9 所示。

②调整视频素材长度　点击素材，拖动视频两端的边框调整视频长度，如图 13-10 所示。

③视频转场的应用　选中两段视频素材之间的白色方框，进入"转场"选择界面，为视频素材选择加入合适的视频转场，实现更好的画面效果，如图 13-11 所示。

图 13-9　调整素材操作

图 13-10　调整视频素材长度操作

图 13-11　视频转场添加操作

④添加音频　点击"音频"工具，根据作品主题风格选择合适的背景音乐、解说词、音效等，起到烘托作品主题的作用，如图 13-12 所示。

图 13-12　添加音频操作

⑤字幕制作　点击"文本"工具，根据需要制作字幕，如图 13-13 所示。

图 13-13　字幕制作操作

（4）导出视频

点击"导出"功能左边的视频分辨率和帧率选项，选择需要的参数，即可导出视频成品。

（5）发布视频

点击文件右边"…"，点击"分享"，选择 QQ 或微信，发送到客户手中，也可以根据需求分享到其他平台。

拓展任务

用手机拍摄几段美丽的人文风光视频，制作成 1min 左右的人文风光短视频。

13.6　HTML5 应用

13.6.1　HTML5 制作工具

目前的 HTML5 制作工具可以分为本地编辑制作和在线编辑制作两类。

本地编辑制作工具如 HBuilder、Notepad++、WebStorm、Sublime Text 3、Adobe Edge Animate 等，对制作者的技术水平要求较高。

在线编辑制作工具如木疙瘩、人人秀、易企秀、兔展等，是使用浏览器访问在线制作工具平台，在线编辑制作并生成 HTML5 文件，完成后使用平台的发布功能生成二维码，用户扫码即可使用。优点是操作简单、速度快、效果好；缺点是受在线编辑平台功能的限制，开放更高级的功能需要额外付费。

13.6.2　HTML5 制作步骤

本单元以木疙瘩在线编辑工具为例进行教学，读者需要准备可上网的计算机，使用浏览器访问木疙瘩网站，点击主页的登录/注册，按弹出菜单要求使用微信和手机号绑定注册并实名认证后，即可开始创作。

（1）新建 HTML5 作品

①点击木疙瘩官网右上角的"个人中心"。

②点击左侧"+"号新建作品，创建新的 HTML5 作品，如图 13-14 所示。

图 13-14　创建新的 HTML5 作品

③选择创建空白模板或者套用模板商城的模板。若选择模板，页面则会跳转到模板商店，可以在模板商店中选择合适的模板进行套用。

(2) 导入背景

在"工具栏"中选择"图片"按钮，弹出"上传图片"对话框，点击"选择文件"，打开素材所在的文件夹，选择所要上传的图片，点击"上传"按钮，上传所选图片。上传成功后，点击"选择"按钮，将图片成功放置舞台，作为作品背景，如图 13-15 所示。

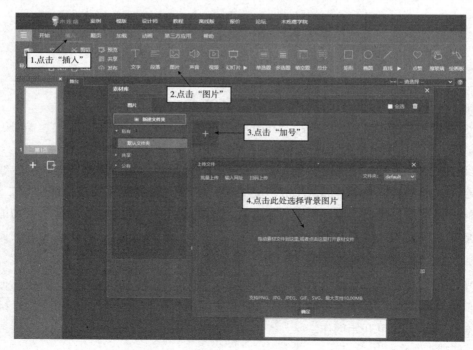

图 13-15　导入背景操作

(3)添加内容

①添加素材　在"媒体库"中找到已上传好的素材。在"共享组"下的"新手入门素材·平台"中选择图片素材，点击"添加"按钮添加至舞台，如图13-16所示。

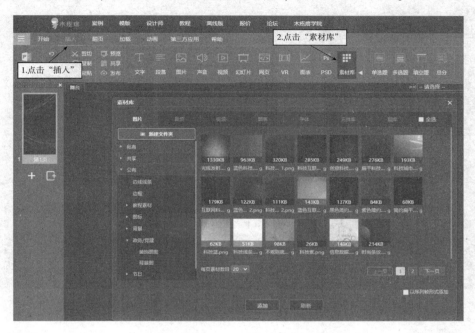

图13-16　添加素材操作

②添加文字　选择文字，系统自动在HTML5页面中插入文本框。编辑文本框内的文字，并在右侧为之设置合适的字体和颜色，可根据需要添加需要的全部文字内容，如图13-17所示。

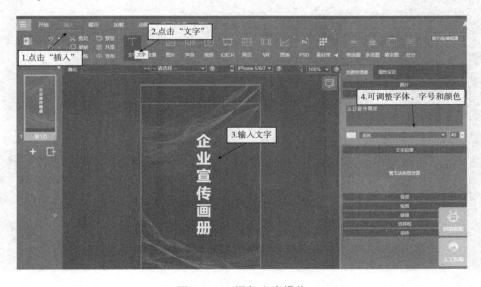

图13-17　添加文字操作

③添加背景音乐　点击右上角"音乐",选择合适的背景音乐。选择"音乐"→"更换",如图13-18所示。

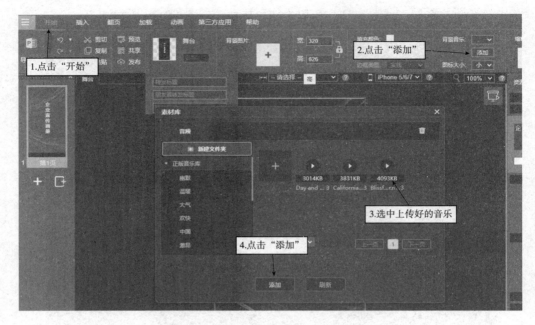

图13-18　背景音乐操作

(4)设置动画

鼠标选中"选择"工具,点击舞台上"H5"素材右边"添加预置动画"按钮,弹出"添加预置动画"对话框,选择"翻转进入"动画效果,如图13-19所示。

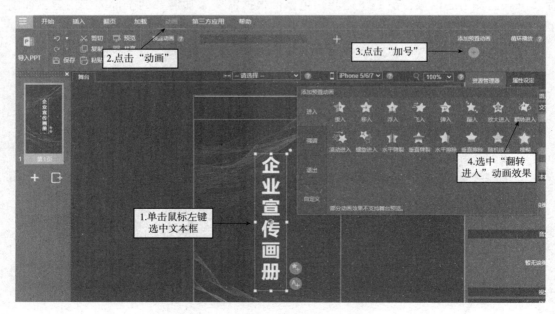

图13-19　添加动画操作

(5) 页面调整

第1页内容完成后,可以添加更多的页面。点击屏幕左下角"添加页面"可以增加页面。在屏幕左侧拖动页面,可以调整页面顺序。点击"-"按钮,可以删除页面,如图13-20所示。

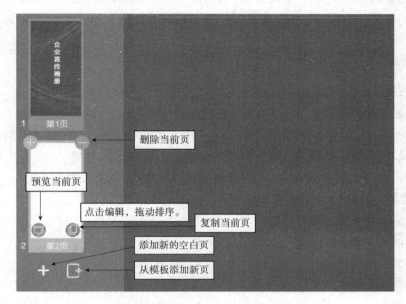

图 13-20　页面调整操作

(6) 作品保存和发布

编辑时可以点击"保存"保存制作的作品,点击左上角"查看发布地址",完成后可以点击右上角的"发布"按钮,填写分享标题、分享描述,然后点击"确定",即可看到发布二维码、网址,访问该网址或手机扫描二维码就可以看到所做的HTML5作品,如图13-21所示。

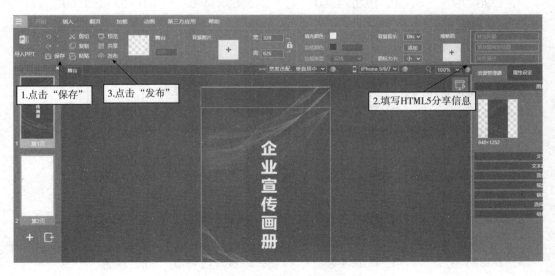

图 13-21　作品保存和发布操作

拓展任务

某工作室接到客户需求，需要为客户制作一个可用微信浏览的 HTML5 电子宣传单，要求有合适的背景图及音乐，有动感效果。完成后将二维码发布到客户的微信上。

单元习题

一、填空题

1. 4K 视频的分辨率是_____。
2. 比特率又称二进制位速率，俗称_____，表示单位时间内传送比特的数目。
3. 文本保存类型，根据用途可分为简单文本、丰富格式文本和_____3 类。
4. 传统媒体与数字媒体的最大区别在于传播状态的改变：由一点对多点变为_____。

二、单选题

1. 数字媒体的传播特性不包括(　　)。
   A. 传播内容海量化　　　　　　B. 受传者个性化
   C. 传播途径局限化　　　　　　D. 传播者多样化
2. TXT 格式也称为(　　)。
   A. 图片格式　　B. 视频格式　　C. 纯文本格式　　D. 音频格式
3. 数字文本处理流程大概包含 3 个过程：文本采集、文本处理、(　　)。
   A. 文本打印　　B. 文本输入　　C. 文本输出　　D. 文本编辑
4. 以下用于数字图像的单位是(　　)。
   A. px　　　　　B. dm　　　　　C. fps　　　　　D. km
5. 通常所说的 2K 视频，分辨率是(　　)。
   A. 1280×720　　B. 1920×1080　　C. 2560×1440　　D. 3840×2160

三、多选题

1. 常见的视频格式有(　　)。
   A. ACC　　　　B. MP4　　　　C. MOV　　　　D. JPG
2. 数字媒体技术专业是多学科交叉专业，结合了(　　)学科。
   A. 艺术设计　　B. 计算机技术　　C. 数字技术　　D. 媒体
3. HTML5 在线编辑制作工具有(　　)。
   A. 木疙瘩　　　　　　　　　　B. 易企秀
   C. Adobe Edge Animate　　　　D. 人人秀
4. 常见的图片格式有(　　)。
   A. PNG　　　　B. GIF　　　　C. RAW　　　　D. MPG1
5. 以下选项中，属于视频剪辑流程的有(　　)。
   A. 截图保存　　B. 添加字幕　　C. 添加转场特效　　D. 调色

单元 14 虚拟现实

单元概述

虚拟现实技术是 20 世纪发展起来的一项全新的实用技术。虚拟现实技术包括计算机、电子信息、仿真技术,其基本实现方式是计算机模拟虚拟环境从而给人以沉浸感。随着社会生产力和科学技术的不断发展,各行各业对 VR 技术的需求日益旺盛,本单元主要通过学习相关软件的操作,了解虚拟现实技术的基本概念,通过 3ds Max 的建模过程和 Unity 的控制方法,学习虚拟现实开发工具的简单使用。

学习目标

(1) 理解虚拟现实技术的基本概念;
(2) 了解虚拟现实产品的开发要素、发展历程、应用场景和未来趋势;
(3) 了解虚拟现实应用开发的流程和相关工具;
(4) 了解穿戴虚拟现实套件;
(5) 掌握一种主流虚拟现实引擎开发工具的简单使用方法;
(6) 通过 Unity 引擎了解基本操作;
(7) 通过 3ds Max 了解基本建模操作;
(8) 了解数据控制的基本方法;
(9) 培养良好的心理素质和克服困难的勇气。

14.1 认识虚拟现实

14.1.1 虚拟现实技术

虚拟现实技术（Virtual Reality Technology，VR）是伴随多媒体技术发展起来的计算机新技术，它利用三维图形生成技术、多传感交互技术以及高分辨率显示技术，生成三维逼真的虚拟环境，用户需要通过特殊的交互设备才能进入虚拟环境中。它融合了数字图像处理、计算机图形学、多媒体技术、传感器技术等多个信息技术分支，从而大大推进了计算机技术的发展。它的一个主要功能是生成虚拟境界的图形，故又称为图形工作站。图像显示设备是用于产生立体视觉效果的关键外设，目前常见的产品包括光阀眼镜、三维投影仪和头盔显示器等。其中高档盔显示器在屏蔽现实世界的同时，可提供高分辨率、大视场角的虚拟场景，并带有立体声耳机，可以使人产生强烈的沉浸感。其他外设主要用于实现与虚拟现实的交互功能，包括数据手套、三维鼠标、运动跟踪器、力反馈装置、语音识别与合成系统等。虚拟现实技术的应用前景十分广阔。它始于军事和航空航天领域的需求，但近年来，虚拟现实技术的应用已大步走进工业、建筑设计、教育培训、文化娱乐等方面，正在改变着人们的生活。

14.1.2 虚拟现实核心元素

虚拟现实的核心元素即其本身的知识体系包括：硬件、原理、软件和应用。其中硬件包括 VR 头盔、传感器、动态捕捉；原理包括图形学、计算机学、人工智能、人体工程学、艺术学；软件包括开发引擎和三维模型，开发引擎又包括 Unity C#和 UE C++。三维模型则包括建模软件与贴图绘制，建模软件比较多例如：3ds Max、Maya、Blender、ZBrush，贴图绘制则包括 Body Paint3D、Substance Painter、Photoshop 等；最后的应用包括教育、医疗、建筑和军事。

14.1.3 开发引擎基本应用

Unity3D 是实时 3D 互动内容创作和运营平台。包括游戏开发、美术、建筑设计、汽车设计、影视创作在内的创作者，可借助 Unity 将创意变成现实。Unity 平台提供一整套完善的软件解决方案，可用于创作、运营和变现任何实时互动的 2D 和 3D 内容，支持平台包括手机、平板电脑、PC、游戏主机、增强现实和虚拟现实设备。

①选择 Unity3D 的图标，双击左键或点击右键选择打开，如图 14-1 所示。

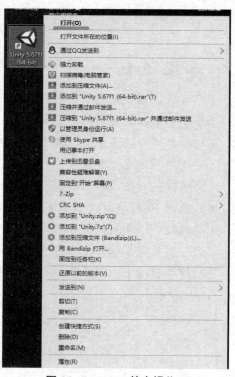

图 14-1　Unity 基本操作 1

②新建项目，项目可以包含多个场景，open 是打开项目，如图 14-2 所示。

图 14-2　Unity 基本操作 2

③点击"Save Project"保存项目，如图 14-3 所示。

图 14-3　Unity 基本操作 3

④把程序输出成应用程序、Web 程序或手机程序以及 PS2 程序，如图 14-4 所示。

图 14-4　Unity 基本操作 4

14.1.4　3ds Max 软件的基本应用

3D Studio Max 简称 3ds Max，是 Discreet 公司（后被 Autodesk 公司合并）开发的基于 PC 系统的 3D 建模渲染和制作软件。其前身是基于 DOS 操作系统的 3D Studio 系列软件。在 Windows NT 出现以前，工业级的 CG 制作被 SGI 图形工作站所垄断。3D Studio Max+Windows NT 组合的出现降低了 CG 制作的门槛，首先开始运用在计算机游戏的动画制作中，后更进一步开始参与影视特效制作，在 Discreet 3Ds max 7 后，正式更名为 Autodesk 3ds Max。

①选择 3ds Max 的图标，双击或右键选择打开，如图 14-5 所示。

图 14-5　3ds Max 基本操作 1

②新建基础模型，如图 14-6 所示。

图 14-6　3ds Max 基本操作 2

③保存文件，如图 14-7 所示。

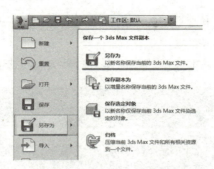

图 14-7　3ds Max 基本操作 3

④把文件导出成 FBX 文件或其他文件类型，如图 14-8 所示。

图 14-8　3ds Max 基本操作 4

拓展任务

利用各类搜索引擎，自行查找其他虚拟建模软件和控制引擎，比较其优缺点。

14.2　模型制作

14.2.1　认识建模

建模是指通过应用 3ds Max 的技术，在虚拟世界中创造出模型的过程。常用的建模方式很多，包括几何体建模、样条线建模、复合对象建模、修改器建模、多边形建模等，其中几何体建模是 3ds Max 中最简单的建模方式，其创建方式类似于"搭积木"。3ds Max 内置有多种常见的几何形体，如长方体、球体、圆柱体、平面、圆锥体等。通过这些几何形体的组合，可以制作出一些简单的模型，如书架、桌子、茶几、柜子等。除此之外，3ds Max 还内置了一些室内设计中常用的元素，如门、窗、楼梯等，只需设置简单的参数就可以得到精确尺寸的模型对象。

14.2.2 模型制作

在本单元中我们将会以事迹石碑为对象,用 3ds Max 软件进行模型创建,共分为 18 个步骤进行,下面开始详细讲解:

①在创建栏中使用标准基本体中的几何体,对象类型点击长方体,如图 14-9 所示。

图 14-9 模型操作 1

②在中间面板创建一个长方体门板,并在修改栏下面的参数输入数值:长 100.0、宽 40.0、高 2.0,其模型随参数的改变而变化,如图 14-10 所示。

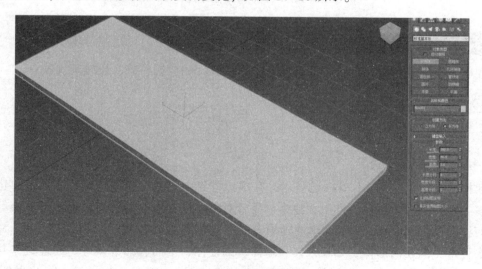

图 14-10 模型操作 2

③点击对象类型中圆柱体,在画板中创造一个门把手,并在修改栏下面的参数输入以下数值:半径为 1.0,高度为 30.0,高度分段为 10,端面分段为 1,边数为 18,如图 14-11 所示。

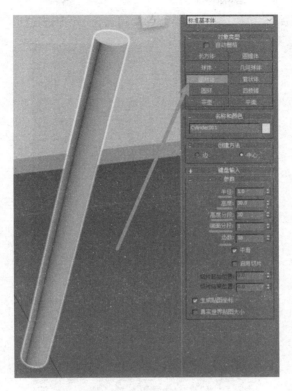

图 14-11　模型操作 3

④点击画板左上角的"真实"，在弹出的选项框选择"边面"，如图 14-12 所示。

图 14-12　模型操作 4

⑤单击圆柱体，右键菜单栏选择"转换为"→"转换为可编辑多边形"，如图14-13所示。

图 14-13　模型操作 5

⑥在右边修改栏，"选择"栏下点击第 4 个"多边形"图形按钮，如图 14-14 所示。

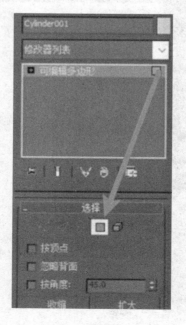

图 14-14　模型操作 6

⑦按住"Ctrl+"左键选中如图所示的面,在右边修改栏下的"编辑多边形"栏点击"挤出"旁边的正方形按钮,将"高度"设置为5.0,如图14-15所示。

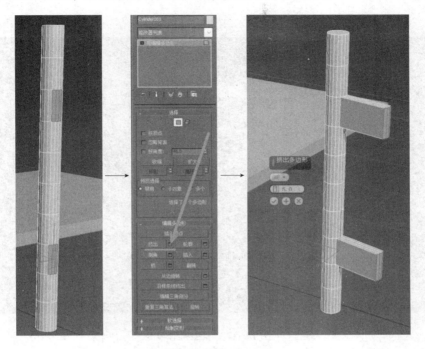

图 14-15　模型操作 7

⑧单击门板模型,按"E"键使其可转动,在顶部菜单栏点击"角度捕捉切换",拖动门板模型的 X 轴向下转动 90°,并用右键将其转换为"可编辑多边形",如图 14-16 所示。

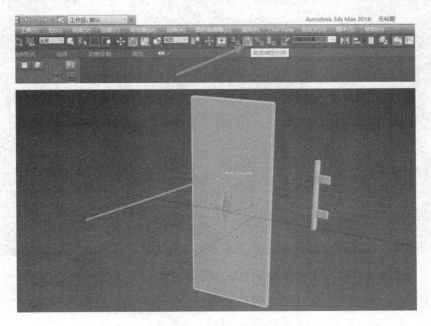

图 14-16　模型操作 8

⑨左键单击门把手模型，使用快捷键"Alt+A"，单击门板模型，可使其对齐到门板模型中心，并点击"对齐位置"中的"当前对象"和"目标对象"的"中心"，如图14-17所示。

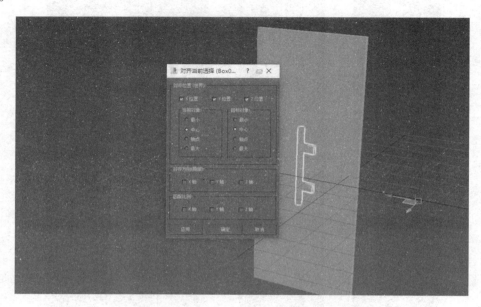

图14-17　模型操作9

⑩将门把手模型旋转90°，并移动至如图14-18所示的位置。

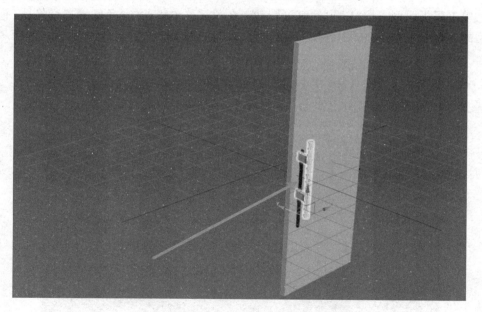

图14-18　模型操作10

⑪按"Ctrl+"左键选中门把手模型和门板模型，在顶部菜单栏点击"组"→"组"，即可将它们组成一个整体，组名为"门"，如图14-19所示。

图 14-19　模型操作 11

⑫按住"Shift"键拖动"门"的 X 轴至不远处，复制一个"门002"，并旋转 Y 轴 180°，使"门"和"门002"对称即可，如图 14-20 所示。

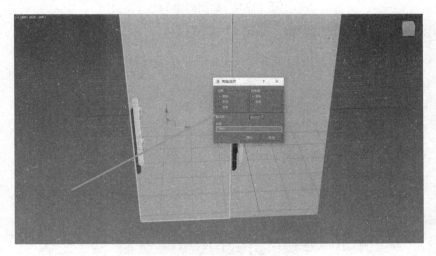

图 14-20　模型操作 12

⑬将两个"门"模型旋转 90°平铺在画板上，单击右侧创建栏，点击"图形"按钮，选择"矩形"，对准画板中平铺的两个门画边框，点击右侧"渲染"→"在视口中启动"→"矩形"，将"矩形"参数改为长 4.0、宽 4.0，如图 14-21 所示。

图 14-21　模型操作 13

⑭适当调整一下位置，效果如图14-22所示。

图14-22　模型操作14

⑮制作动画，点击设置模型轴，如图14-23所示。

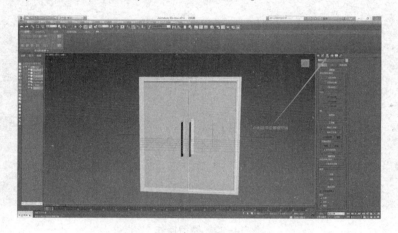

图14-23　模型操作15

⑯点击"仅影响轴"，随后将门的轴拖动到模型的右边，如图14-24所示。

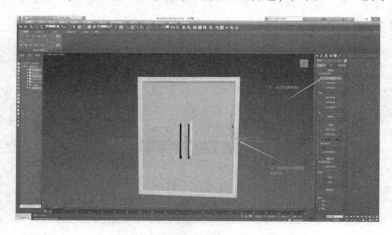

图14-24　模型操作16

⑰点击下方的启动按钮，右键设置关键帧，如图 14-25 所示。

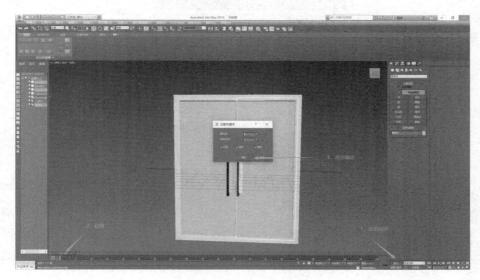

图 14-25　模型操作 17

⑱拖动到一个关键帧即可，如图 14-26 所示。

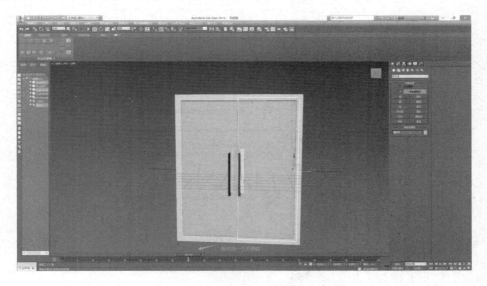

图 14-26　模型操作 18

14.2.3　模型导出

模型建立之后，需要提取、导出并在程序中进行控制，在本节中主要学习模型的保存和导出为 FBX 文件，分为两个步骤进行。

①保存文件至自定文件夹，如图 14-27 所示。

②导出为 FBX 文件至自定文件夹，如图 14-28、图 14-29 所示。

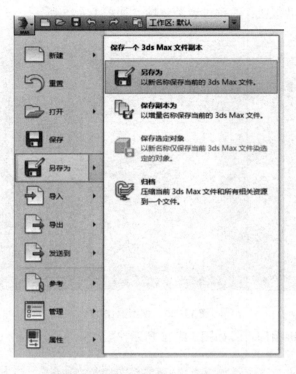

图 14-27 保存并导出操作 1

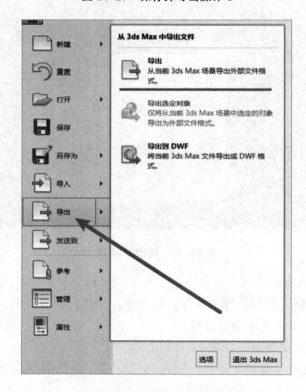

图 14-28 保存并导出操作 2

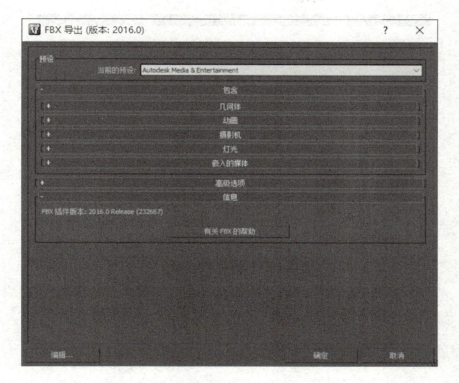

图 14-29　保存并导出操作 3

拓展任务

尝试用 3ds Max 软件创建一个房屋的模型。

14.3　程序控制

14.3.1　Unity3D

在 Unity 中，我们可以使用 2D 的 Spine 动画来制作核心动作模块，当然也能用 3D 模型来制作，这时候我们需要学会使用的工具类就是 Unity 为我们提供的 Animation 动画控制类。本小节通过 Unity3D 软件控制模型的动作，学习 Unity3D 程序控制模型的基本操作。

14.3.2　模型控制

本小节通过 Unity 界面的基本操作和页面布局来学习如何使用本软件，为后期控制打好基础。

①启动 Unity 后点击 NEW 新建一个项目，如图 14-30 所示。

②创建步骤，第一步输入项目名称，第二步选择项目路径，第三步点击创建项目。如图 14-31 所示。

③创建后等待加载，然后进入界面，如图 14-32 所示。

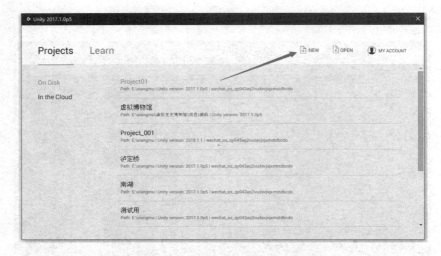

图 14-30　程序控制操作 1

图 14-31　程序控制操作 2

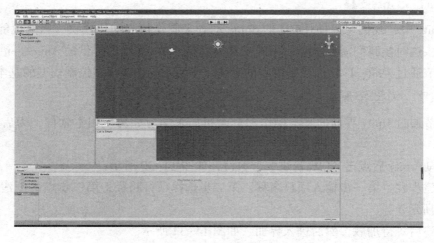

图 14-32　程序控制操作 3

④Unity 界面介绍

菜单栏：File(文件菜单)，Edit(编辑菜单)，Assets(素材菜单)，Gameobject(游戏物体菜单)，Component(组件菜单)，Windows(视窗面板菜单)，Help(帮助菜单)，如图 14-33 所示。

图 14-33　程序控制操作 4

工具栏：这里是对视窗的操纵按钮。如图 14-34 所示分别是手型工具、移动、旋转、缩放、操纵器模式、轴心切换、全局坐标系/自身坐标系切换。

图 14-34　程序控制操作 5

如图 14-35所示的控制游戏运行按钮分别是运行游戏、暂停游戏运行、下一个关卡。
如图 14-36 所示的按钮分别是云端协作、云端项目、用户账户、层、界面布局。

图 14-35　程序控制操作 6

图 14-36　程序控制操作 7

工作区视图：工作区视图主要有场景视图（Scene view）和游戏视图（Game view）。

场景视图是编辑视窗，类似 Maya 的四视图，操作方式也类似于 Maya。可以切换不同的显示模式，过滤不同类型的场景元素，并调节透视/正交视图类型等。场景视图并不对应某个场景摄影机（camera），属于引擎内置的 camera 视图，如图 14-37 所示。

图 14-37　程序控制操作 8

游戏视图是游戏运行视窗，相当于在引擎中直接运行制作的游戏。Shaded 按钮可以选择模型呈现方式；2D 按钮开启 2D 视图模式，后面 3 个按钮分别为开关光照、声音和贴图效果；Gizmos 按钮可以选择哪些游戏物体的图标允许显示在场景视图中，以及 Gizmos 的缩放比例。

当按下菜单栏下方"运行游戏"按钮时，会自动切换显示 Game view，并编译运行当前游戏项目，如果编译不成功则不会运行。编辑状态下 Game view 显示的也是我们设置好的游戏摄影机视图，部分 UI 元素不会在编辑状态下显示在 Game view 中，如图 14-38 所示。

图 14-38　程序控制操作 9

组件：例如，我们创建一个基本的 cube 物体，默认就有 4 个组件：

Transform 组件是任何 Gameobject 都有的，代表其在三维空间中的位置；

Mesh Filter 组件通过指定一个 Mesh 资源让该 Gameobject 具有一个立体形状，点击可以选择其他的 Mesh 形状；

Box Collider 组件让 Gameobject 具有一个碰撞边界，不同的 Collider 有不同的边界，Box Collider 就是个方盒，其他的 Collider 组件包括有：Sphere Collider、Capsule Collider、Mesh Collider、Terrain Collider、Wheel Collider 等；

Mesh Renderer 组件让 Gameobject 可以被渲染，这个组件中可以设置其对于光线的响应状况，以及指定材质球。

用户自己编写的脚本也显示为组件，可以在脚本内将变量（variable）定义为 Public 使之能够显示在 Inspector 面板中，以方便调试。

PlayMaker 的 FSM（状态机）也显示为组件，可以在 FSM 中将变量（variable）的 Inspector 选项勾选，使之能够显示在 Inspector 面板中，如图 14-39 所示。

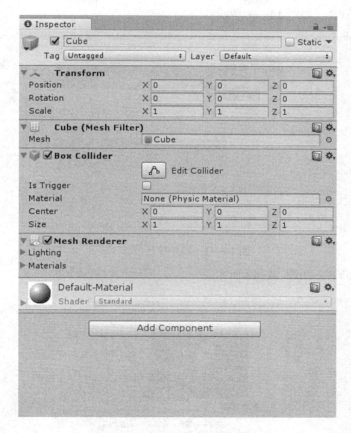

图 14-39　程序控制操作 10

14.3.3　SteamVR 插件

SteamVR，是一个功能完整的 360°空间虚拟现实体验插件。为了能更好地学习后续知识，我们要学习如何下载和安装及使用 SteamVR 插件。

①下载 SteamVR 插件，如图 14-40 所示。

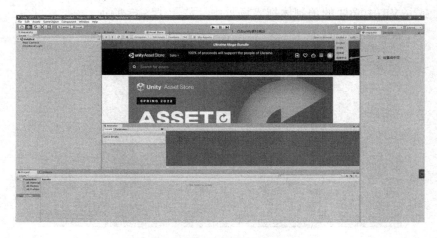

图 14-40　程序控制操作 11

②搜索 SteamVR，如图 14-41 所示。

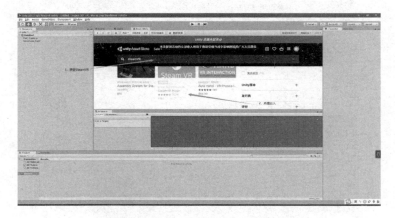

图 14-41　程序控制操作 12

③导入 SteamVR，如图 14-42 所示。

图 14-42　程序控制操作 13

④拖入场景中。

a. 把 SteamVR 中必要的预制体拖入场景中，如图 14-43 所示。

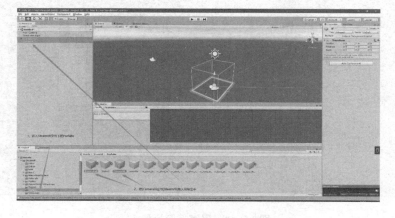

图 14-43　程序控制操作 14

b. 删除场景中自带的摄像机，如图 14-44 所示。

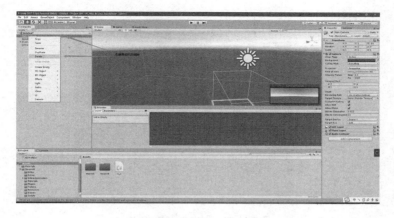

图 14-44　程序控制操作 15

⑤点击 Assets 导入模型，如图 14-45 所示。

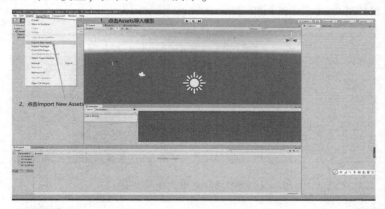

图 14-45　程序控制操作 16

⑥选择导入的模型，如图 14-46 所示。

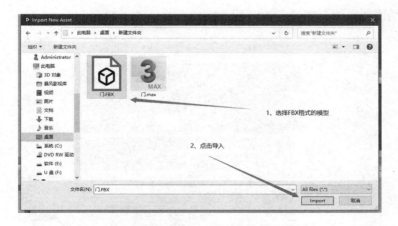

图 14-46　程序控制操作 17

⑦点击模型后拖入到场景中，放到人的前方，如图 14-47 所示。

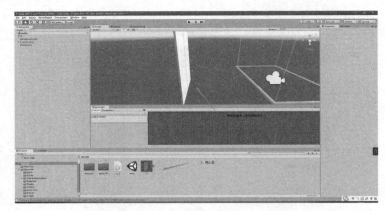

图 14-47　程序控制操作 18

⑧添加一个动画控制器。

a. 右键素材库添加动画控制器，如图 14-48 所示。

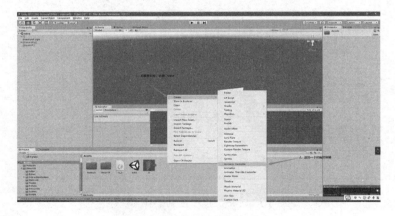

图 14-48　程序控制操作 19

b. 打开动画控制器，如图 14-49 所示。

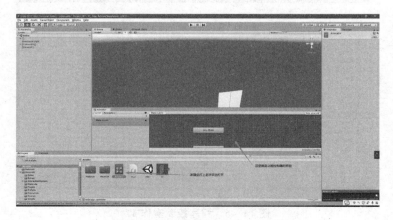

图 14-49　程序控制操作 20

⑨给动画控制器添加动画,第一步添加一个空的动画,第二步添加一个布尔,第三步将门的动画拖到动画控制器中,最后一步给动画控制器添加两条动画线,给线添加布尔,过去是 true 回来是 false。如图 14-50 至图 14-53 所示。

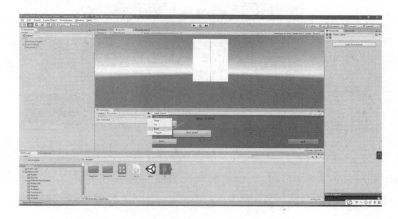

图 14-50　程序控制操作 21

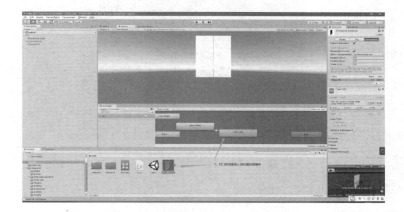

图 14-51　程序控制操作 22

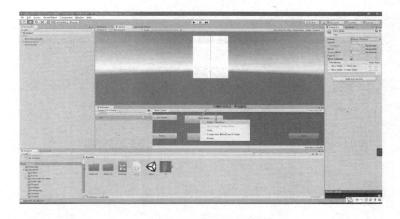

图 14-52　程序控制操作 23

图 14-53　程序控制操作 24

⑩给门添加动画，首先点击"门"，再把动画控制器拖到门的动画上，如图 14-54 所示。

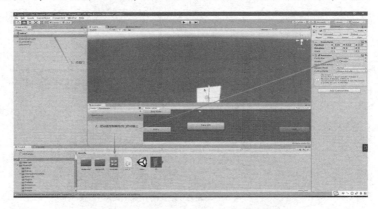

图 14-54　程序控制操作 25

14.3.4　脚本写入

使用 C#脚本控制游戏对象。Unity3D 可以使用的脚本有 C#和 javascript 等。本小节中主要学习脚本的编写。

①首先添加脚本，如图 14-55 所示。

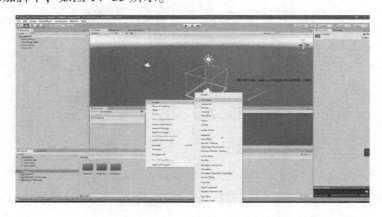

图 14-55　程序控制操作 26

②如图 14-56 所示打开脚本。

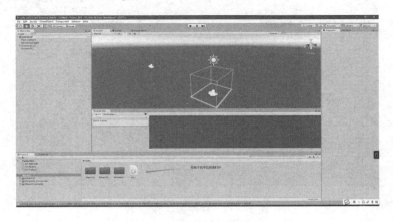

图 14-56　程序控制操作 27

③脚本介绍，如图 14-57 所示。void Start( ) 在脚本中只会执行一次，而 void Update( ) 在脚本中的每一帧都会调用。

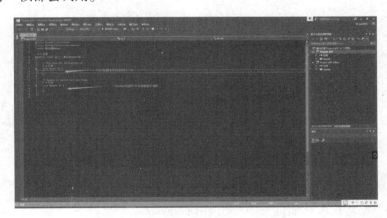

图 14-57　程序控制操作 28

④把代码写到脚本中，如图 14-58 所示。

```
if(Controller.GetHairTriggerDown())
{
Debug.Log("按下了扳机");
An.SetBool("an", true);
}
if(Controller.GetHairTriggerUp())
{
Debug.Log("抬起了扳机");
An.SetBool("an", false);
}
```

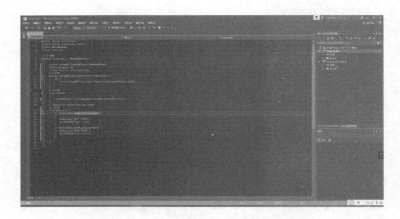

图 14-58　程序控制操作 29

⑤将脚本拖入两个手柄中,如图 14-59 所示。

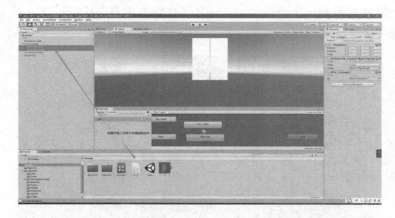

图 14-59　程序控制操作 30

⑥把门的动画拖到手柄的脚本中,如图 14-60 所示。

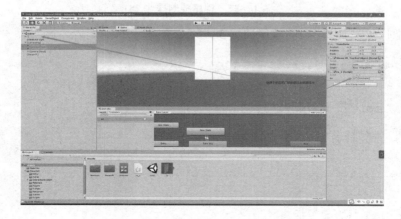

图 14-60　程序控制操作 31

14.3.5 连接设备

面向门,扣下扳机后就可以看到门打开了,如图14-61所示。

图14-61 程序控制操作32

拓展任务

尝试用Unity3D软件编辑房屋模型的旋转动作。

单元习题

一、填空题

1. 人机交互是关于设计、评价和实现供人们使用的_____。
2. _____是用于管理Unity项目、简化下载和安装管理的工具。
3. 物理建模技术主要包括_____和粒子系统。
4. Unity使用的三维坐标系是_____。
5. 3ds Max中提供了_____种视图布局。

二、单选题

1. 在3ds Max场景中,按( )键可以连续选择多个对象。
   A. Ctrl   B. Shift   C. Alt   D. Alt+X
2. 下列不属于三原色的是( )颜色。
   A. 红   B. 黄   C. 蓝   D. 绿
3. Unity中,场景、脚本、材质、图片等可以在( )面板中创建、删除、修改。
   A. Project   B. Control   C. Inspector   D. Hierarchy
4. Unity中,在( )面板中实现对象组件和属性的查看、修改。
   A. Project   B. Scene   C. Inspector   D. Hierarchy
5. 下列不属于网格对象的是( )。
   A. Main Camera   B. Cube   C. Plane   D. Cylinder

三、多选题

1. 虚拟现实的 3I 特征指的是(　　)。
A. 沉浸感　　　　B. 交互性　　　　C. 想象力　　　　D. 单调性
2. 3ds Max 属于(　　)软件。
A. 三维动画制作软件　　　　　　　B. 三维建模软件
C. 文字处理软件　　　　　　　　　D. 网页制作软件
3. 在场景中，(　　)能够产生暗影。
A. 目标聚光灯　　B. 泛光　　　　　C. 太阳光　　　　D. 灰度
4. 裸眼立体现实技术包括(　　)。
A. 分色显示技术　　　　　　　　　B. 全息显示技术
C. 体三维显示技术　　　　　　　　D. 光栅显示技术

单元 15

区块链

单元概述

区块链本质上是一种抽象概念,是以区块形式组织的数据库。也可以理解成是以数据库作为数据存储载体,以点对点网络借款(Peer To Peer,P2P)作为通信载体,依赖密码学确定所有权和保障隐私,依赖分布式系统共识框架保障一致性,是一门应用于构建价值交换系统的技术。本单元主要介绍了区块链的基础知识、核心技术和开发平台,了解区块链的应用领域以及发展前景。

学习目标

(1) 掌握区块链的概念与发展史;
(2) 认识区块链的技术基础与分类;
(3) 了解区块链开发平台;
(4) 了解区块链技术在各个行业的应用与其未来发展趋势;
(5) 了解区块链技术的产生为行业带来的积极影响;
(6) 能够掌握区块链的基础知识;
(7) 培养积极的学习态度;
(8) 培养自身适应信息时代的创新能力;
(9) 树立运用新兴技术为国家建设做贡献,为民族软件与产业创新奋斗的人生观;
(10) 培养道德操守与爱岗敬业精神。

15.1 区块链基础知识

区块链(Blockchain)是一种互联网数据库技术。这一技术广泛应用在多个行业，是蓬勃发展的新型技术，了解该门技术，有助于用户在多个行业领域解决实际问题。

15.1.1 区块链概念

区块链技术起源于2008年，由一名学者在网络平台"密码学邮件组"发表的奠基性论文提出的。由于其安全性高，技术成本低，得到了技术专家的认可与研究，该技术随之飞速发展。

区块链技术也称为分布式账本技术。它本质上是去中心化的数据库，是一串使用密码学相关联产生的数据块，每一个数据块中包含了存储的信息，用于验证其信息的有效性和生成下一个区块。换言之，区块链是一个具有去中心化、安全、分布式、透明且高效、降低中间成本、人人均可参与创建数据且不能篡改数据的数据库。

15.1.2 区块链技术基础

区块链技术使用 P2P、共识机制、加密算法等技术，保证分布式数据库区块写入链中数据的一致性，从而达到以密码学方式保证的不可篡改、不可伪造、能去中心化共享数据并且存储数据的目的，是多种技术的结合，是一种全新的技术架构。例如，每一次交易都需要对账本状态进行一次记录，生成一个区块，且需要所有人进行确认，只有当全员同意时，该区块才生效。简单而言就是把数据记录在区块中，通过相关算法把区块连接起来，形成一条链。使用较多的算法是哈希(Hash)算法。

图15-1 是一个简单的区块链技术的工作过程。

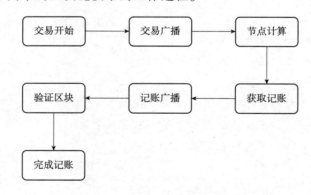

图15-1 区块链工作流程图

15.1.3 区块链分类

区块链一般以应用来划分，目前可以分为4类：公链、私链、联盟链以及侧链。

(1) 公链

公链是指所有人都能读取、发送、具有有效的确认权，且能参与到共识过程中的区块链。它具有的特征是开源、保护用户免受开发者的影响、访问门槛低、所有数据默认公开。

(2）私链

私链是指读取、发送、参与、确认等权限不开放，仅属于某个机构。授予权限由该机构决定。若有人想使用，需要获得该机构的授权。它具有的特征是交易速度快、隐私性好、交易成本低。

（3）联盟链

联盟链是指由联盟的成员在其节点进行协同维护与管理，所属联盟的成员可以拥有认证、授权、监控、审计等权限。可以说联盟链属于私链的一种，它们的区别是其公开程度级别不一样，联盟链权限设计复杂度高，拥有更高的可信度。它具有的特征是交易成本低、节点容易连接、灵活。

（4）侧链

侧链是指区块链的一种扩展协议，是对区块链技术的完善。它的原理是将不同的区块链连接在一起，让其应用区域扩大，可以实现不同区块链的交互。它具有的特征是独立性、灵活性。

15.1.4 区块链发展史

区块链发展经历3个阶段，第一阶段是数字货币，第二阶段是数字资产与智能合约的应用，第三阶段是以金融行业为基础的分布式应用。三个阶段介绍如下：

第一阶段，以数字货币为代表的去中心化数字货币，应用在转账、汇款和数字化支付相关的密码学货币领域。

第二阶段，随着技术的成熟，区块链开始广泛应用于各个金融领域，不只是单纯的数字货币，如股票、债券、期货、贷款、抵押、产权、智能财产和智能合约。

第三阶段，区块链的应用在金融领域应用效果显著，发展到了除金融以外的各个领域，如工业、新能源等，在实际生活中区块链应用在各种行业中呈现出分布式状态。

拓展任务

简述区块链技术工作原理。

15.2 区块链的核心技术与开发平台

15.2.1 区块链核心技术

（1）分布式账本

分布式账本是指把交易记录分布到多个节点里，并由多个节点共同完成记录。把每个记录看成完整的账本后，这些节点就可以参与监督交易，并互相提供认证。

（2）智能合约

智能合约是指以信息化方式传播、验证或执行合同的计算机协议。在网络世界中，经常需要存储与维护数据，智能合约的作用就是当用户拟定规则后，交给程序执行相关任务，不需要第三方干预，也能准确完成可靠的交易，并且能实现对这些交易的跟进。

(3)共识机制

共识机制是指让不同的记账节点之间产生共识,一起认定一个记录的可靠性与有效性,这样能保证数据不被篡改。

当区块链有不一样的共识机制以后,应用场景得到了扩展。例如,当用户控制了全网超过51%的记账节点后,才有可能伪造出一条不存在的记录,所以当区块链的节点增加量足够后,篡改者想控制51%以上的节点达到篡改目的是基本不可能实现的,这保证了区块链的可靠性与安全性,能杜绝交易造假的可能。

(4)密码学

密码学是指一种特殊的加密和解密技术。在区块链系统中应用了各式各样的密码学技术,如Hash算法、公钥私钥、数字签名等,用来确保整个系统的数据安全,并且保证数据的起源与传递的可靠性。密码学能实现验证本人身份,能证明这是本人的数字货币而不是其他人的数字货币。所以,当一笔交易数据产生,将由共识机制进行数据维护,通过分布式账本记录在链上,然后交由智能合约去执行,最后由密码学保障整个数据链的安全,大家各司其职,共同构建出了整个区块链系统。

15.2.2　区块链开发平台

(1)以太坊

以太坊是一个完备的区块链一站式开发平台,主要实现智能合约的应用,这是以太坊的核心功能。由于每个智能合约具有唯一的地址,所以当用户向指定地址传送一笔交易后,对应的合约接收信息,根据交易中的附带信息,合约会自动运行对应的代码,最终向用户返回执行结果。

编写以太坊的智能合约可采用多种语言,有类似JavaScript脚本语言的Solidity,Python语言的Serpent包等。

近年来以太坊的知名度提高,多个网络社区开发出更加便捷的分布式应用(Decentralized Application,Dapp)开发框架和工具,包括Truffle、Embark、Meteor等,可以快速开发Dapp。以太坊实现了既可以搭建基于以太坊的私链,也可以和合作对象一起搭建联盟链,更能够直接将应用部署在以太坊的公共网络。

(2)超级账本

超级账本(Hyperledger Fabric)源于国际商业机器公司,最初是因为工业生产而诞生,是一种联盟链开源技术架构。

基于超级账本进行区块链开发有两种途径。第一种是基于超能云(IBM中国研究院开发的超能云平台提供了各种云服务),它为区块链爱好者和开发者提供了区块链开发的测试环境。通过超能云平台,用户能够免费、超快速创建基于超级账本的多节点区块链,并在自己的链上调试智能合约。第二种是超级账本自身搭建的区块链网络,但是其网络的架构和安装相对复杂,除区块链服务外,还需要另外安装运行Validating peer和Certificate Authority(CA)服务。

> 拓展任务

简述区块链两个平台的区别。

15.3 区块链的应用领域与发展前景

15.3.1 区块链应用领域

(1) 跨境结算

区块链技术将在未来的交易结算解决方案中发挥重要作用。许多清算机构每年处理数千万乃至数亿的金融、大宗商品衍生品和证券交易，清算机构需要保留其本身的交易记录副本，而清算机构或代理银行之间缺乏标准化，导致成本高，结算周期长。区块链技术能大幅度地降低出错的风险，并减少核对差错所需要的时间。此外，区块链提供了财务文档的可跟踪性和机构对参与者的可见性。

(2) 能源行业

纽约的区块链技术创业公司 LO3 与科技巨头西门子联手发展 TransActive Grid 项目，这是一个基于以太坊的能源传输项目。参与该项目的客户能够把剩余电力卖给其他人。

(3) 身份认证

加拿大身份认证和鉴定服务公司 SecureKey 和加拿大数字身份验证委员会获得了美国国土安全局下属研究中心的资助，将共同开发区块链技术数字身份网络。

(4) 保险

通过智能合约可以在保险公司和客户之间建立一个更透明、更安全的平台，提供一个无可争辩的、不可篡改的记录。研究认为，区块链通过现代化、自动化的方式来减少欺诈，在保险领域具有巨大潜力。

(5) 投票系统

Follow My Vote 公司致力于利用区块链技术打造一种开源的、可审计的、安全高效的端对端投票系统，防止投票过程中出现安全漏洞。

(6) 供应链

全世界生产的食品中有 30% 以上在消费之前就被浪费掉了。到 2050 年，全球人口预计将增长到 98 亿，提高食品供应链的效率能最大可能解决食品短缺的问题，提高实现可持续性发展战略的目标。将区块链引入食品行业将会带来很多好处，为制造商、零售商和生产商提供全面的可视化过程，他们可以查看自己的上游和下游活动、产品的位置和状态，并获得整个价值链的认证和洞察。

沃尔玛与 IBM 以及清华大学展开合作，在政府协助下启动了两个独立推进的区块链技术试点项目，目的是提高供应链数据的准确性，保障食品安全。截至 2019 年，该项目在国内平台已经有 23 条产品线，涵盖了 10 个产品类别，包括鲜肉、大米、蘑菇和食用油等。

15.3.2 区块链发展前景

（1）在政府、医疗等公共服务金融行业中区块链拥有可观的发展前景

五险一金、贷款、结婚证、报销等服务，是数字化较为密集的行业。借此我们可以构建区块链城市，就是区块链下层控制技术服务与智慧城市的结合，通过区块链控制技术同时实现政府与政府之间的电子政务（G2G）、政府与企业之间的电子政务（G2B）和政府与公众之间的电子政务（G2C）之间的数据资源共享，为人们提供高质量、高效率、高便捷的公共服务。营造稳定、透明、便捷、高效的营商环境，使企业在更优良的运营环境中蓬勃发展，也为政府的服务改革和国家环境治理能力的提升提供可靠支撑。

（2）区块链可在食品供应链上发挥重要作用

在未来，区块链在供应链方面还有巨大的产业发展空间。目前，我国供应链的整体效率不高，通过区块链技术改善现状，重新构造供应链与产业链，将加快我国智能化制造和工业4.0的转型升级。

（3）区块链技术在个人隐私保护和网络安全方面具有很大的发展潜能

区块链能同时提供个人隐私保护和数据资源共享服务。例如，可解决银行与中介单位对于反复交叉核对与验证工作而产生各种认证表单的问题。

拓展任务

分析区块链是否可以应用在版权保护领域。

单元习题

一、填空题

1. 超级账本 Fabric 是一种_____架构。
2. 区块链可分成_____、_____、_____、_____4 类。
3. 2014 年，以太坊提供_____的功能，被公认为第二代的区块链技术。
4. 区块链的开发平台有_____、_____。
5. 区块链技术也称为_____。

二、单选题

1. 在区块链技术的领域里，使用较多的算法是（　　）。
   A. 随机森林算法　　　　　　　　B. 哈希算法
   C. 遗传算法　　　　　　　　　　D. 朴素贝叶斯算法
2. 要推动协同攻关，加快推进核心技术突破，为区块链技术应用发展提供（　　）的技术支撑。
   A. 安全可控　　B. 独立自主　　C. 质美价廉　　D. 世界领先
3. 我们要把（　　）作为核心技术自主创新的重要突破口，明确主攻方向，加大投入力度，着力攻克一批关键核心技术，加快推动区块链技术和产业创新发展。
   A. 人工智能　　B. 大数据　　　C. 物联网　　　D. 区块链技术

4. 目标是促进分布式记账技术系统的跨行业发展与协作，并着重发展(　　)，使之可以支持主要的技术、金融和供应链公司的全球商业交易。

A. 高能和耐用性　　　　　　　　B. 高速和可靠性

C. 性能和可靠性　　　　　　　　D. 性能和耐用性

5. (　　)是区块链最早的一个应用，也是最成功的一个大规模应用。

A. 以太坊　　　　B. 货币　　　　C. 智能合约　　　　D. 联盟链

三、多选题

1. (　　)是区块链的应用领域。

A. 投票　　　　B. 保险　　　　C. 新能源行业　　　　D. 供应链

2. 区块的关键技术包括(　　)。

A. 非对称密钥体制与哈希算法　　　　B. P2P 通信机制

C. 共识算法与激励机制　　　　　　　D. 智能合约

3. 以下支持智能合约的区块有(　　)。

A. 现金　　　　B. 以太坊　　　　C. 货币　　　　D. 超级账本 Fabric

4. 传统信任之所以不可靠，主要是因为(　　)。

A. 建立在人的意识基础上的熟人信任容易受人的情绪、感情、偏好等的影响

B. 没有区块信任更高的技术手段支撑

C. 建立在组织与制度基础上的中介组织信任仍然要受人的影响和控制

D. 不能提供高效的沟通协调手段

5. 区块链的核心技术有(　　)。

A. 分布式账本　　B. 智能合约　　C. 共识机制　　D. 密码学

参考文献

Maria DiCesare，2021. 机器人流程自动化与低代码流程自动化[J]. 软件和集成电路（11）：12-13.

陈正振，肖英，2021. 信息技术[M]. 北京：高等教育出版社.

郭恒川，2021. 人工智能中的机器学习技术应用[J]. 电子技术（上海）（10）：294-296.

侯丽梅，赵永会，刘万辉，2019. Office 2016办公软件高级应用实例教程[M]. 北京：机械工业出版社.

孔丽云，韦守居，潘梅勇，2016. 大学计算机应用基础实训指导[M]. 桂林：广西师范大学出版社.

林维锋，莫毓昌，2020. 超级账本Hyperledger Fabric区块链开发实战[M]. 北京：人民邮电出版社.

马莉娟，沈娜娜，陈刚，2018. RPA在电网行业财务领域的应用探索[J]. 科技与创新，（22）：16-20.

马先捷，高军，2022. 软件机器人在办公自动化领域的算法实现与探究[J]. 网络安全和信息化（2）：72-75.

秦海波，曹莉，叶宜修，等. RPA流程自动化技术分析[J]. 自动化技术与应用，2022，41（5）：1-3，25.

宋博仕，2021. 工业机器人自动化生产技术的实践研究[J]. 现代制造技术与装备，57（9）：179-180，183.

宋玲玲，段学霞，丁银军，2011. 办公自动化应用案例教程[M]. 北京：电子工业出版社.

袁勇，王飞跃，2016. 区块链技术发展现状与展望[J]. 自动化学报，42（4）：14.

张春莲，陈华东，赵建福，等，2021. RPA工具在网络运维领域的应用实践探索[J]. 山东通信技术，41（3）：38-40.